모두를 위한 RPA

유아이패스 **UiPath 입문+활용**

앤써북
ANSWERBOOK

모두를 위한 RPA
유아이패스 UiPath 입문 + 활용

초판 1쇄 발행 | 2019년 08월 01일
2판 1쇄 발행 | 2020년 08월 10일

지은이 | 송순오
펴낸이 | 김병성
펴낸곳 | 앤써북

출판사 등록번호 | 제 382-2012-0007 호
주소 | 경기도 고양시 일산 서구 가좌동 565번지
전화 | 070-8877-4177
FAX | 031-919-9852
도서문의 | 앤써북 http://answerbook.co.kr

가격 | 26,000원
ISBN | 979-11-85553-55-9 13000

RPA(Robotic Process Automation)은 인간이 컴퓨터와 함께 일을 하는 사무환경에서 정형화되고 반복적인 업무를 사람의 작업을 모방하는 Smart Software, 즉 로봇이 대신 수행하도록 하는 자동화 기술이다. 국내에서 RPA를 적용하는 수준은 단순히 시험적인 적용 단계를 지나 팽창하는 수준으로 확산되고 있다.

이러한 현상은 기업들이 RPA를 도입함으로써 눈에 띄는 생산성 향상과 노동력 부족을 메울 수 있는 최상의 방법으로 인지하게 되었으며 업무의 적용 범위를 넓혀가고 있음을 의미한다. 따라서 앞으로 RPA는 우리 사회의 변화에 적지 않은 영향을 초래한다는 것을 부인할 수 없으며 인공지능을 비롯한 기술 발전에 힘입어 더욱 더 발전되고 기업활동이나 업무 수행에 있어 중요한 역할을 수행하게 될 것이다.

이제 우리는 미래가 아닌 단지 5년 후 만을 생각하더라도 RPA를 당연히 사용해야 하는 도구로 생각하게 될 것이고, 지금 사용하고 있는 PC마다 기본으로 설치되어 사용하는 워드프로세스나 엑셀처럼 RPA도 개인의 도구가 되어 업무를 수행하게 될 것이다.

현재 국내에는 RPA와 관련하여 많은 제품들이 출시되어 있으며 기업들도 앞 다투어 업무에 적용하고 있다. 다만 RPA를 적용하더라도 인간의 일을 로봇에게 대신 행하게 하기 위해서는 JAVA나 C, Basic과 같은 프로그램을 이용해서 컴퓨터에게 일을 시키듯 RPA에서도 로봇에게 일을 시키기 위한 프로그램을 통해 로봇에게 일을 지시하게 된다. 하지만 아직 이러한 일을 할 수 있는 개발자가 수요에 비해 현저히 부족한 상황이고 또 개발이 가능한 개발자라 하더라도 깊이 있고 체계적으로 배우지 못하여 제품의 성능을 효과적으로 이용하지 못하는 경우가 많다.

따라서 이 책에서는 많은 RPA 제품 중 글로벌 마켓 점유율 1위이며 제품의 성능에서도 타 제품보다 월등히 우수하다 고 평가받는 UiPath를 대상으로 하여 개발자들이 쉽게 배울 수 있도록 도움이 되고자 하였다.

이 책은 UiPath를 사용하는 초보자를 대상으로 많이 사용하는 액티비티의 소개와 사용법에 중점을 두었다. UiPath는 일반 프로그램과 달리 그림 중심으로 워크플로를 개발하는 환경이므로 이 책에서도 개발자의 이해에 도움이 되도록 가능한 많은 그림을 활용하여 시각적으로 이해할 수 있도록 했다.

"UiPath는 가장 강력한 기능을 갖춘 RPA의 리더이다."

이 책은 모두 5개의 파트로 나누어 UiPath의 사용법과 기능에 대해 설명하고 있다. 이 책에서는 UiPath Studio의 사용법과 액티비티를 이용하여 프로젝트를 생성하는데 초점을 맞추어 있기 때문에 초급 개발자에게 적합하다

이 책에서 다루어지는 주요 내용은 다음과 같으며 내용의 구성은 UiPath의 Online Tutorial을 기준으로 구성하였다.

Part 01 RPA에 대하여
Part 02 UiPath Studio 첫걸음
Part 03 UiPath 기능 익히기
Part 04 Orchestrator 사용하기
Part 05 Framework 사용하기

책에 수록되어 있는 많은 액티비티와 예제를 통해서 개발자는 목적하는 기능을 쉽게 구현할 수 있도록 하였기 때문에 프로그램 경험이 많지 않더라도 부담없이 이 책을 이용하여 도움을 받을 수 있다. 가능하면 책의 처음부터 끝까지 차례대로 읽어 나가는 것이 좋지만 각 장의 내용과 예제 프로그램들은 Chapter 단위로 독립성을 가지므로 원한다면 필요한 부분부터 찾아 읽어도 큰 문제는 없다.

송순오 씀

아직 RPA가 생소했던 2019년, 이 책을 처음 접하고 마치 더운 여름 날 시원한 얼음물 한 잔 마시듯 갈증이 해소됨을 느꼈다. 당시 RPA를 사용하는 사람들의 어려움과 고충을 누구보다 잘 알고 있었기 때문에 더 반가웠다.

먼 곳에 있는 낯선 기술을 내 업무공간으로 가져와서 사용해본다는 것이 결코 쉬운 일은 아니다. 언젠가부터 컴퓨터에 늘 존재했던 엑셀을 실제 자신의 업무에 제대로 사용하는 데까지 얼마나 걸렸는지 생각해보면, RPA와 같은 새로운 기술을 시도하는 것만으로도 얼마나 큰 의지가 필요한지 가늠해볼 수 있다.

대기업과 같은 큰 조직에서도 RPA를 먼저 알아본 사람은 힘들 수밖에 없다. 누구도 들어보지 못한 RPA를 회사에 도입하기 위해서 동료와 팀장을 그리고 임원을 설득해야 한다. RPA를 들여오는데 힘든 과정을 거쳤지만, 거기서 끝이 아니다. 사실 RPA의 진짜 여정은 도입하고 나서 시작된다는 이야기가 있다.

이렇게 쉽지 않은 길임에도 불구하고 RPA의 도입 속도는 전례없이 빠르다. 우리나라를 비롯해 전세계 대부분의 대기업들이 RPA를 이미 사용하고 있다. 커뮤니티도 강력해지고 있다. 점차 많은 사람들이 RPA를 배우고 사용해보기 위해 도서를 찾고 온라인 강의를 들으며, 서로 정보를 공유한다.

하면 할 수록 더 쌓여가는 업무에 파묻혀서, 지루하고 반복적인 것들만이라도 줄여보고자 하는 직장인들에게 RPA는 마치 하나의 돌파구처럼 여겨 지기도 한다. 그렇기 때문에 RPA를 시작하는 것이 쉽지는 않지만 분명 미래지향적이고 가치 있는 길이다.

'모두를 위한 RPA, 유아이패스 UiPath 입문+활용'은 RPA 사용자들의 어려움을 깊이 이해하고 있다. 단순히 RPA 사용법을 익히기 위한 매뉴얼이 아니라 다양한 RPA 프로젝트를 직접 수행해 본 송순오 대표의 경험이 담겨있으며, 그렇기에 독자들이 더 공감하면서 배움을 이어 나갈 수 있는 좋은 길잡이라고 생각한다.

김동욱 _ 유아이패스 코리아 대표

Ui Path

독자 지원 센터

**책 소스/
자료받기**

이 책에는 가능한 많은 예제를 통해 이해에 도움이 되도록 노력하였다. 그렇지만 동작 하나 하나를 지면상에 모두 나타내고 표현하기에 어려움도 많았지만 이해가 가능한 수준으로 요약을 하였기 때문에 경우에 따라 부족함을 느끼는 독자도 있으리라 생각하여 따라하기에 적용했던 소스를 별도로 다운로드 받을 수 있도록 하였으니 잘 활용하기 바란다.

책 소스 파일은 앤써북 네이버 카페(answerbook.co.kr)의 [책 소스/자료 받기]-[책 소스 파일 받기] 게시판에서 "[소스 다운로드] 모두를 위한 RPA_UiPath 입문+활용" 게시글에서 다운로드 받을 수 있다. 좌측 게시판 상단의 [카페 가입하기] 버튼을 클릭하여 회원가입 후 다운로드 받을 수 있다.

독자 지원 센터

책을 보시면서 궁금한 점에 대해 서로 의견을 공유하고 질의응답 내용을 확인할 수 있고, 그래도 궁금한 점이 해결되지 않으면 앤써북 카페(http://answerbook.co.kr)의 [독자 문의]-[책 내용 관련 문의] 게시판에 문의하세요. [카페 가입하기] 버튼을 클릭하여 회원가입 후 게시판의 [글쓰기] 버튼을 클릭한 후 궁금한 사항을 문의합니다. 문의한 글은 해당 저자에게 문자로 연결되어 빠른 시간에 답변을 받아 볼 수 있습니다.

Contents
목 차

Contents
목 차

PART
02

UiPath Studio 첫걸음

Contents
목 차

PART
03

UiPath 기능 익히기

Contents
목 차

Contents
목 차

Contents
목 차

Contents
목 차

Contents
목 차

PART 04

Orchestrator 사용하기

PART 05

Framework 사용하기

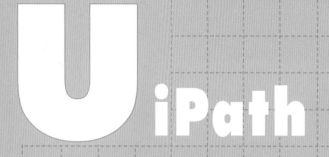
U iPath

제4차 산업혁명은 정보통신 기술(ICT)의 융합으로 이루어진 새로운 혁명을 일컫는다. 빅데이터 분석, 인공지능, 로봇공학, 사물인터넷, 무인 운송 수단, 나노기술 등과 같은 분야의 새로운 기술혁신이다. 이러한 시대에 걸맞는 새로운 기술 중 하나가 RPA (Robotic Process Automation)이다.

RPA는 인공지능과 소프트웨어 기술을 기반으로 업무 프로세스를 자동화하는 기술로서 현재와 같이 짧아진 근로시간, 부족한 노동인력과 노령화된 환경에서 가장 효율적으로 산업활동을 발전시킬 수 있는 기술이라고 할 수 있다. 이제 RPA에 대해 이해하고 사용법을 학습하여 업무 효율성을 높이고 보다 짧아진 작업시간을 보다 가치 있는 일에 매진할 수 있도록 기회를 만들어보자.

PART 01

RPA에 대하여

Chapter 01

RPA란 무엇인가?

단원 목표

RPA에 대해 전반적인 개념을 이해한다.

▶ RPA에 대해 이해를 한다.
▶ RPA의 특징과 기해효과에 대해 이해한다.
▶ RPA의 사례를 참고하고 응용할 수 있도록 이해한다.

1 _ RPA란 무엇인가?

"RPA"란 Robotic Process Automation의 줄임 말로 사람이 수행하던 규칙적이고 반복적인 업무 프로세스를 소프트웨어 로봇을 적용하여 자동화하는 것으로 저렴한 비용으로 빠르고 정확하게 업무를 수행하는 디지털 노동을 일컫는다.

❝ 위키피디아 정의

RPA는 소프트웨어 로봇이나 AI(인공지능)의 개념을 기반으로 하는 비스니스 프로세스 자동화 기술의 새로운 형태입니다. 전통적인 워크플로우 자동화 도구에서 소프트웨어 개발자는 작업을 자동화하는 목록을 생성하고 내부 응용 프로그램 인터페이스(API) 또는 전용 스크립팅 언어를 사용하여 백 앤드 시스템에 대한 인터페이스를 생성합니다. 반대로 RPA 시스템은 사용자가 응용 프로그램의 그래픽 사용자 인터페이스(GUI)에서 해당 작업을 수행하는 것을 보고 작업 목록을 개발한 다음 해당 작업을 GUI에서 직접 반복하여 자동화를 수행합니다. 이렇게 하면 API를 사용하지 않는 제품에서 자동화 사용에 대한 장벽을 낮출 수 있습니다.

2 _ RPA의 발생 배경

우리 사회는 고령화 및 생산 가능 인구 감소 그리고 주 52시간 노동을 기본으로 일과 삶의 균형을 맞추려는 추세로 이런 환경에서 기업들은 근로자의 노동시간 부족과 작업의 낮은 생산성이 중요한 문제로 대두되면서 이에 대응하여 노동력 부족을 극복하고 작업생산성 향상을 위한 4차 산업혁명의 다양한 기술들을 기업 경영 전반에 활용하고 있다. 그러한 과정 중 인간의 노동을 디지털 노동(Digital Labor)으로 대체하여 경쟁력을 높이려는 생각을 하게 되었으며 RPA(Robotic Process Automation)의 도입으로 기업의 문제해결과 경쟁력을 강화할 수 있게 되었다.

그동안 인간에 의해 진행되던 규칙적이고 반복적인 단순 사무 업무뿐만 아니라 전문지식에 기반한 고도의 의사결정까지 지원하는 것을 목표로 하고 있으며 제조업의 로봇이 그랬던 것처럼 RPA는 사무 현장의 노동 인력 구조에 중대한 변화를 가져올 것으로 예상하고 있다.

3 _ RPA의 특징

RPA기술은 그동안 기업에서 추진해온 IT 시스템 구축 사업이나 새롭게 등장하고 있는 디지털 기술과는 다른 특징을 갖는다. RPA는 사용자 입장에서 사람이 하는 기계적 행위(마우스 클릭, 복사 그리고 붙여넣기, 검색 등)를 소프트웨어 로봇이 모방하여 수행하도록 만든 것이다. 따라서 새로운 IT 기능을 개발하거나 IT 인프라 성능을 향상시키는 기존의 IT 시스템 구축사업과는 차이가 있다.

RPA는 최근 2~3년간의 본격적인 도입이후 많은 기업들이 투자대비 성과를 입증하였으며 이로 인해 새롭게 도입을 시도하는 기업들이 급속히 증가하고 있다. RPA는 많은 특징을 갖고 있는데 그 중 몇 가지를 기술하여 본다.

- 기존 IT 시스템의 변경이 필요하지 않는다. RPA는 사람이 구축된 시스템을 이용하듯이 로봇이 사람과 똑같이 그 일을 하도록 만들어져 있으므로 기존 시스템의 깊이 있는 부분을 건드리지 않기 때문에 시스템 변경이 불필요하다.
- RPA 솔루션은 6~8주라는 매우 짧은 시간에 소프트웨어 개발, 테스트, 현장 적용이 가능하며 사내 유수한 형태의 업무들에 확장 적용이 용이하다.
- RPA는 구축 및 운영 비용이 낮고 구현하기 쉽고 빠르다. 또한 맞춤형 소프트웨어나 정교한 시스템 통합이 필요 없으며 실패 위험이 적다.
- RPA는 최근 2~3년간의 본격적인 도입이후 많은 기업들이 투자대비 성과를 입증하였으며 이로 인해 새롭게 도입을 시도하는 기업들이 급속히 증가하고 있다.
- RPA를 사용하면 입력오류를 예방하고 문제를 최소화함과 함께 무인 사무처리 능력으로 인해 연중 무휴로 신속하게 작업수행이 가능하다.

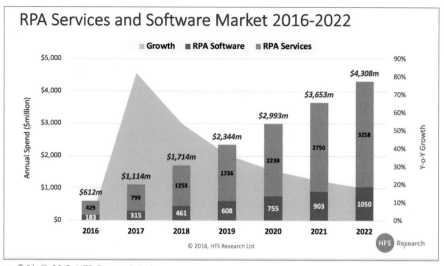

▲ 출처_ⓒ 2018, HFS Research Ltd

4 _ RPA의 장점 및 효과

RPA를 도입하게 되면 그 효과에 대해 굳이 얘기할 필요가 없어진다. 눈에 보이는 효과만으로도 충분히 업무효율 증대와 생산성을 느끼게 되기 때문이다. RPA를 적용하게 되면 4명의 일이 한 사람의 일로 바뀌고 여러 시간의 작업이 30분으로 줄어들테니 그 효과를 높이 사지 않을 수 있겠는가? 지금은 기업 단위로 RPA 로봇이 배치되지만 멀지 않은 미래엔 우리가 워드프로세스를 개인의 PC에 설치하여 사용하듯 사람마다 로봇을 설치하여 사용하게 될 것이라 예측되고 있다.

이러한 RPA의 장점을 요약하면 다음과 같다.

• RPA는 실수없이 반복적인 일들을 빨리 처리한다.
  RPA는 기본적으로 로봇에게 사람의 일을 대신 처리하게 하는 일이기 때문에 규칙적이고 반복적인 업무에 적합하여 업무생산성을 향상시키는데 지대한 공헌을 한다. 그동안 작업자의 시간을 많이 소모한 작업을 로봇에게 맡기게 되면서 작업자는 이전보다 가치 있고 중요한 일을 할 수 있게 되었다.
• 투자비와 운영비가 낮고 구현하기가 쉽다.
  기업 활동 중 가장 큰 비용 지출 중 하나가 인건비이다. 하지만 RPA는 투자 및 운영비용이 낮고 맞춤형 소프트웨어나 정교한 시스템 통합이 필요 없다는 장점이 있어서 작업자의 짧은 교육으로도 쉽게 구현할 수 있기 때문에 성장을 추구하는 기업에 아주 중요하다
• 가트너의 전망
  가트너는 2020년에는 자동화와 인공지능이 비즈니스 공유서비스 센터의 직원 요구사항을 65% 줄일 것으로 내다보고 있다. 그리고 RPA 시장이 10억 달러 규모의 시장에 도달할 것으로 전망한다.

RPA 도입 효과	안전성	• 민감한 데이터에 대한 접근 방지 • 컴플라이어스 관련 인적 오류의 예방 • 추가적인 인력없이 정보보호 및 거버넌스 수행
	정확성	• 입력 자동화를 통한 오류 예방 • 데이터 무결성의 일반화 • 재작업 필요성의 감소
	효율성	• 디지털화된 데이터를 활용, 가시성과 지속적인 개선을 기대 • 고부가가치 활동에 집중할 수 있는 자원의 활성화 • 퇴사율과 관련된 비용 및 리스크 감소
	신속성	• 연중 무휴로 작업 수행 가능 • 컴퓨터가 보다 높은 숙련도를 지님 • 트랜잭션 볼륨의 변경을 위해 신속하게 스케일업/다운이 가능
	경제성	• 효율적인 인건비 감소 • 인건비와 매출액의 상관관계에서 자유로워질 수 있음 • 피크 시즌을 위한 추가적인 인력 불필요

▲ 출처_KPMG International

5 _ RPA 적용 대상 및 사례

RPA는 기업활동의 모든 분야 모든 업무가 대상이라고 해도 과언이 아닐 만큼 폭 넓은 적용분야를 가지고 있다. 노동 집약형 반복업무, 룰(Rule)기반 프로세스, 낮은 예외 수준, 읽기 쉬운 표준화된 문서 양식 기반 프로세스, 자동화로 인한 효율성 창출 영역 등이 해당된다.

현재 적용 대상 업무로 인사, 재무회계, 구매, 고객서비스 등의 분야에서, 급여, 근태관리, 인보이스와 세금계산서 발행, 주문관리, 고객 문의 대응, 주문서 생성처리 등의 업무에서 가장 많이 적용되고 있다.

산업별로 보면 은행, 보험, 증권 등 금융분야에서는 이미 RPA 적용이 활성화되어 있고 삼성, LG, 한화 등 제조 분야에서도 많은 효과를 보고 있다.

RPA 적용 대상

RPA 적용 대상	재무, 회계	• 채권관리, 고객청구 • 출장 등 경비 정산	• 고정자산 회계 • 계정대사	• 수익/비용 배부 • 채무관리, 지급	• 회계전표/증빙관리
	인사	• 복리후생 • 급여	• 근태관리 • 채용	• 교육 • 입사 절차	• 인사행정 • 데이터 입력
	IT	• 시스템 설치 • 메일 관련 직업 • FTP 다운/업로드	• 서버 모니터링 • 시스템 모티너링	• 폴더 동기화 • 배치작업	• 파일관리 • 백업
	공급관리	• 재고관리 • 작업 지시관리	• 반품처리 • 계약관리	• 수요/공급계획 • 수송관리	• 견적관리
	기타	• 문서 및 자료관리 • 공정관리등	• 고객관리	• 테스트	• 일정관리

국내 기업의 RPA 적용 사례

4차 산업혁명의 물결에 발맞추어 이미 국내에서도 RPA의 적용이 활성화되고 있다. LG전자, 현대자동차, 하나금융그룹, 우리은행 등 주요기업에서는 RPA 기술 도입단계를 지나 이미 성장단계로 진입하여 업무 생산성 향상 효과를 직접 누리고 있으며 근로자가 단순 반복작업으로 시간을 소모하던 시대에서 가치중심의 일을 진행할 수 있는 시대로 변화를 꾀하고 있다.

LGCNS_출처_동아일보(2019)

LGCNS는 지난해 11월 새롭게 도입된 외부감사법으로 기업의 회계 업무가 대폭 늘어남에 따라 RPA를 적용하여 사람이 해오던 단순 반복적인 업무를 소프트웨어 로봇이 처리하게 하여 업무를 자동화한 사례로 잘 알려져 있다. LGCNS의 급여 담당자들은 각 사업팀 임금 지급이 정확히 완료됐는지 일일이 확인하지 않아도 된다. 기존에 직원들이 해오던 이 단순 업무를 올해 초부터 '로봇'(RPA·로봇 프로세스 자동화)이 대신 해주기 때문이다. 또 이전에는 6000명이 넘는 임직원의 연간 급여 지급 명세 수십만 건을 일일이 확인할 수 없어 소수 사례를 추출해 점검할 수밖에 없었는데 이제는 RPA가 전수조사로 오류를 잡아내고 있다고 한다.

하나은행_출처_ZdNet Korea(2019)

KEB하나은행은 연 8만 시간의 업무를 단축할 수 있는 로봇프로세스자동화(RPA) 구축을 마쳤다. 19개 은행 업무, 22개 프로세스에 34개의 RPA '하나봇'을 투입해 2차 RPA 프로젝트를 마무리 지었다고 밝혔다. RPA를 도입한 업무 중 20개 해외 네트워크를 대상으로 재무회계 정합성 점검 및 위험 징후 모니터링을 할 수 있는 점이 타 은행과 차별화 된다. 이밖에 8천개 기업 신용등급 자동 업데이트를 통한 신용 대출 금리 산출, 여신 심사를 위한 자동화 원부 자동 발급 등에도 RPA가 적용됐다. KEB하나은행 업무프로세스혁신부 관계자는 연간 8만시간 단축은 국내 기업 중 최고 수준 이라며 주 5일, 8시간 근무를 연으로 환산할 때 2천 시간 정도인데 8만 시간은 이를 풀 타임으로 40년으로 돌린 격이다. 연간 32억원 절감 역시 인건비와 물건비를 추정해 계산해 도출한 결과라고 설명했다.

우리은행_출처_오피니언뉴스(2019)

우리은행은 가계여신 자동연장 심사, 가계여신 실행, 가계여신 담보재평가, 기술 신용평가서 전산 등록, 외화차입용 신용장 검색, 의심거래보고서 작성 등 영업점 지원을 위한 업무 위주로 RPA를 도입했다. 이어서 하반기에는 예적금 만기 안내, 장기 미사용 자동이체 등록계좌 해지 안내, 퇴직연금 수수료 납부 안내, 근저당권 말소 등 업무에도 도입할 계획이다. 동사는 RPA 도입으로 업무별 평균 자동화 비중을 80%까지 높일 수 있고 기존 업무시간을 최대 64%까지 줄일 수 있다고 분석했다. 직원의 전산조작 업무를 줄여 고객 대기시간을 최소화하고 상담시간을 늘려 고객에게 양질의 금융서비스를 제공할 수 있게 되었다고 한다.

포스코ICT_출처_중앙일보(2019)

포스코ICT는 RPA를 적용하여 직원의 출장비를 한결 쉽게 정산하게 하였다고 한다. 과거에는 직원들이 청구한 출장비와 회사의 지급기준을 비교하기 위해 출장지 주소를 일일이 입력해 실제 출장거리를 조회하고 이를 비교하는 단순 작업을 반복해야 했다. 하지만 이제는 RPA를 이용한 로봇이 출장비 청구 내역에서 장거리 출장만 별도로 골라내 관련 데이터를 생성하고, 자동으로 출장지별 최단거리를 조회해 여비·교통비 지급 기준과 비교한다. 직원들의 입력 실수로 잘못 청구된 출장도 알아서 정정해준다. 이 로봇의 덕택에 재무나 회계, 인사관리 등 경영지원 분야 26개 업무에 이 로봇을 적용 중이다. 도입 효과도 분명하다. 출장비 정산 업무는 과거 연간 650시간 가량 걸리던 것이 최근에는 80시간으로 99% 줄이는 데 성공했다.

한화토탈

매일 아침 사내 시스템에 접속해 물류팀 및 협력업체 직원들의 근태 관리, 제품출하 현황, 재고 현황 등을 체크하고 한데 모아 담당자들과 공유하는 보고서를 작성하는 업무를 1~2 시간을 소요하며 진행했던 일에 RPA를 적용했다. 오랜시간이 걸리던 일이 단 몇 분만에 진행되어 RPA 도입효과를 톡톡히 보고 있다고 합니다. 뿐만 아니라 수출 선적서류 처리, 구매팀 발주 업무, 제품가격 업데이트 등과 같은 업무에 RPA가 성공적으로 적용되고 있으며 현재까지 56개의 업무에 적용되어 담당 직원들의 업무시간을 연간 11,000시간 이상 절약하는 효과를 거두고 있어 RPA 사용의 새로운 바람을 불러 일으키고 있다고 한다.

RPA(UiPath) 활용 기업 현황

다음은 RPA 제품 중 UiPath를 도입한 국내 주요 기업 현황이다. (2018년 기준).

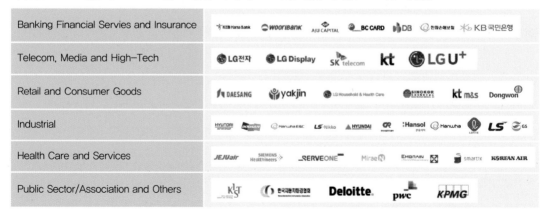

6 _ RPA 주요 제품

RPA 관련 여러 제품 중 대표적인 해외 제품과 국내 제품에 대해서 소개한다.

이 책에서는 RPA 여러 제품 중 가장 대표적인 플랫폼인 UiPath에 대해서 설명한다.

UiPath

Ui|Path　　UiPath는 2005년에 설립되었고, 포레스터 2018년 2분기 자료에 따르면 가장 널리 보급된 RPA 플랫폼이고 업계 1위이다. 포레스터 웨이브 RPA에서 '현재 제품' 및 '시장 지위' 부문에서 가장 높은 점수를 기록했다.

현재 4,000곳이 넘는 비즈니스 및 정부기관 고객이 UiPath의 엔터프라이즈 RPA 플랫폼을 채택하여 반복적 프로세스를 모방하고 실행하는 소프트웨어 로봇을 전개한다. 이 회사는 최근 시리즈 D펀딩으로 10억 달러를 조달했고 현재 기업 가치가 70억 달러에 이르며 경쟁사인 Automation Anywhere, Blue Prism보다 압도적으로 큰 규모다.

Automation Anywhere

Automation Anywhere는 2003년에 설립되었고 현재 UiPath와 점유율 1위 다툼을 하는 회사로 CRO이자 공동 설립자인 앤쿠르 코타리는 "인지(Cognitive) 및 인공지능은 가장 빨리 성장 중인 수익원의 하나다. 이들은 두 측면에서 서로를 보완하기 때문이다. RPA에 의한 인간으로부터 로봇 기능을 추출하고, 인지에 의해 인간을 기계로 융합한다. 따라서 두 기술을 결합하면 어떤 프로세스라도 처음부터 끝까지 자동화할 수 있다."고 말했다. 이 회사는 금융, 보험, 헬스케어, 제조 등 다양한 고객군이 있고 2억 5000만 달러의 시리즈 A 펀딩을 완료했다.

Blue Prism

blueprism　　Blue Prism은 Robotic Process Automation(RPA)라는 용어를 처음 발명했다고 주장하는 영국업체로 2001년에 설립되었다.

블루 프리즘은 업계에서는 상당히 독자적이라 할 수 있는 유인 및 무인 자동화가 혼합된 솔루션을 제공하여 백 오피스 프로세스를 자동화하는 동시에 직원의 반복 작업을 지원한다.

국산제품

국내에서 개발된 RPA 제품에는 (주)투비웨어의 CheckMATE, 그리드 원의 AutomateOne 등이 있다. 대부분 국내 중심의 제품 적용이 되고 있으며 글로벌 시장에서의 인지도는 아직까지 나타나지 않는다.

Chapter **02**

UiPath 살펴보기

단원 목표

▶ UiPath는 어떤 회사인지 간단히 알아본다.
▶ UiPath 제품은 구성과 역할에 대해 알아보고 이해한다.
▶ UiPath 소프트웨어를 설치하는 법을 익힌다.

1 _ UiPath 소개

UiPath는 루마니아 기업가인 Daniel Dines와 Marius Tirca에 의해 2005년에 설립되어진 RPA (Robotic Process Automation) 플랫폼을 개발하는 글로벌 소프트웨어 회사이다. 이들이 개발한 제품은 UiPath라는 이름으로 놀라운 성장을 계속하고 있으며 현재 미화 10억 달러의 가치를 갖는 회사로 성장한 루마니아의 유니콘이 되었다.

UiPath는 루마니아 부쿠레슈티에서 시작하여 현재는 런던, 뉴욕, 뱅갈 루루, 싱가포르, 도쿄 등에 사무실을 개설하였으며 현재 전세계 20개국 37개에 달한다. 회사는 폭발적 성장에 힘입어 2018년 말 기준 약 2,600명이 넘는 직원이 근무하고 있다. 또한 2017년 본사를 뉴욕으로 이동하여 연구개발과 마케팅을 글로벌화 하였으며 현재도 제품의 기술혁신에 매진하고 있다.[1]

▲ Daniel Dines, CEO & Founder, UiPath at UiPath Conference, London.

---

1) "With India Focus, Global Robotics Company UiPath Raises $225 Mn" Inc42 Media 18 September 2018

2 _ UiPath 구성

사람들은 그들의 일에 대한 생산성을 향상시키기 위한 방법으로 로봇을 적용하게 되었다. 실제 로봇을 통한 공정의 자동화가 사용자의 평범하고 반복적인 작업을 자동화함으로써 사람들이 점점 더 늘어나고 있는 조직 업무에 자유롭고 창의적인 사고와 의사결정 업무에 집중할 수 있다는 결과가 입증되었다. 여기에 적합한 UiPath의 플랫폼은 이미 전세계 수 천개 기업에 적용되어 자동화를 위한 가상 인력을 제공하고 있다. 기업은 이 플랫폼을 통해 작업공정의 효율을 높이며 확장성과 유연성을 갖게 되었다. 이제 UiPath의 구체적인 모습에 대해 한 발 다가가 보자.

UiPath는 3개의 구성요소를 가지고 있다.

- Studio
- Robots
- Orchestrator

Studio는 시각적으로 직관적인 자동화 도구로써 프로세스 레코더 및 사전 제작된 액티비티(Activities)를 드래그 앤 드롭 하여 사용하게 함으로서 개발능력이 없는 사람도 빨리 RPA 워크플로우(workflows)를 생산할 수 있게 한다.

Robot은 UiPath Studio에서 생성된 모든 비즈니스 프로세스 자동화를 실행하는 소프트웨어로 된 일꾼으로 Attended 로봇과 Unattended 로봇 두 종류가 있다.

끝으로 Orchestrator는 로봇의 작업 일정을 관리하고 모든 UiPath 실행에 관해 리포트하는 지능적인 콘솔이다.

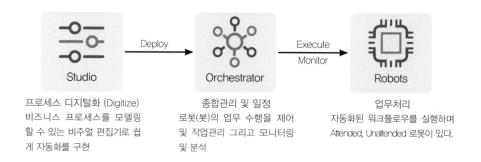

Studio	Orchestrator	Robots
프로세스 디지털화 (Digitize) 비즈니스 프로세스를 모델링 할 수 있는 비주얼 편집기로 쉽게 자동화를 구현	종합관리 및 일정 로봇(봇)의 업무 수행을 제어 및 작업관리 그리고 모니터링 및 분석	업무처리 자동화된 워크플로우를 실행하며 Attended, Unattended 로봇이 있다.

UiPath 플랫폼 평가

RPA 솔루션 비교

UiPath는 미국 최대 컨설팅 기관인 Forrester Research에서 RPA 기술 파트너로 선정되었으며 특히 자동화 기술, Computer Vision, RPA 근간 아키텍처 및 로봇의 오케스트레이션, 교육영역에서 우수한 평가를 받았다.

KEY FEATURES	UIPATH	BLUEPRISM	Automation Anywhrere	WorkFusion	PEGA
ROBOTIC AUTOMATION TECHNIQUE (eg. API, user simulation, .net)	●	●	●	◑	◑
ROBOTIC COMPUTER VISION (eg. Intelligent screen cognition accuracy, VDI/Citrix)	●	◕	◑	◔	◔
SYSTEM ARCHITECTURE (eg. Cloud, Server, Desktop)	●	◕	●	◑	◕
ROBOT ORCHESTRATION (eg. scalability, parallelization, Robot queuing, change control, RPA versioning, monitoring)	●	●	◕	◑	●
DATA SECURITY (eg. Encrypted credentials etc.)	◔	◑	◕	◑	◕
AI AND COGNITIVE ENABLEMENT (eg. Cognitive Services, OCR, Integration of Machine Learning)	◔	◔	◑	◑	◕
RPA DESIGN AND DEPLOYMENT (eg. GUI Process Modelling, Recording, Low-maintenance, easy to learn)	◔	◑	◑	◕	◕
DATA ANALYTICS (eg. Visual GUI,RPA Intelligence DW)	◔	◑	◑	◔	●
DYNAMIC CASE MANAGEMENT (DCM) INTEGRATION	◔	◑	◔	◑	◑
CONNECTORS (eg. SAP,Oracle,Salesforce,Mulesoft)	◔	◑	◕	◔	◑
TRAINING & SUPPORT (e.g. Online Self-Service, Free Dev.)	●	●	◑	◔	◑

고객 평가

UiPath 제품은 Gatner의 Customer Reviews 자료에 의하면 RPA 글로벌 제품군 중 1위로 가장 우수한 평가를 받고 있다.

UiPath Studio

RPA에서는 업무에 필요한 비즈니스를 모델링할 수 있는 도구가 필요하다. 강력하고 사용자 친화적인 자동화 캔버스인 UiPath Studio는 UiPath 플랫폼의 필수 구성요소이다.

UiPath는 기능별로 제작된 많은 액티비티를 갖추고 있으며 여러 프로그래밍 언어와 통합되어 사용하기 쉽고 확장성 및 효율성을 높일 수 있게 되어 있다.

UiPath Studio의 특징

UiPath Studio는 RPA를 수행하는데 필요한 비즈니스 프로세스를 직관적으로 모델링할 수 있는 강력하고 사용자 친화적인 자동화 캔버스로 워크플로우를 구축할 수 있다. 이 Studio에는 작업에 필요한 다양한 액티비티를 갖추고 있으며 드래그 앤 드롭 방식으로 워크플로우를 쉽고 효율적으로 작성할 수 있다.

❶ 시각적인 편집기

코드프리 스튜디오 편집기를 사용하여 드래그 앤 드롭 방식으로 프로세스 모델링 및 자동화 작업을 한다. 수백가지에 이르는 다양한 액티비티와 라이브러리를 활용하며 개발시 발생하는 문제의 빠른 해결을 위해 디버거를 사용할 수 있다.

❷ 편리한 라이브러리

개발시간에 공통적으로 필요한 다양한 기능과 작업을 선 제작된 템플릿으로 만들어 사용하게 함으로서 품질을 보증하고 개발속도를 높이도록 하였다.

❸ RE 프레임워크

응용프로그램 초기화, 로깅, 예외처리 등을 포함하여 구현에 필요한 프로세스를 표준형태로 모두 모아 즉시 사용가능한 수준으로 만든 자동화 템플릿을 제공한다.

❹ 인지향상

ABBYY, 스탠포드 NLP, IBM Watson, Google, MS 및 Python 코드 액티비티를 이용한 모든 기계학습(machine learning) 라이브러리를 사용할 수 있는 기능을 제공한다.

❺ 워크플로우 레코더

프로세스 모델링 및 자동화를 쉽고 빠르고 정확하게 할 수 있도록 해주는 도구로써 데스크톱 응용프로그램, 웹, Citrix 등의 환경에서 적용할 수 있는 기능을 제공한다.

❻ 유니버셜 검색

UiPath Studio내에서 사용되는 모든 자동화 리소스를 한곳에서 검색하여 찾을 수 있다.

❼ 사용자 지정 워크플로

RPA 개발자는 사용자 정의 VB.Net, Python, 자동 단축키, Javascript, PowerShell 및 JAVA 코드를 자동화 워크플로우에 직접 통합하여 강력하고 복잡한 자동화를 설계할 수 있도록 하며 이 작업을 Studio 라이브러리에 저장하여 현재 및 미래의 프로젝트에서 다른 팀 구성원과 공유할 수 있도록 한다.

❽ 현지화

UiPath는 다양한 현지 언어를 사용할 수 있게 제작되었으며 현재 영어, 일어의 인터페이스가 제공되며 곧 불어, 독어, 러시아어가 이어질 예정이다.

❾ 디버깅 도구

프로세스 개발을 쉽게 할 수 있도록 프로세스 실행, 중단점 및 대상 요소 강조표시를 사용하여 프로세스를 분석할 수 있게 하며 여러가지 방법으로 모든 입력과 출력을 검사할 수 있게 한다.

❿ 협업 자동화

자동화 구성요소를 공유하고 재사용 하며 확장 가능한 라이브러리를 사용하여 다른 팀 구성원과 공동작업을 할 수 있다. Studio가 TFS[1), VSTS[2) 및 SVN[3) 소스 제어 시스템과 직접 통합되므로 조직 전체에서 프로세스를 공동 작업하고 표준화하게 한다.

UiPath Studio의 화면소개

UiPath Studio는 보다 쉬운 자동화를 위해 크게 HOME, DESIGN, DEBUG라 하는 3개의 패널로 구성되어 있다.

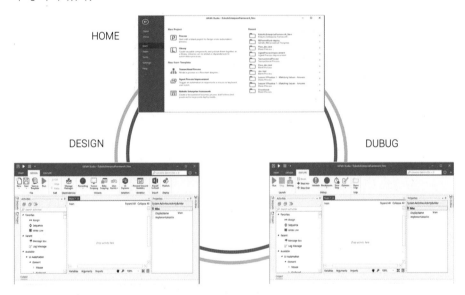

리본(The Ribbon)

리본은 START, DESIGN, DEBUG 3개의 탭으로 구성되어 있으며 간단하게, 최소화하거나 확장할 수 있다. 이 리본에는 개발자를 위한 아주 많은 기능이 포함되어 있기 때문에 3개의 리본에 대해 간단히 알아보자.

---

1) TFS (Team Foundation server)는 소스 코드 관리, 보고, 요구사항 관리, 테스트 및 출시 관리 기능을 제공하는 마이크로소프트의 제품
2) VSTS (Visual Team Foundation Server)는 TFS의 웹 서비스 버전의 마이크로소프트의 제품
3) SVN (Subversion) 자유 소프트웨어버전 관리시스템

1) HOME

미리 정의된 템플릿에서 새 프로젝트를 시작하거나 최근에 작업 한 프로젝트를 연다. 기본적으로 프로젝트는 "C:\Users\〈current_user〉\Documents\UiPath"에 만들어진다.

다음은 다음은 UiPath Studio의 초기화면이다 (버젼 2019.12.0-beta.61).

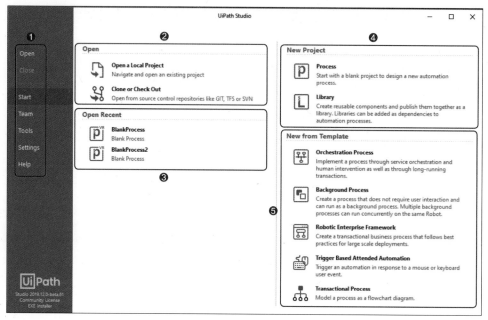

❶ Home 메뉴

• Open : 로컬 시스템에 저장된 프로젝트 열기 도구이다.

• Close : 현재 열려있는 프로젝트를 닫기 도구이다.

• Start : 새 프로젝트를 생성하기 도구이다.

• Team : 팀 단위 프로젝트를 개발하기 위한 도구이다.

• Tools : Chrome, Firefox, Java 및 Silverlight용 확장 프로그램을 설치하고, UI Explorer를 시작할 수 있는 도구이다.

• Settings : 언어와 테마(Dark, Classic)를 선택하여 설정할 수 있는 도구이다.

• Help : 제품 버전 및 설치, 라이선스, 가용성 등 도움이 되는 세부정보와 온라인 리소스, 커뮤니티 포럼 및 아카데미로 이동할 수 있는 페이지 링크 도구이다.

❷ Open : 이미 만들어져있는 프로젝트를 불러내어 사용하기 위한 메뉴

• Open a Local Project : 기존 프로젝트 탐색 및 열기

• C;one or Check Out : GIT, TFS 또는 SVN과 같은 소스 제어 레포지토리에서 열기

❸ Open Recent : 최근에 열었던 프로젝트의 목록으로 선택하면 해당 프로젝트가 열린다.

❹ New Project

• Process : 빈 프로젝트안에 새로운 자동화 프로세스를 만들 때 사용

• Library : 재사용 가능한 구성요소를 만들어 라이브러리로 게시한다. 이 라이브러리는 자동화 프로세스에 종속적으로 추가될 수 있다.

❺ New from Template : 템플릿을 이용하여 프로젝트를 구성하고자 할 때 원하는 템플릿을 선택하여 새 프로젝트를 구성한다.

2) DESIGN

시퀀스(Sequence), 순서도(Flowcharts), 상태시스템(State machine)을 프로젝트에 추가하고 액티비티 패키지를 설치 및 관리하며 UI 요소를 활용하여 자동화 작업을 진행한다.

다음은 DESIGN 탭 화면구성이다.

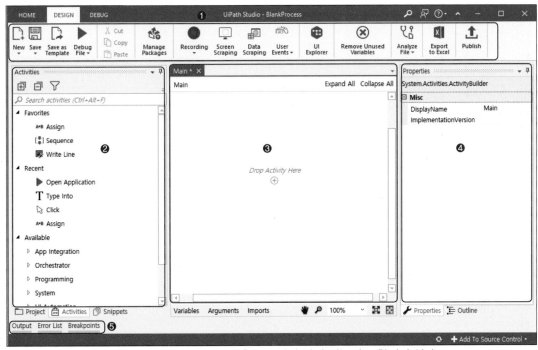

❶ 리본 도구모음 : 가로로 길게 나열된 도구 모음으로 여러 가지 기능이 포함되어 있다.

❷ Activity 패널 : 현재 프로젝트에 추가할 수 있는 사용 가능한 액티비티이다. 빠른 검색을 위한 검색상자가 제공되며 우측상단의 핀과 역삼각 마크를 누르면 패널을 숨기기, 띄우기, 고정시키기 등을 할 수 있으며 또 패널 내용에 Favorites, Recent 등이 있어 편리함을 제공한다.

• 패널 하단에 Project와 Snippets의 탭이 있는데 탭을 선택하게 되면 패널 영역에 해당 내용이 나타난다.

• Project : 프로젝트와 관련된 패키지와 파일의 트리구조를 볼 수 있고, 편집할 파일을 더블클릭으로 열 수 있다.

• Snippets : 기본적인 여러 샘플 워크플로우 및 스니팻이 포함되어 자동화에서 사용할 수 있다.

❸ Designer 패널 : 현재 자동화 프로젝트를 표시하고 변경 작업을 수행하며 변수 및 인수 가져오기에 대한 빠른 액세스를 제공한다.

- 패널 하단에 Outline 탭이 있는데 프로젝트의 계층 구조, 사용 가능한 모든 변수 및 노드가 표시된다. 디자이너 패널에서 액티비티를 선택하여 이 패널에서 액티비티를 강조 표시하거나 Outline 패널에서 액티비티를 선택하여 특정 액티비티로 이동할 수 있다.

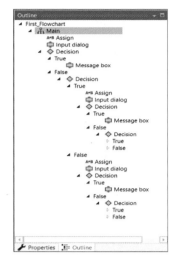

❹ Proferties 패널 : 액티비티가 디자이너 패널에 놓이고 마우스에 의해 활성화되면 나타나는 패널로 액티비티의 여러 가지 필수 또는 선택적 인수의 속성정보를 나타낸다.

❺ Output 패널 : 이 패널은 로그 메시지 또는 Write Line 액티비티의 출력을 표시하는 곳이며 오류나 예외사항이 발생한 메시지도 표시된다.

3) DEBUG

디버깅 도구를 사용하여 중단점을 설정하고 단계별로 액티비티 실행을 모니터링하며 디버깅 속도를 조정하면서 워크플로우를 확인하고 실행한다. 로그를 열어 실행 및 프로젝트 변경사항과 관련된 세부 정보를 본다.

StudioX

UiPath에서 자동화 구축을 훨씬 쉽게 해주는 새로운 Studio 버전을 발표하였는데 바로 StudioX이다. 이 버전은 모든 비즈니스 사용자가 Microsoft Office 응용 프로그램과의 완벽한 통합 및 자동화를 쉽게 만들 수 있도록 직관적인 사용자 인터페이스를 제공하여 반복적인 작업을 자동화할 수 있도록 한다.

Robots

UiPath 플랫폼의 두 번째 구성 요소는 로봇이다. 로봇은 UiPath Studio에서 설계된 자동화 워크 플로우를 사람을 대신하여 실행하는 가장 중요한 역할을 하며 UiPath Orchestrator에서 관리 및 모니터링하게 되어 있다. 이를 위하여 두 종류의 로봇이 있는데 Attended 로봇과 UnAttended 로봇이 있다.

Atteneded 로봇

Attended 로봇은 사용자의 참여가 필요한 비즈니스 활동에 대해 사용자와 협력하여 반복적인 프론트 오피스 작업을 가속화한다. 즉 필요에 의해 사용자가 실행하고, 실행도중 사용자가 입출력을 할 수 있다. 이 로봇은 워크스테이션에 설치되어 헬프 데스크, 콜센터와 같은 서비스를 진행하며 중단 없는 작업을 계속하면서 높은 생산성과 빠른 처리시간으로 백그라운드에서 신중하게 작업한다.

UnAttended 로봇

UnAttended 로봇은 사람의 손길없이 작동함으로 다양한 백오피스 활동에 대한 비용 및 성능 이점을 극대화한다. 이 로봇은 Orchestrator에서 프로비져닝한 물리적환경 또는 가상환경에서 실행할 수 있다. 조직의 일과 관련하여 예정된 시간에 스스로 시작하고 중단하며 운영한다. Orchestrator에서 원격으로 로봇에 접속하고 중앙집중식으로 라이선스 관리, 일정관리, 모니터링 등 업무량에 상관없이 지치지 않고 효율적으로 일한다.

Orchestrator

Orchestrator는 지휘자가 오케스트라를 지휘하듯 로봇들을 지휘하는 서버 기반의 웹 응용 프로그램이다. 서버에서 실행되며 네트워크 내의 모든 Attended, Unattended 로봇들을 연결하며 브라우저 기반 인터페이스를 통해 로봇을 조정하며 사용자 환경의 모니터링 및 프로그램 배포 등의 관리를 할 수 있다.

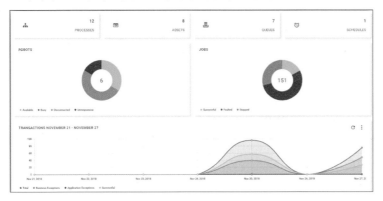

UiPath 설치

본 과정은 UiPath 사용법을 익히기 위한 교육 목적으로 기술되기 때문에 RPA 개인 개발자나 소규모 팀을 대상으로 무료로 사용할 수 있는 'Community Cloud' 버전을 이용하여 설치하는 법에 대해 기술하기로 한다. 참고로 Community Cloud Edition은 기간 제한없이 자유롭게 사용할 수 있으며 한 개의 계정 기준 Orchestrator 1개와 Studio 2, Attended Bot 2, Unattended Bot 1개를 사용할 수 있다.

UiPath 설치 프로그램 내려 받고 설치하기

01 UiPath 홈(www.uipath.com)으로 이동한다.

02 페이지 우측 상단 [Strat Trial] 버튼을 클릭한다.

03 상단의 4개의 Try it 중 좌측 첫 번째를 클릭한다.

04 계정을 생성하기 위한 여러가지 방법이 제공되고 있다. 이미 Google 이나 Microsoft, 또는 LinkedIn 계정이 있다면 그것을 이용하여도 되고 그렇지 않다면 Mail을 등록하는 방법을 사용할 수 있다. 여기에서는 Mail을 이용하는 방법으로 진행하기로 한다.

05 계정을 만들기 위해 필요한 정보를 채워 넣고 개인정보 정책에 동의를 한 다음 Sign up 버튼을 클릭한다.

06 Email verification pending 화면이 나온다.

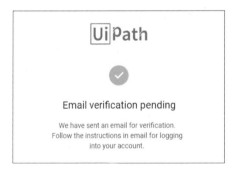

07 등록한 메일에 접속하면 Verify Your Email의 제목으로 메일이 와 있다. 메일을 열고 화면의 Verify

Email 이라고 적힌 버튼을 클릭한다. 이때 브라우저가 Internet Explorer인 경우 "Browser not supported"라 는 오류 메시지가 나올수 있다. 이 경우 크롬을 사용 하여 다시 진행한다.

08 메일에서 Verify Email 버튼을 클릭하고 나면 아래와 같은 화면이 나타난다.

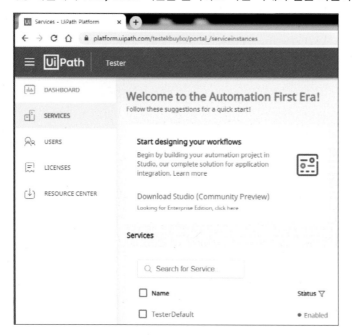

09 좌측 메뉴중 RESOURCE CENTER를 클릭하면 아래와 같은 화면이 나타나는데 Community Edition 아래 Preview 또는 Stable의 버전을 골라 Download 버튼을 클릭하여 설치 프로그램을 내려받는다.

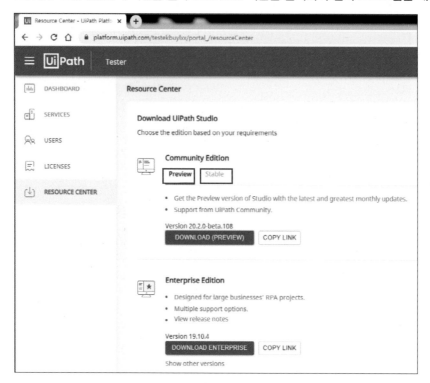

10 다운 받은 UiPathStudioSetUp.exe를 실행시키면 아래와 같은 화면이 생성된다. 우리는 Free 버전이므로 팝업화면의 Activate Edition을 클릭한다

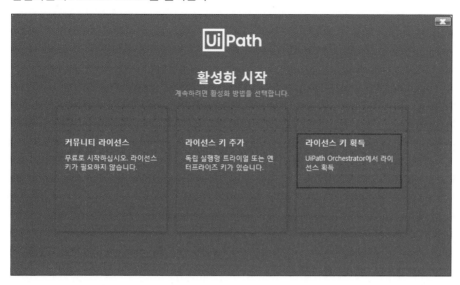

11 이어서 프로필 선택 화면에서 좌측 UiPath Studio를 선택한다.

12 다음 화면 업데이트 채널 선택은 업데이트 기준 선택으로 안정성을 선택하고 소스 컨트롤 지원 선택화면은 계속을 클릭하면 설치가 끝난다.

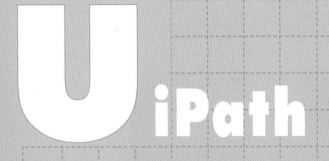
UiPath

UiPath를 이용하여 자동화를 하는 것은 누구나 할 수 있다. 프로그램을 이미 해본적이 있다면 보다 쉽게 자동화 작업을 진행할 수 있다. 하지만 이렇게 진행한 자동화 프로그램이 정말 정확히 알고 효과적으로 쓰고 있을까? 현재 상황은 그렇지 않은 것 같다. 그러나 이 UiPath Studio 첫걸음부터 학습해 나간다면 좀 더 제대로 된 자동화 작업을 진행할 수 있을 것이다.

지금부터 UiPath Studio를 이용하여 워크플로를 만들기 위한 첫걸음을 시작해보자. 간단한 워크플로를 하나 만들어 보면서 Studio에 있는 여러 패널의 역할과 용도를 직접 확인해 보고 사용법을 간단히 익혀보자. 물론 여기에서 아주 자세히 들어가지는 않는다. 하지만 기본적인 학습을 함으로써 스스로 학습하고 심화과정을 익혀 나갈 수 있도록 개념을 잡아 가고자 한다.

UiPath Studio 첫걸음

Chapter 03

간단한 프로세스 만들기

단원 목표

UiPath 사용법에 대해 기본적으로 알아야 할 내용에 대해 학습하고 익히는 것을 목표로 간단한 프로세스를 생성하여 실행해 본다.

▶ UiPath를 이용한 워크플로 작성과정을 살펴본다.

▶ 간단한 워크플로를 작성하고 실행을 시켜본다.

▶ 워크플로 작성에 필요한 기본적인 액티비티, 변수, 인수 등을 익힌다.

1 _ 프로세스 내용

여러분 중 일부는 UiPath에 대해 아주 처음이거나 기본적인 수준을 아는 정도일 것이다. UiPath Studio를 이용하여 아주 간단한 프로세스를 만들어보면서 우리가 기본적으로 알아야 하는 것들에 대해 살펴보자. UiPath의 경우 제품의 성능 향상을 위한 버전 업그레이드가 매우 빈번하고 속도가 빠르다.

버전이 변경 되어도 사용상 문제는 없지만 참고로 이 책에서는 Studio 2019.12.0을 기준으로 진행한다. 아울러 사용된 그림이 한글 버전과 영문버전이 혼용되어 사용되어 있음을 양해해 주기 바란다.

개발 내용

변수 myMessageToTheWorld에 문자열 "This is the new value"을 입력한다. 그리고 CountDown 이라는 다른 변수에 숫자 5 를 입력하고 이후 Message Box를 이용해 이 두 개의 변수에 저장된 값을 출력 시킨다. 비록 아주 간단한 프로세스 하나를 만드는 일이긴 하지만 이를 위해 우리는 여러가지 일을 해야 한다. 예를 들면 새 프로젝트 만들기, 변수 만들기, 변수의 타입에 대해 알기, 그리고 액티비티 사용하기와 속성 정보 채우기 등 이 과정을 아래와 같은 단계로 Studio를 사용하는 방법과 함께 알아보도록 하자.

개발 순서

개발 순서가 항상 아래 그림과 같이 정해진 것은 아니지만 이해를 돕기 위해 순서를 지정하였다.

1. 새 프로젝트 만들기
2. 액티비티 사용하기
3. 변수 만들기
4. 오류 확인 및 수정하기
5. 저장 및 실행하기

2 _ 워크플로 작업과정 이해하기

우리가 Studio를 이용하여 원하는 자동화를 하기 위해서는 알아야 할 내용이 많다. 무엇보다 Studio 를 익숙하게 사용할 수 있어야 하며 많은 액티비티의 사용에 능숙해야 한다.

이 단원에서는 학습을 하기 위한 최소한의 Studio 사용법을 먼저 배워서 더 깊은 수준의 학습을 하 는데 도움이 되도록 개략적인 개발방법을 알려주고자 한다.

새 프로젝트 만들기

지금부터 UiPath Studio를 이용하여 우리가 원하는 비즈니스 자동화를 위한 프로젝트 만들기를 시 작한다.

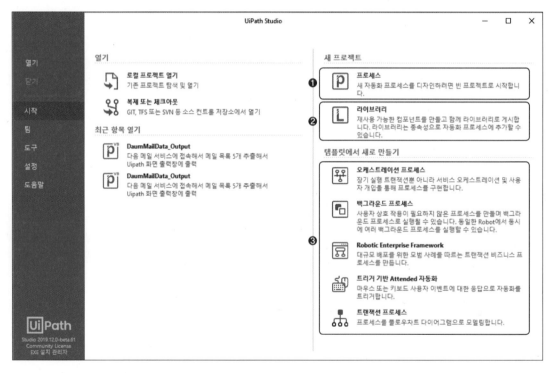

앞의 그림과 같이 UiPath에서는 Start 탭에서 세가지 유형의 새 프로젝트를 만들 수 있다.

❶ 프로세스 버튼을 눌러서 새 프로젝트를 만들 때 – 보통 사용하는 방법이다.
❷ 라이브러리 버튼을 눌러서 새 프로젝트를 만들 때 – 라이브러리 파일을 만들 때 사용한다.
❸ 프레임워크 중 하나를 선택하여 사용하는 방법 – 보통 Robotic Enterprise를 빈번히 사용한다.

개발자는 새 프로젝트를 만들기 위해서 어떤 방법을 적용할지 결정해야 한다. 보통은 프로세스 버튼 을 누르는 방법을 적용한다.

우리는 Process를 선택한다. 프로젝트의 이름과 장소를 지정하는 창이 팝업되고 이 필드에 적절한 값을 입력하고 아래의 Create 버튼을 클릭하면 우리의 첫 번째 Process는 생성된다.

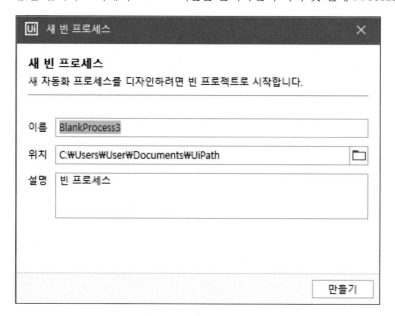

이어서 아래 그림과 같이 빈 프로젝트가 생성되었다.

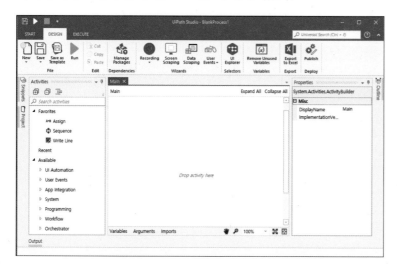

폴더 경로를 별도로 지정하지 않은 경우 문서\UiPath\〈이름〉에 Main.xaml과 project.json 파일이 만들어져 있는 것을 확인할 수 있다.

액티비티 사용하기

액티비티는 UiPath에서 클릭, 타이핑, 글쓰기, 읽기와 같은 하나의 동작을 자동화 하는데 사용하는 기능으로 이것을 일컫는 용어이다.

UiPath Studio를 이용하여 프로젝트를 만들 때 중요한 것은 이러한 액티비티를 적재적소에 사용하는 것이라 할 수 있다. 하지만 여기에서는 기본적인 액티비티를 사용하는 방법을 알리고자 한다. 액티비티를 충분히 활용하기 위해서는 Studio에 많은 액티비티를 가지고 있어야 한다. 다행히 UiPath는 개발자가 프로젝트를 만드는데 필요한 많은 기능을 제공하고 있다. 예를 들면 Assign Activity, Message Box Activity와 같은 것들이다.

UiPath에서는 이 액티비티를 종류별로 분류하고 공통부분을 모아 그룹으로 만들고 이를 Package로 만들었다. 예를 들면 UiPath.System.Activities, UiPath.UiAutomation.Activities, UiPath.Excel.Activities, UiPath.Mail.Activities, UiPath.PDF.Activities, UiPath.Web.Activities, UiPath.Word.Activities, 등 이다. 하지만 처음 UiPath를 설치하면 4개의 Package만 있기 때문에 더 많은 다양한 기능을 이용하기 위해서는 추가로 설치하는게 필요하다. 확인을 위해서 상단 메뉴의 '패키지관리'를 클릭하면 확인할 수 있다.

액티비티와 관련하여

❶ 먼저 액티비티가 담긴 패키지를 설치하여 환경을 만들고
❷ 액티비티 패널에서 액티비티를 찾아 드래그 앤 드롭하기

▲ 기본으로 설치되어 있는 패키지

Package 다운 받기

간단한 수준의 프로젝트를 개발하는 수준은 현재 가지고 있는 패키지로도 사용 가능하지만 좀 더 편리하고 전문적인 기능을 이용하고 싶다면 Package를 특히 이 표시(Ui)가 있는 패키지를 모두 다운로드하여 사용해 보기를 권장한다. 패키지를 다운 받기 위해서 아래의 순서로 따라해보자.

01 리본의 도구모음에서 Manage Packages를 클릭한다. 현재 4개의 패키지가 설치되어 있는 것을 확인할 수 있다.

그리고 Manage Pacjages(패키지관리) 창 왼쪽 메뉴가 갖는 구분은 아래와 같다.

- Local : Studio에서 기본으로 설치되는 패키지
- Official : UiPath에 의해 공식적으로 지원되는 패키지
- Community : RPA 커뮤니티가 개발한 오픈 소스 패키지
- Orchestrator : Orchestrator 에 연결되는 경우 기본적으로 제공되는 Robot 액티비티
- Go! : UiPath Go!에 게시된 액티비티를 포함하며 기본으로 설정되어 있지 않는다.

02 All Packages를 클릭하여 원하는 패키지를 선택하여 설치한다. 검색 창을 사용하여 특정 패키지/라이브러리를 찾아서 설치하여도 된다.

설치를 원하는 패키지 이름 옆의 ⊕ 을 클릭하여(마우스를 해당 패키지에 위치해야 이미지가 나타남) 🕐 이되어 설치 준비가 되도록 한다. 원하는 패키지의 선택이 모두 끝나면 Save 버튼을 누름으로써 비로소 패키지가 다운로드 되어 설치된다.(한개 항목만 선택하는 경우 Install 버튼을 클릭하여도 된다.)

01 예를 들어 PDF 파일 처리를 위한 패키지를 설치하고 싶다면 Manage Packages창의 좌측 패널에서 All Packages를 선택한다.

02 검색란에 "PDF"를 입력하고 검색을 하면 많은 패키지가 나열된다.

03 그 중에서 UiPath.PDF.Activities를 선택하여 설치를 한 후 Save 버튼을 누른다.

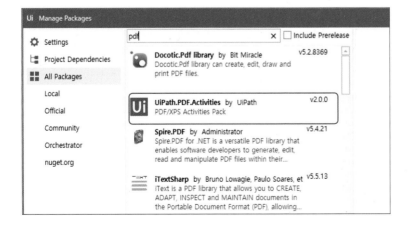

04 설치가 종료되었다면 UiPath Studio의 액티비티 패널에서 "PDF"를 검색해 보자 패키지가 설치되면 아래와 같이 여러 개의 PDF 액티비티가 새롭게 설치 되었음을 확인할 수 있다.

다음 그림은 Manage Packages창에 나타난 여러 아이콘의 사례를 소개하였으니 참고하기 바란다.

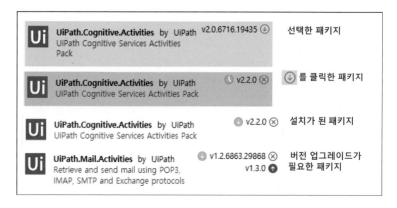

사용할 Activity 가져오기

이번에는 빈 프로젝트에 액티비티를 채워 원하는 워크플로를 만들어가는 과정을 알아보자.

01 맨 먼저 해야 할 일은 Activities 패널에서 Sequence 액티비티 또는 Flowchart 액티비티를 클릭하여 디

자이너 패널에 옮기는 것이다. 여기에서 Sequence를 사용하거나 Flowchart를 사용하는 것은 개발자의 선택 사항인데 자세한 내용은 "03_기본 Activity 소개"를 참고하기 바란다.

02 필요한 액티비티는 검색을 하여 찾거나 액티비티 트리에서 직접 찾아서 디자이너 패널로 드래그 앤 드롭 할 수 한다. 디자인 패널의 Sequence나 Flowchart 안에 Assign 액티비티와 Message Box 액티비티를 놓는다. 아래 그림은 첫 번째 작업으로 Flowchart를 찾아서 디자이너 패널에 옮기고 이어서 assign 액티비티와 Message Box 액티비티를 옮겨 놓은 후 화살표를 연결한 것이다.

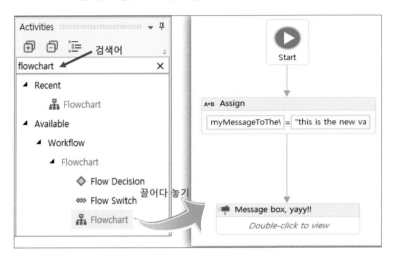

> **TIP**
>
> 프로젝트 생성 후 Sequence를 사용할 것인지 Flowchart를 사용할 것인지는 개발자의 의사결정 사항이다. 만약 Sequenc나 Flowchart를 놓지 않고 Assign을 드롭다운 한다면 자동으로 Sequence를 사용한 걸로 여기고 Assign 액티비티는 Sequence 안에 포함된다.

Property 내용 채우기

우리는 위에서 Flowchart, Assign, Message Box의 세개 액티비티를 드롭 다운하여 디자이너 패널에 적용하여 보았다. 액티비티들은 각각 본연의 속성을 가지고 있는데 액티비티의 종류에 따라 제각각 속성필드의 구성이 다르며 속성의 내용을 잘 넣어줘야 액티비티가 정상적으로 동작을 하게 된다. 속성의 값은 액티비티에서 직접 입력할 수도 있지만 속성 항목이 많은 경우 속성 패널에서 직접 입력해 줘야 한다. 이제 액티비티의 속성에 대해 알아보자.

• Flowchart 액티비티

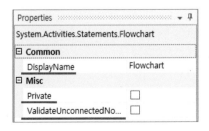

디자이너 패널의 Flowchart를 마우스로 클릭하면 우측 Properties 패널에 속성이 나타난다.
Flowchart의 속성은 간단하다.
각 속성의 의미를 알고 적절히 사용하도록 한다.

❶ Display : 액티비티의 이름을 적어준다. 현재는 Flowchart라고 되어 있지만 이 이름은 수정이 가능하다. 따라서 개발자는 이 Flowchart에 의미있는 이름을 지어 줌으로서 워크플로의 가독성을 높이고, 이해하기 쉽게 한다.

❷ Private : 이 Flowchart 액티비티 안의 변수 또는 인수의 자세한 로그가 나오는 것을 원하지 않을 때 이 옵션을 선택한다.

❸ ValidateUnconnectedNodes : 이 확인란을 선택하면 Flowchart 액티비티 안에서 다른 액티비티와 연결이 없는 액티비티가 있으면 사용자에게 통보 해준다.

· Assign 액티비티

디자이너 패널에서 Assign 액티비티를 클릭하자. 속성에 변수가 사용되고 있는데 변수에 대한 내용은 뒤에서 얘기하기로 하고 여기에서는 언급하지 않는다.

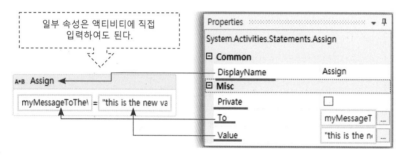

이번에는 Flowchart 액티비티 속성과 다르다. To와 Value 속성이 더 있다.

❶ DisplayName : 액티비티의 이름을 지정한다. 기본값은 Assign으로 되어 있다.

❷ Private : 이 Assign 액티비티 안의 변수 또는 인수의 자세한 로그가 나오는 것을 원하지 않을 때 이 옵션을 선택한다.

❸ To : 값을 할당 할 변수의 이름

❹ Value : To 필드에 기술된 변수에 할당할 값을 입력하거나 값을 담고있는 변수를 지정한다.

Assign은 일반 프로그래밍 언어의 A = B와 같은 B의 값을 A에 넣는다는 의미이다. 따라서 To 필드에는 변수이름이 들어가고 Value 필드에는 변수 또는 문자열이 들어간다.

· Message Box 액티비티

세 번째 액티비티인 Message Box이다. 아래 그림은 액티비티와 속성 패널 그리고 결과를 비교해 보았다. 이 경우 액티비티에 입력할 수 있는 속성은 DisplayName과 Text이다. Text는 필수이고 나머지 속성은 개발자의 필요에 따라 속성 패널에서 입력할 수 있다.

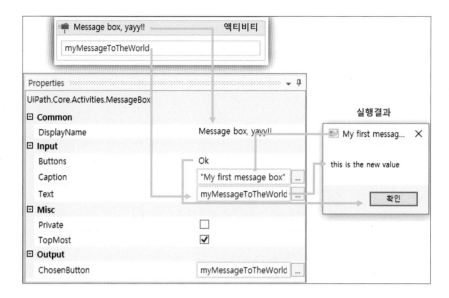

❶ DisplayName : 속성 필드에 "Message box yayy!!"라는 이름을 넣었다. DisplayName은 개발자가 원하는 이름으로 수정할 수 있고 속성의 DisplayName 필드에 입력해도 된다.

❷ Buttons : 메시지 박스에 표시 할 단추의 타입을 지정한다. 마우스를 OK에 위치시키면 우측 끝에 선택상자를 열수 있는데 ──〉 마우스를 Buttons의 우측 끝 선택상자를 클릭하면 OK, OKCancel, YesNoCancel, YesNo와 같이 4가지 중 하나를 선택할 수 있다. 어떤 것을 선택하느냐에 따라 아래 그림 중 하나의 모양으로 결과가 나온다.

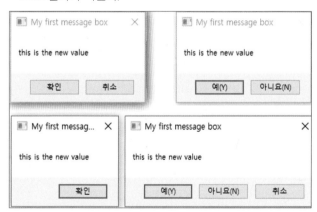

❸ Caption : 메시지 박스의 제목을 입력한다.

❹ Text : 메시지 상자에 표시할 텍스트

❺ Private : 이 Message Box 액티비티 안의 변수 또는 인수의 자세한 로그가 나오는 것을 원하지 않을 때 이 옵션을 선택한다.

❻ TopMost : 이 옵션을 선택하면 메시지 상자가 항상 전면(foreground)에 나타난다. 기본으로 설정되어 있다.

❼ ChosenButton : 메시지 박스의 대화상자에서 누른 단추를 나타내는 문자열("Yes", "No", "Cancel" 등)이 입력해준 변수에 저장된다. 이 결과에 따라 개발자가 분기하는 프로세스를 연결하면 된다.

변수 만들기

UiPath에서 변수는 많은 종류가 사용된다. 어떤 경우에는 자동으로 설정되기도 하고, 직접 입력해 주기도 하는데 변수를 사용하기 위해서는 변수 타입에 대해서도 알아야 한다. 이러한 변수를 어떻게 사용하는지

❶ 변수 사용 범위
❷ 변수 생성하기
❸ 변수 적용하기

에 대해서 간단히 알아보도록 하자.

변수 사용 범위

변수는 Studio의 3곳에서 사용된다. 첫째는 디자이너 패널의 액티비티에서 사용되고 두 번째는 액티비티의 속성에서 사용되며 세 번째는 하단의 Variables, Arguments에서 사용된다.

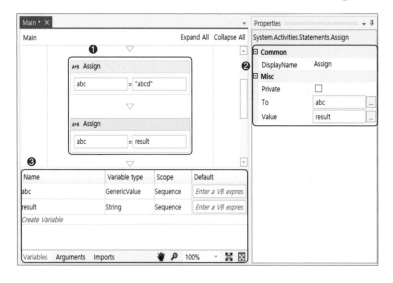

변수 생성하기

변수는 미리 생성해서 등록이 되어야 사용할 수 있다. 이를 위해 두가지 방법이 사용되는데 개발시에 두가지 방법을 적절히 혼용해서 사용하게 된다.

- 위의 그림의 ❶ 디자이너 패널과 ❷ 속성 패널에서 변수를 생성하기

변수명을 입력해야 하는 필드에 마우스를 위치하고 CTRL-K를 누르면 아래 그림과 같이 Set Name: 이라고 별도의 입력창이 뜬다. 여기에 변수명을 입력하고 엔터(Enter) 키를 눌러주면 변수에 적합한 변수타입이 설정되어 생성된다.

단, 자동으로 생성되는 변수의 타입이 개발자가 원하는 타입이 아닌 경우 아래 '디자이너 패널하단 Variables 탭에서 변수를 생성하기'의 방법으로 다시 수정을 해줘야 한다.

• 디자이너 패널 하단 Variables 탭에서 변수를 생성하기

직접 변수를 생성하는 방법으로 변수명과 변수 타입 그리고 필요하다면 초기값을 준비해서 시작한다. 먼저 variables 탭을 클릭해보자. 변수 목록이 나타나며 Name, Variable type, Scope, Default의 4개 영역으로 나뉘어져 있다.

Name	Variable type	Scope	Default
abc	GenericValue	Sequence	Enter a VB expression
Create Variable			

Variables   Arguments   Imports   ✋ 🔍 100% ˅ ⛶ ⛶

❶ Name : 필수, 변수의 이름

❷ Variable type : 필수, 변수 타입을 선택할 수 있다. (Boolean, Int32, String, Object, Generic Value, Array of [T], Browse for Types)

※ Browse for Types는 목록에 보이지 않는 변수타입을 찾을 때 사용

❸ Scope : 필수, 특정 액티비티와 같이 변수를 사용할 수 있는 영역으로 기본적으로 전체 프로젝트 내에서 사용할 수 있다.(Scope에 정의된 컨테이너 내부에서만 변수가 사용된다.)

❹ Default : 선택, 변수의 기본값으로 이 필드가 비어 있으면 변수는 해당 타입의 기본값으로 초기화 된다. 예를 들어 Int32 타입인 경우 기본값은 0이 된다.

01 목록의 Create Variable을 클릭한다.

variable1	String	Sequence	Enter a VB expression

이와 같은 목록이 한 줄 생성된다.

02 Variable1 대신 만들고자 하는 변수명으로 수정한다.

03 변수 타입이 String이 아니라면 String 옆 ▼ 를 클릭한다. 선택할 수 있는 타입 리스트가 나온다. 원하는 타입을 선택하고, 만약 원하는 타입이 없다면 Browser for Types를 눌러 찾을 수 있다.

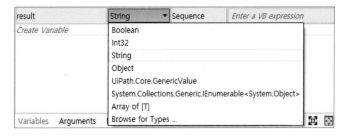

04 필요에 의해 Scope를 수정해야 한다면 변수 타입처럼 수정하면 된다.

05 Default 값도 필요하다면 넣어준다.

변수 적용하기

이제 만들어진 변수는 잘 사용할 수 있다. 디자이너 패널의 액티비티에서나 속성에서 필요한 곳에 변수명을 입력하면 된다. 아래 그림의 첫 번째 Assign같은 경우 우측 Value 필드에 직접 변수명을 입력할 수 있다. 또한 두 번째 Assign처럼 변수명을 입력하는 도중 입력한 글과 같은 이름의 변수를 찾아서 자동으로 목록을 나타내 주는데 이 목록에서 원하는 변수를 선택(클릭)하면 문자입력을 간단히 할 수 있다.

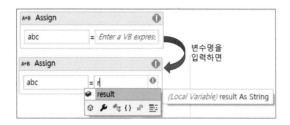

인수(Arguments)

인수는 프로젝트에서 다른 프로젝트로 데이터를 전달하는 데 사용된다. 글로벌 의미에서 데이터를 동적으로 저장하고 전달할 때 사용하는 변수와 유사하다. 변수는 액티비티간에 데이터를 전달하고, 인수는 워크플로 파일간 데이터를 전달한다.

UiPath Studio는 많은 인수 유형을 지원하는데 변수 유형과 일치한다. 따라서 Generic Value, String, Boolean, Object, Array 또는 DataTable 등의 인수를 만들 수 있으며 변수의 경우와 마찬가지로 .Net 유형을 검색 할 수도 있다. 또한 정보의 위치를 알려주는 특정 지시문(In, Out, In/Out, Property)이 있다 정보의 방향을 알려주는 특정 지시문(In, Out, In/Out, Property)이 있다

인수 생성

01 디자이너 패널 하단의 Arguments를 클릭하면 아래와 같은 Argument 패널이 나타난다.

Name	Direction	Argument type	Default value
Create Argument			

Variables Arguments Imports   ✋ 🔍 100% ∨ ⛶ ⛶

02 Create Argument를 클릭하면 하나의 인수가 argument1으로 나타난다. 참고로 모든 인수의 기본값은 String 타입과 방향정보 In을 갖는다. Direction은 해당 인수가 입력용으로 사용될 때는 In, 출력용으로 사용될 때는 Out, 입력과 출력으로 같이 사용될 때는 In/Out으로 선택해야 한다.

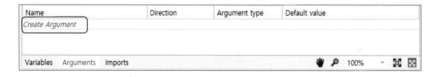

Name	Direction	Argument type	Default value
argument1	In	String	Enter a VB expression
Create Argument			

Variables Arguments Imports   ✋ 🔍 100% ∨

인수 제거

방법 1) |인수 패널에서 인수를 선택한 후 delete 키를 누른다. —〉 인수 패널에서 인수를 선택한 후 마우스 오른쪽 버튼을 클릭하여 delete 키를 누른다.

방법 2) 인수 패널에서 인수를 마우스 오른쪽 단추로 클릭하고 삭제 옵션을 선택한다.

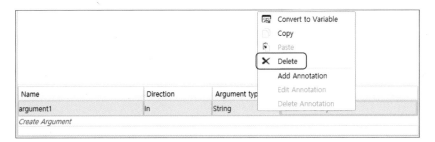

인수 패널

인수 패널에서 인수를 생성하고 수정할 수 있다.

필드	내 용
Name	필수. 인수의 이름. 이름을 추가하지 않으면 자동으로 인수가 생성된다. 인수 이름을 생성하는 방법에 대한 자세한 내용은 다음 실습을 참조한다.
Direction	필수. 인수의 방향을 나타내는 것으로 다음 옵션을 사용한다. • In : 주어진 프로젝트 내에서만 사용되는 인수 (안으로 받아들인 값) • Out : 주어진 프로젝트 외부로 데이터를 전달하는 데 사용될 수 있다. • In/Out : 주어진 프로젝트 내외부에서 인수를 사용할 수 있다.
Argument Type	인수에 저장하고 싶은 데이터의 타입으로 Boolean, Int32, String, Object, Array 등 변수에서 사용하는 데이터 타입과 같다.
Default Value	선택. 인수의 기본값. 이 필드가 비어 있으면 인수에 기본값이 없다. 인수의 기본값은 Studio 인터페이스 언어와 상관없이 영어로 제공되어야 한다.

인수 이름 명명방법

❶ 인수의 이름은 CamelCase를 따른다. 즉 단어의 첫 번째 문자를 대문자로 한다.

   예 DefaultTimeout, FileName, TextResult

❷ 인수의 방향(direction)을 나타내는 in, out, io와 같은 접두사를 붙인다. 최종적으로 이 모습의 인수명을 사용한다.

   예 in_DefaultTimeout, out_FileName, io_TimeResult

인수 사용 예

Invoke Workflow File 액티비티를 사용하여 자동화에서 인수를 사용하는 방법을 예시하기 위해 두 개의 별도 SequenceFile를 생성한다. 인수에 값을 할당하는 매우 간단한 메소드와 호출을 통해 값을 메시지 상자에 표시하는 것이다.

Project를 Argument2라는 이름으로 생성한다.

01 Design 패널의 New 메뉴를 이용해 Argument1 이름의 새 SequenceFile을 만든다.

02 인수 패널에서 out_StoreValue 인수를 작성한다.

03 Direction 목록에서 Out을 선택하고 Argument Type은 String으로 그대로 둔다.

04 Designer 패널에서 Assign 액티비티를 추가한다.

05 속성 패널의 To 영역에 out_StoreValue 인수를 추가한다. 그리고 Value 영역에 "How does one use an argument?"라고 입력한다.

워크플로 Argument1은 아래와 같다.

06 이제 Main의 파일 이름을 Argument2로 바꾸고 파일에 새 Sequence를 만든다.

07 String 변수 strFinalValue를 만든다.

08 Invoke Workflow File 액티비티를 Designer 패널에 추가한다.

09 액티비티의 우측 찾아보기 단추 ⋯ 을 클릭하고 기 작성한 Argument1을 선택한다.

10 Import Argument를 클릭하면 Invoked workflow's argument 창이 열린다. 첫 번째 Sequence의 인수가 여기에 표시되는데 Value 필드에 strFinalValue를 추가하고 확인을 누른다. 이것은 인수 out_StoreValue에서 가져온 값을 strFinalValue 변수에 저장하여 사용한다는 의미이다.

11 Invoke Workflow File 아래에 메시지 상자 액티비티를 추가한다. 속성 패널의 텍스트 필드에 strFinalValue + "This is how"를 입력한다.

두 번째 파일 Argumnet2 (구 main)의 모습은 아래와 같다.

12 Argument2를 실행시키기 위해 편집 창이 Argument2인 상황에서 실행 버튼 '파일 실행'을 클릭한다. 키를 누른다. 자동화가 올바르게 실행되고 메시지 상자에 원하는 텍스트가 표시된다.

TIP

리본의 메뉴 중 실행 버튼은 세가지 사용법을 제공하고 있다.
❶ 파일 실행 : 현재 편집하고 있는 파일만 실행을 시킬 때 사용한다.
❷ 디버그 : 프로젝트를 디버그 모드로 실행할 때 사용한다.
❸ 실행 : 정상적인 실행을 원 할때 사용한다. (Project의 Main 프로그램 실행)
참고로 현재 프로그램은 Main.xaml이 없으므로 Argument2를 '파일실행'으로 실행해야 한다.

Invoke Workflow File 액티비티

지정된 워크플로를 호출하는 액티비티로 필요에 따라 입력과 출력을 위한 인수 목록을 전달한다.

개발자는 규모가 큰 프로젝트를 개발할 때 프로젝트를 기능에 따라 여러개의 작은 모듈로 나누어서 개발을 한다. 이 때 각각의 모듈을 하나의 xaml 파일로 만드는데 이렇게 프로그램을 모듈 단위로 독립적으로 만들게 되면 개발의 편리함을 부여할 뿐 아니라 모듈 단위 테스트를 가능하게 함으로서 개발시 테스트의 시간도 줄여준다. 각 모듈의 개발이 완성되면 상위 모듈 또는 프로그램에서 하위 모듈의 프로그램을 호출하여 사용하는데 이때 Invoke Workflow File 액티비티를 사용한다.

Input

- WorkflowFileName : 호출할 .xaml 파일의 경로. 이 필드는 문자열 변수만 허용한다. 파일 경로는 현재 프로젝트 폴더에 대한 상대 경로이며 모든 문자열 변수는 따옴표("") 사이에 있어야 한다.
- Arguments : 시작할 때 응용 프로그램에 전달할 수 있는 매개 변수이다. 각 인수는 Direction(방향)을 갖는데 3가지 종류가 있다.
  In : 호출되는 워크플로에 전달해 주는 Data를 담은 인수의 Direction
  Out : 호출되는 워크플로로 부터 전달받는 Data를 담은 인수의 Direction
  In/Out : 호출되는 워크플로에 Data를 전달해 주고 다시 실행후 전달 받을 수 있는 Data를 담은 인수의 Direction
- Isolated : 이 체크박스가 선택되면 호출된 워크플로가 별도의 Windows 프로세스에서 실행된다. 이것은 기본 워크플로에서 잘 못된 워크플로를 격리하는데 도움이 된다.

오류 확인 및 수정하기

Studio에는 프로세스 개발 중 발생할 수 있는 오류를 쉽게 찾고 고칠수 있도록 여러 기능을 제공하고 있다. 커다란 프로젝트인 경우 디버깅을 이용하여 오류를 해결하기도 하는데 여기에서는 간단한 오류에 대해 기본적인 안내를 한다.

Studio에서 제공하는 기본 안내

UiPath Studio에서는 주로 Syntax Error(구문 오류)를 확인해 준다. 만약 디자이너 패널이나 속성 패널에 ❶ 와 같은 아이콘이 있다면 그곳에 오류가 있다고 알려주는 것이다. 마우스로 ❶ 아이콘을 클릭하면 오류의 원인에 대한 정보를 받아 볼 수 있다.

그림에 네개의 ❶ 가 있다. 그렇다고 네개의 에러가 있다는 것은 아니다. UiPath에서는 하위 액티비티에 에러가 발생하면 상위에도 ❶ 가 나타난다.

위의 그림에는 두 개의 에러가 있다. ❶번은 Assign 액티비티의 Value 필드가 값이 채워지지 않아 발생한 것이다. ① 에 마우스 포인터를 옮겨보자.

Value for a required activity argument 'Value' was not supplied. 와 같이 메시지를 보여준다. 즉 Assign 액티비티의 Value 필드에 값이 제공되지 않았다고 알려준다.

이번에는 두 번째 에러에 대해 확인하는데, 이 때 보여지는 메시지이다.

> Compiler error(s) encountered processing expression "r".
> 'r'이(가) 선언되지 않았습니다. 해당 보호 수준으로 인해 액세스할 수 없습니다.

실제 변수 목록에 "r"이 없기 때문에 'r'이 선언되지 않았다 라고 나온다. 이렇듯 UiPath에서는 오류를 쉽게 찾고 수정할 수 있도록 안내를 해주기 때문에 알맞은 조치를 취해 오류를 해결해야 한다. 워크플로를 생성하는 과정에서 발생하는 오류는 수많은 종류가 있으므로 많은 경험을 통해 다양한 오류를 체험하고 또 해결해 보는 것이 중요하다.

실행 중 발생하는 오류

Studio에서 오류 없이 워크플로가 잘 생성되었다. 그러나 실행시에 오류가 발생한다면 어떻게 될까?

아주 간단한 Click 액티비티를 이용하여 다음 로고를 클릭하는 워크플로이다. 만약에 웹 브라우져에 이와 같은 다음 로고가 있다면 당연히 클릭을 할 것이다. 그러나 만약에 이 웹페이지가 닫혀서 화면에 존재하지 않는다면 당연히 에러가 발생한다. 이때 발생한 에러 메시지를 참조하면 쉽게 오류에 대해 알 수 있고 역시 문제를 해결할 수 있을 것이다.

메시지의 내용은 Selector가 일치하는 UI 요소를 찾을 수 없다고 나온다. Selector에 대해서는 다음에 자세히 다루기 때문에 여기에서는 언급하지 않겠다.

그렇지만 이 오류는 어떻게 해결해야 할까?

UiPath는 기본적으로 오류 메시지가 나오고 Studio를 보면 오류가 난 액티비티가 활성화된(액티비티를 마우스로 클릭한) 상태로 되어있다. 우리는 오류 메시지를 통해 Selector를 찾지 못한 것을 알기 때문에 현재 활성화되어 있는 액티비티의 속성중 Target 아래 Selector(이부분을 Target. Selector와 같이 표기 하기도 함)를 확인해 보아야 한다. 먼저 Selector 필드 우측 ... 을 클릭한다.

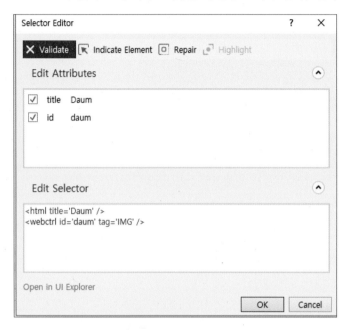

위와 같이 Validate가 빨간색으로 되어있음을 알 수 있는데 이것은 Selector가 잘못되어 오류의 원인이 되었음을 나타내는 것이다. 이 경우 두가지의 가능성이 있다. 첫째는 해당되는 UI 요소인 Click 대상이 화면에 없거나 Selector를 잘못 지정하였을 가능성이다. 이점을 확인하기 위해 Click 대상이 되는 화면을 다시 띄워 놓고 Validate를 클릭해보자. 만약 Selector 값이 정확했다면 Validate의 색이 녹색으로 바뀌어 정확함을 표시해 줄 것이다. 그렇다면 다음 가능성은 해당 UI 요소가 화면상에 없어서 오류가 난 것이라 짐작할 수 있다. 이제 화면이 열려 있음을 확인한 후 다시 실행을 시켜본다. 정상적으로 동작할 것이다. 모든 오류에 대해 언급하기는 어렵다. 여기의 사례처럼 다양한 경험을 통해 빨리 오류를 해결할 수 있도록 노력 해야한다.

저장 및 실행하기

마지막 단계로 저장과 실행에 대해 정리를 하면 전체 작은 프로세스 하나를 만들어서 실행까지 한 사이클을 시도했다고 할 수 있다.

워크플로를 실행하기 위해서는 도구모임의 Run 버튼을 누른다.

또는 F5 키를 누름으로써 Run 버튼을 누르는 것을 대신할 수 있다.

실행 후 로그 정보를 보려면 하단의 Output 탭을 누르면 아래와 같이 로그정보를 볼 수 있는데 간단한 프로세스를 실행한 결과이기에 프로세스 시작과 끝에 대한 로그 만 있다.

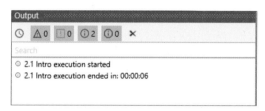

Output에 로그를 남기는 방법은 Write Line 액티비티, Log Message와 같은 액티비티를 이용하여 원하는 메시지를 남길 수 있다. 이에 대한 자세한 사항은 "03_ 기본 액티비티 소개"를 참조하면 알 수 있을 것이다.

다음은 저장이다. UiPath는 워크플로를 실행시키면 자동으로 저장이 된다. 그래서 특별히 저장을 신경 쓰지 않아도 된다. 하지만 실행을 시키지 않는다면 위의 도구 상자 메뉴 중 Save 버튼을 누르면 저장이 된다. 또 Save 메뉴는 Save as와 Save all 두 개의 서브메뉴를 가지고 있으므로 필요한 것을 사용하면 된다.

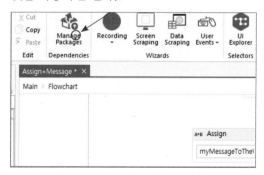

참고로 디자이너 패널에 열려 있는 파일 탭의 이름 끝에 * (asterisk)가 있다면 편집 작업 후 아직 저장되지 않았다는 표시이므로 저장을 하거나 실행을 시켜야 한다.

3 _ 기본 Activity 소개

이제 여러가지 Activity중 빈번하게 사용되는 기본 Activity의 사용법을 익혀서 학습을 하자. UiPath에서 제공하는 액티비티가 많아 모든 Activity를 소개하기 어렵기 때문에 자주 사용되고 기본적으로 잘 알아야 하는 액티비티를 선택적으로 나열하였다. 또한 Part 03을 학습하는 과정에서도 많은 액티비티에 대한 소개가 있으니 같이 참고를 하여야 할 것이다. 특히 "Chapter 04 프로젝트 생성_02 워크플로우 유형" 참조에 자세히 설명한 액티비티는 중복을 피하였다.

Sequence 액티비티

Sequenc는 가장 작은 유형의 프로젝트이다. 하나의 활동에서 다른 활동으로 순차적인 순서로 실행하며 많은 하위 작업을 포함하는 구성으로 되어있다. 시퀀스의 핵심 기능 중 하나는 독립 실행형 자동화 또는 State Machine 이나 Flowchart의 일부로 몇 번이고 재사용할 수 있다.

즉 Sequence는 안에 다른 Sequence나 Flowchart, state machine을 포함할 수 있고 반대로 포함될 수도 있으며 Sequence안에 많은 액티비티를 놓을 수 있다.

추가적인 자세한 사항은 "Chapter 04 프로젝트 생성_02 워크플로우 유형" 워크플로우 유형 참조하면 된다.

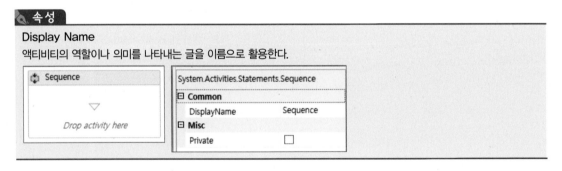

01 아래 그림은 Flowchart안에 Sequence를 넣은 모습이다.

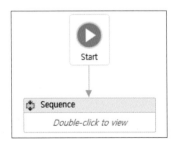

02 Sequence안에 Sequence를 넣고 또 Sequence안에 다른 액티비티가 담긴 모습이다.

Flowchart 액티비티

Flowchart는 Sequence와 같은 역할을 하는 액티비티이다. 하지만 프로세스가 실행될 때 Sequence처럼 액티비티가 위에서 아래로 순차적으로 실행되지 않고 흐름을 나타내는 화살표를 따라 실행된다. 화살표를 따라 도식화 되어있기 때문에 이해하고 사용하기 쉽게 되어 있다.

Flowchart 안에는 Sequence 또는 다양한 액티비티가 화살표로 연결되어 구성되며, 또한 포함된 Sequence 안에 다른 Flowchart를 포함할 수 있다.

추가적인 자세한 사항은 "Part 3 - 2. 워크플로우 유형"을 참조한다.

> **속성**
> - DisplayName : 액티비티의 역할이나 의미를 나타내는 글을 이름으로 활용한다.
> - ValidateUnconnectedNodes : 확인란을 선택하면 다른 노드와 연결되지 않은 액티비티가 있는지 여부가 사용자에게 통보된다.

프로세스는 Start에서 화살표 방향으로 다음 동작이 이어지고, Flowchart안에는 Sequence 또는 다른 액티비티 등이 도식화된 형태로 배열된다.

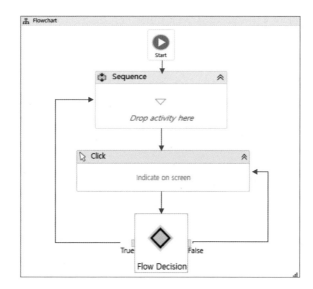

TIP

이 액티비티에 대한 추가정보는 Microsoft의 문서를 참조하면 도움이 된다.
https://docs.microsoft.com/ko-kr/visualstudio/workflow-designer/flowchart-activity-designer?view=vs-2019

Click 액티비티

지정한 UI 요소를 클릭하는 액티비티이며 속성을 수정하면 더블클릭, Up, Down을 할 수 있으며 또한 오른쪽 버튼 클릭, 중간 버튼 클릭으로 바꿀 수 있다.

🔍 속성

Common

- ContinueOnError : 액티비티에서 오류가 발생하더라도 자동화를 계속할지 여부를 지정. 이 필드는 Boolean 타입만 지원하며 기본값은 False이다. 따라서 필드가 비어 있고 오류가 발생하면 프로젝트 실행이 중지된다. 그러나 True로 설정하면 프로젝트 실행이 오류와 상관없이 계속된다.
- DelayAfter : 액티비티를 실행한 후 지연되는 시간(밀리 초) 기본시간은 300밀리 초이다.
- DelayBefore : 액티비티가 작업을 수행하기 전 대기하는 시간(밀리 초) 기본시간은 200 밀리 초이다.
- DisplayName : 액티비티의 이름

Input

- ClickType : 클릭 이벤트를 진행할 때 사용되는 마우스 클릭 유형으로 CLICK_SINGLE, CLICK_DOUBLE, CLICK_UP, CLICK_DOWN을 선택할 수 있고 기본적으로 CLICK_SINGLE이 선택된다.
- MouseButton : 클릭동작에 사용되는 마우스 버튼으로 BTN_LEFT, BTN_RIGHT, BTN_MIDDLE이있으며 기본적으로 마우스 BTN_LEFT(왼쪽 버튼)이 선택된다.
- Target.ClippingRegion : UI 요소를 기준으로 클리핑 한다. 사각형 영역을 픽셀값으로 왼쪽, 위쪽, 오른쪽, 아래쪽 방향으로 정의한다. 양수와 음수를 모두 지원한다.
- Target.Element : 타 액티비티에서 만들어진 UiElement 타입의 변수를 사용한다. 이 속성은 Selector 속성과 함께 사용할 수 없다. 이 필드는 UIElement 타입의 변수만 지원한다.
- Target.Selector : 액티비티가 실행될 때 특정 UI 요소를 찾기위해 사용되는 텍스트로 실제 찾고있는 GUI 요소와 그 Parent의 특성을 지정하는 태그를 포함하는 XML 조각이다.
- Target.TimeoutMS : 지정된 Selector의 UI 요소를 찾지 못해 SelectorNotFoundException 오류가 발생되기 전 액티비티가 실행을 기다리는 시간(밀리 초)을 지정한다. 기본값은 30000 밀리 초(30초)이다.
- Target.WaitForReady : 액티비티가 실행하려는 UI 요소의 준비가 완료될 때까지 기다리는 옵션으로 다음과 같은 종류가 있다.

▶ None – 액티비티가 지정된 UI요소의 준비와 상관없이 실행한다. 예를 들어 버튼의 실행인 경우 버튼이 아직 로드 되지 않은 상황이라면 오류가 발생할 수 있다.

▶ Interactive/Complete : 액티비티가 실행하기전에 지정된 UI 요소가 존재할 때까지 대기한다. 로드가 완료되면 실행

Options
- CurPosition.OffsetX : Position 필드에서 지정한 커서의 가로 이동 위치이다.
- CurPosition.OffsetY : Position 필드에서 지정한 커서의 세로 이동 위치이다.
- CurPosition.Position : OffsetX 및 OffsetY 속성의 적용되는 커서의 시작점으로 TopLeft, TopRight, BottomLeft, BottomRight 및 Center와 같은 옵션을 사용할 수 있다.
- KeyModifiers : 클릭과 함께 Alt, Ctrl, Win 과 같은 키를 누르고 싶을 때 사용한다.
- SendWindowMessages : 체크박스가 체크되면 대상 응용 프로그램에 특정 메시지를 보내 클릭이 실행된다. 이 방법 은 백그라운드에서 작동할 수 있으며 대부분의 데스크탑 응용 프로그램과 호환된다. 기본은 체크되어 있지 않다.
- SimulateClick : 이 옵션을 선택하면 대상 응용 프로그램의 기술을 사용하여 클릭을 시뮬레이션한다. 이 방법은 다른 방법보다 빠르고 백그라운드에서 작동한다. 기본값은 체크되어 있지않다. 기본적으로 SendMessages와 SimulateClick 둘 다 선택되어 있지 않으면 기본적으로 하드웨어 드라이버를 사용하여 클릭을 수행한다. 때문에 가장 느린 방법이며 백그라운드에서 작동하지 않지만 모든 데스크탑 응용 프로그램과 호환된다.

시험대상으로 메모장을 열어놓고 몇가지 사용 예를 간단히 시도해보자.

❶ 일반적인 UI 요소를 클릭하는 경우

01 Sequence 액티비티를 먼저 놓고 그 안에 Click 액티비티를 놓는다.

02 Click 액티비티의 Indicate on screen을 클릭한다.

03 마우스를 움직여 메모장의 파일(F) 버튼을 클릭한다. 아래 그림과 같이 클릭되는 위치에 빨간 사각형이 놓인 이미지가 생성이 되고, 속성의 Target.Selector에 값이 자동으로 만들어진다.

04 클릭유형을 수정하고 싶다면 속성에서 ClickType이나 MouseButton의 선택을 바꾼다.

05 F5 키를 눌러 실행해본다. 클릭되는 것을 확인할 수 있다.

❷ 속성 Target.Element를 지정하여 클릭하기

이번에는 대상 UI 요소를 Selector로 지정하지 않고 Element로 지정해 본다.

01 아직 학습하지 않았지만 Find Element 액티비티를 찾아서 Sequence 안에 놓는다.

02 Find Element 액티비티 안의 Indicate on screen을 클릭한다.

03 마우스를 움직여 메모장의 파일(F) 버튼을 클릭한다.

04 속성의 Output.FoundElement에 UiElement 타입 변수 aUiElement를 만들어 넣는다.(Find Element 오른쪽 칸에 마우스를 놓고, Ctrl-k를 누른후 변수명 aUiElement를 입력하고 Enter를 눌러주면 된다.)

05 Find Element 액티비티 아래 Click 액티비티를 놓는다.

06 Click 액티비티의 속성 Target.Element에 Find Element에서 만들었던 aUiElement 변수를 놓는다. 그리고 실행하면 Find Element에서 만들어진 UiElement 타입의 변수에 들어있는 Selector값이 Click 액티비티에 전달되어진다.

❸ Target.ClippingRegion을 지정하여 클릭하기

이 방법은 이미지의 한부분을 클릭할 때 유용한 방법이다. 메모장에서 제목부분을 클릭을 하여 사용하는 예를 들었다. 이미지의 어느 영역을 클릭하는 경우 유용하다.

01 Click 액티비티를 Sequence 안에 놓는다.

02 Click 액티비티 안의 Indicate on screen을 클릭한다.

03 마우스로 메모장의 제목없음 - 메모장 영역을 드래그 한다. 그 결과로 속성의 ClippingRegion 영역에 위치를 지정하는 픽셀 값이 나온다.

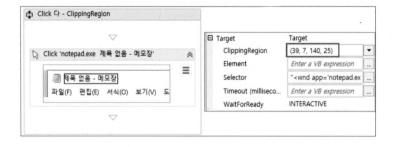

실행을 하면 실제 화면의 변화는 없고 대신 마우스 포인터가 그곳을 가리키고 있는 걸로 보아 그 위치를 클릭하였음을 알 수 있다.

Type Into 액티비티

UI 요소에 키 스트로크를 보내 문자열을 입력한다. 특수키가 지원되며 드롭다운 목록에서 선택할 수 있다.

속성

Common

- ContinueOnError : 액티비티에서 오류가 발생하더라도 자동화를 계속할지 여부를 지정. 이 필드는 Boolean 타입만 지원하며 기본값은 False이다. 따라서 필드가 비어있고 오류가 발생하면 프로젝트 실행이 중지된다. 그러나 True로 설정하면 프로젝트 실행이 오류와 상관없이 계속된다.
- DelayAfter : 액티비티를 실행한 후 지연되는 시간(밀리 초) 기본시간은 300밀리 초이다.
- DelayBefore : 액티비티가 작업을 수행하기 전 대기하는 시간(밀리 초) 기본시간은 200밀리 초이다.
- DisplayName : 액티비티의 이름

Input

- Text : 지정된 UI요소에 기록할 텍스트. 특수키가 지원되며 액티비티의 드롭다운 목록에서 선택할 수 있다.
- Target.ClippingRegion : UI 요소를 기준으로 클리핑한다. 사각형 영역을 픽셀 값으로 왼쪽, 위쪽, 오른쪽, 아래쪽 방향으로 정의한다. 양수와 음수를 모두 지원한다.
- Target.Element : 타 액티비티에서 만들어진 UI 요소의 변수를 사용한다. 이 속성은 Selector 속성과 함께 사용할 수 없다. 이 필드는 UIElement 타입의 변수만 지원한다.
- Target.Selector : 액티비티가 실행될 때 특정 UI 요소를 찾는데 사용되는 텍스트로 실제로 찾고있는 UI 요소와 그 Parent의 특성을 지정하는 태그를 포함하는 XML 조각이다.
- Target.TimeoutMS : 지정된 Selector의 UI 요소를 찾지 못해 SelectorNotFoundException 오류가 발생되기 전 액티비티가 실행을 기다리는 시간(밀리 초)을 지정한다. 기본값은 30000 밀리 초(30초)이다.
- Target.WaitForReady : 액티비티가 실행하려는 UI 요소의 준비가 완료될 때까지 기다리는 옵션으로 다음과 같은 종류가 있다.
  - ❶ None – 액티비티 실행과 관련하여 지정된 UI요소의 준비와 상관없이 실행한다. 예를들어 버튼의 실행인 경우 버튼이 아직 로드되지 않은 상황이라면 오류가 발생할 수 있다.
  - ❷ Interactive/Complete : 액티비티가 실행하기전에 지정된 UI 요소가 존재할 때까지 대기한다. 로드가 완료되면 실행한다.

Options

- Activate : 기본적으로 선택이 되어 있다. 이 체크박스가 체크되면 텍스트가 쓰여지기 전 지정된 UI 요소가 포 그라운드로 이동하고 활성화된다.
- ClickBeforeTyping : 이 속성이 선택되면 텍스트를 쓰기전에 지정된 UI 요소를 클릭한다.
- DelayBetweenKeys : 키 입력사이의 지연시간 (밀리 초)이며 기본 시간은 10 밀리초, 최대값은 1000 밀리초 (1초)이다. 빠른 속도로 타이핑이 진행될 때 프로세싱 시간의 차로 오류가 발생할 수 있기 때문에 적당한 간격을 주어 오류를 예방할 수 있다.
- EmptyField : 이 란이 선택되면 텍스트를 쓰기전에 UI요소의 기존 내용이 모두 지워진다.
- SendWindowMessages : 체크박스가 체크되면 대상 응용 프로그램에 특정 메시지를 보내 클릭이 실행된다. 이 방법은 백그라운드에서 작동할 수 있으며 대부분의 데스크탑 응용 프로그램과 호환된다. 기본은 체크되어 있지 않다.
- SimulateClick : 이 옵션을 선택하면 대상 응용 프로그램의 기술을 사용하여 클릭을 시뮬레이션한다. 이 방법은 다른 방법보다 빠르고 백그라운드에서 작동한다. 기본값은 체크되어 있지않다. 기본적으로 SendMessages와 SimulateClick 둘다 선택되어 있지 않는다. 이 경우 하드웨어 드라이버를 사용하여 클릭을 수행한다. 가장 느린 방법이며 백그라운드에서 작동하지 않지만 모든 데스크탑 응용 프로그램과 호환된다

메모장의 Editor 영역에 문자를 입력하는 예를 만들어 보자.

01 Sequence안에 Type Into 액티비티를 놓는다.

02 액티비티 안의 Indicate on screen을 클릭하고 메모장의 Editor 영역을 클릭한다.

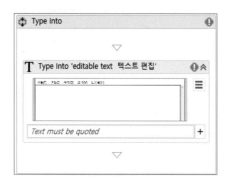

03 액티비티의 Text must be quoted 영역에 쓰고 싶은 글을 따옴표("") 사이에 입력한다. 이때 특수 키를 사용하고 싶으면 입력란 우측 끝에 있는 + 기호를 클릭하여 원하는 키를 선택한다. 그리고 액티비티의 속성 Target.Text 필드에 쓰고 싶은 글을 입력하여도 결과는 같다. **예** "This is Sample!"

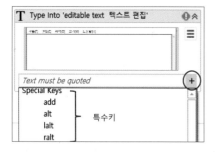

Send Hotkey 액티비티

UI 요소에 핫키를 넣어주는 액티비티로 메뉴를 클릭하거나 선택하는 대신 유용하게 쓰인다.

속성

Common
- ContinueOnError : 액티비티에서 오류가 발생하더라도 자동화를 계속할지 여부를 지정. 이 필드는 Boolean 타입만 지원하며 기본값은 False이다. 따라서 필드가 비어 있고 오류가 발생하면 프로젝트 실행이 중지된다. 그러나 True로 설정하면 프로젝트 실행이 오류와 상관없이 계속된다.
- DelayAfter : 액티비티를 실행한 후 지연되는 시간(밀리 초) 기본시간은 300밀리 초이다.
- DelayBefore : 액티비티가 작업을 수행하기 전 대기하는 시간(밀리 초) 기본시간은 200밀리 초이다.
- DisplayName : 액티비티의 이름

Options

- DelayAfter : 액티비티를 실행한 후 지연되는 시간(밀리 초) 기본시간은 300밀리 초이다.
- DelayBefore : 액티비티가 작업을 수행하기 전 대기하는 시간 기본시간은 200밀리 초이다.
- DisplayName : 액티비티의 이름
- KeyModifiers : 키 수정자를 추가할 수 있으며 Alt, Ctrl, Shift, Win 등을 사용할 수 있다.
- SpecialKey : 단축키에서 특수 키를 사용하고 있는지 나타낸다. 사용가능한 모든 특수 키 목록이 키 드롭다운 목록에 제공된다.
- SendWindowMessages : 체크박스가 체크되면 대상 응용 프로그램에 특정 메시지를 보내 클릭이 실행된다. 이 방법은 빠르고 백그라운드에서 작동할 수 있으며 대부분의 데스크탑 응용 프로그램과 호환된다. 기본은 체크되어 있지 않다.
- Activate : 기본적으로 선택이 되어 있다. 이 체크박스가 체크되면 텍스트가 쓰여지기 전에 지정된 UI 요소가 포 그라운드로 이동하고 활성화된다.
- ClickBeforeTyping : 이 속성이 선택되면 텍스트를 쓰기전에 지정된 UI 요소를 클릭한다.
- DelayBetweenKeys : 키 입력사이의 지연시간 (밀리 초)이며 기본 시간은 10 밀리초, 최대값은 1000밀리초 (1초)이다.
- EmptyField : 이 란이 선택되면 텍스트를 쓰기전에 UI요소의 기존 내용이 모두 지워진다.

Input

- Key : 전송 할 단축키를 구성하는 키 또는 키 조합

메모장을 열어놓고 메뉴 선택 편집(E)를 Send Hotkey를 이용하여 여러가지 상황으로 실행해보자.

01 기본적인 실행

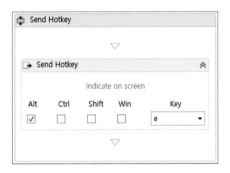

이 경우 지정된 단축키를 어느 대상에게 보내야 할지 몰라 아무런 반응이 없을 수 있다.

02 이번엔 액티비티의 indicate on screen을 눌러 단축키를 보낼 대상인 메모장을 지정해 주자.

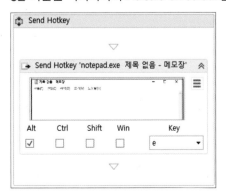

이번엔 정상적인 결과가 나온다. 메모장의 편집 메뉴가 정상적으로 클릭된다.

03 Send Hotkey 액티비티를 실행시키기 전에 Click 액티비티를 이용하여 단축키의 대상을 미리 지정한 후 Send Hotkey 액티비티가 실행되게 한다.

Send Hotkey 액티비티를 사용하는 3가지 방법을 실행하였는데 결과에 대한 만족도는 두 번째와 세 번째가 가장 좋다고 할 수 있다. 실전에서 사용시 참고하기 바란다.

Select Item 액티비티

콤보박스 또는 리스트박스에서 항목을 선택한다. 화면에 요소를 지정하면 사용 가능한 모든 옵션이 있는 목록이 액티비티에 표시된다.

속성

Common
- ContinueOnError : 액티비티에서 오류가 발생하더라도 자동화를 계속할지 여부를 지정. 이 필드는 Boolean 타입만 지원하며 기본값은 False이다. 따라서 필드가 비어있고 오류가 발생하면 프로젝트 실행이 중지된다. 그러나 True로 설정하면 프로젝트 실행이 오류와 상관없이 계속된다.
- DelayAfter : 액티비티를 실행한 후 지연되는 시간(밀리 초) 기본시간은 300밀리 초이다.
- DelayBefore : 액티비티가 작업을 수행하기 전 대기하는 시간(밀리 초) 기본시간은 200밀리 초이다.
- DisplayName : 액티비티의 이름이다.

Misc
- Target.Element : 타 액티비티에서 만들어진 UI 요소의 변수를 사용한다. 이 속성은 Selector 속성과 사용할 수 없다. 이 필드는 UIElement 타입의 변수만 지원한다.
- Target.Selector : 액티비티가 실행될 때 특정 UI 요소를 찾는데 사용되는 텍스트로 실제로 찾고있는 GUI 요소와 그 Parent의 특성을 지정하는 태그를 포함하는 XML 조각이다.

- Target.TimeoutMS : 지정된 Selector의 UI 요소를 찾지 못해 SelectorNotFoundException 오류가 발생되기 전 액티비티가 실행을 기다리는 시간(밀리 초)을 지정한다. 기본값은 30000밀리 초(30초)이다.
- Target.WaitForReady : 액티비티가 실행하려는 UI 요소의 준비가 완료될 때까지 기다리는 옵션으로 다음과 같은 종류가 있다.
  ❶ None – 액티비티 실행과 관련하여 지정된 UI요소의 준비와 상관없이 실행한다. 예를들어 버튼의 실행인 경우 버튼이 아직 로드되지 않은 상황이라면 오류가 발생할 수 있다.
  ❷ Interactive/Complete : 액티비티가 실행하기전에 지정된 UI 요소가 존재할때까지 대기한다. 로드가 완료되면 실행
- Target.ClippingRegion : UI 요소를 기준으로 클리핑 사각형을 픽셀 단위로 왼쪽, 위쪽, 오른쪽, 아래쪽 방향으로 정의

Select Item 액티비티를 이용하여 메모장의 서식 메뉴 〉 글꼴 〉 글꼴 스타일 중 굵게를 선택하여 본다.

01 먼저 메모장을 열고 Send HotKey를 이용하여 메뉴를 이동한다.

- Send HotKey : Alt-O로 서식 메뉴로 이동

- Send HotKey : F 로 글꼴 메뉴로 이동

02 팝업된 글꼴 창에서 글꼴 스타일의 굵게를 선택하기 위해 Select Item 액티비티를 Send HotKey 액티비티 아래 놓는다.

03 Select Item 액티비티의 Indicate on screen을 누르고 글꼴 스타일의 전체 영역을 지정한다.

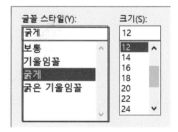

04 다음 액티비티의 하단 선택 삼각형(▼)을 눌러 굵게를 선택한다.

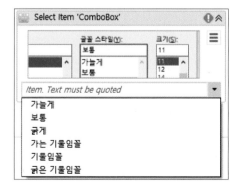

05 이제 실행을 하면 정상적으로 메모장의 서식 메뉴에서 글꼴을 지나 글꼴 스타일을 선택한 결과를 볼 수 있다.

Get Text 액티비티

화면의 지정된 UI 요소로부터 텍스트를 추출하는 액티비티이다.

🔍 속성

Output
- Value : 지정된 UI 요소의 텍스트를 변수에 저장하고 VB 표현식을 사용하여 텍스트를 변경할 수 있다. 이 필드에서 작성된 변수는 GenericValue 타입이나 String 타입이다.
- Common, Misc : 앞에 소개된 타 액티비티와 동일하다.

메모장의 첫 번째 메뉴에 있는글(텍스트)을 읽어본다.

01 메모장을 열어 놓는다.

02 Sequence안에 Get Text 액티비티를 놓는다.

03 액티비티 안의 Indicate on screen을 클릭하고 UI 요소 선택모드에서 메모장의 첫 번째 메뉴 파일(F)를 선택한다. 그리고 속성패널의 Output.Value에 Ctrl-K를 눌러 읽은 텍스트를 저장할 변수를 지정한다. (예문에서는 Read_Value로 넣음)

04 Get Text 액티비티 아래 Write Line 액티비티를 놓고 속성 Text에 변수 Read_Value를 놓는다.

05 실행하고 결과를 Output 에서 확인하면 "파일(F)"로 나옴을 확인할 수 있다.

Set Text 액티비티

텍스트를 입력받을 지정된 UI 요소에 문자열을 쓸 수 있는 액티비티로 Get Text의 반대되는 개념이다.

Input
- Text : UI 요소의 Text 특성에 쓰여지는 문자열
- Common, Misc : 위의 타 액티비티와 동일

메모장의 Editor 영역에 문자열을 입력하는 예이다.

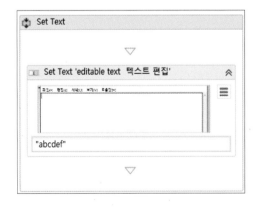

TIP **Type Into와 Set Text의 차이가 뭘까요?**

Type Into는 우리가 데이터를 입력할 때 처럼 한 글자씩 키를 쳐서 입력한다. 그러나 Set Text는 입력할 값을 한번에 입력한다. 정리하면 두 액티비티의 사용법은 다르지만 결과는 같다

Input Dialog 액티비티

레이블 메시지와 입력 필드를 갖는 대화 상자로 이용자에게 직접 입력을 받을 때 유용하다.

속성

Input
- Title : Input Dialog의 제목
- Label : 폼 영역의 레이블
- Options : 여러 개의 답 중에서 하나 또는 여러 개를 선택할 때 사용하는 배열(Array). 요소가 하나만 포함되도록 설정하면 텍스트 상자에 텍스트를 쓰는 것처럼 보인다. 2개 또는 3개의 요소를 포함하도록 설정하면 선택 가능한 라디오 버튼으로 나타나며 3개 이상인 경우에는 콤보 상자로 나타난다.
- IsPassword : 입력값을 암호로 지정해야 하는지 여부 지정

Output
- Result : 사용자가 Input Dialog에 입력한 값

Common
- Display : 액티비티에 표시할 이름

Input Dialog를 사용하는 방법은 이용자로부터 직접 입력을 받아들이는 것이다. 예를 들어 "이름이 무엇입니까?" 라고 묻는다면 답은 "아무개" 라고 입력된다. 그러나 "모임에 참석할 것 입니까?" 라고 물었다면 대답은 "예"와 "아니오"로 나올것이다. 또 "어떤꽃을 좋아합니까?"라고 묻고 예시로 4개의 꽃 이름을 부여할 수 있다. 이런 경우를 가능하게 해주는 Input Dialog에 대해 알아보자.

01 "이름이 무엇입니까?"라고 묻는 경우
- 속성 Title에 "Input Dialog Sample"이라 입력한다.
- 속성 Label에 "What is your name?"이라 입력한다.
- 속성 Result에 변수 생성을 위한 Ctrl + K 를 누르고 변수명 Name을 지정한다.

02 "모임에 참석할 것 입니까?" 라고 묻는 경우

이 경우는 답이 두 개일 수도 있고 세 개일 수도 있다. 두 경우 마찬가지로 Input Dialog의 속성 Options를 이용해야 한다.

- 먼저 Array 변수 arr_Attend 를 만든다. 그리고 초기값으로 "Yes", "No", "Not yet"을 부여한다.

| arr_Attend | String[] | Input Dialog | {"Yes", "No", "Not yet"} |

- Input Dialog의 속성 Options 영역에 위의 변수 arr_Attend를 입력한다.
- 속성 Result에 입력을 담을 변수 Result_Attend를 입력한다.
- 실행을 하면 아래와 같이 라디오 버튼으로 배열에 있는 값이 나오고 입력으로 Yes를 선택하면 변수 Result_Attend에 "Yes"가 저장된다.

03 어떤 꽃을 좋아합니까?의 경우

- 위의 예와 같다. 하지만 속성 Options에 지정한 어레이에 저장된 아이템의 개수가 4개 이상인 경우는 콤보 박스로 나타난다.

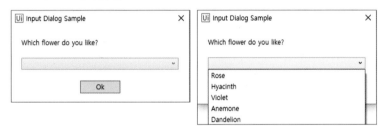

Write Line 액티비티

문자열 또는 문자열 변수의 값을 Output 패널에 인쇄한다. 기본적으로 이 액티비티는 즐겨찾기 그룹에도 포함되어 있다.

🔍 **속성**

- Text : Output 패널에 기록할 내용이다. 이 필드는 문자열 및 문자열 변수만 허용하며 문자열은 따옴표로 묶어야 한다.
- TextWriter : 선택사항으로 속성 Text의 출력내용을 기본인 Output 패널이 아닌 다른 대상으로 보낸다. 하지만 대부분의 경우 Consol인 Output 패널을 출력대상으로 한다.

Message Box 액티비티

앞에 소개한 Part2, 42쪽의 Property 내용채우기의 Message Box 액티비티를 참조한다.

문제 01

세개의 String 타입 변수에 문자열을 각각 입력하고 Message Box와 Write Line을 이용하여 아래와 같은 모습으로 출력하시오.

- 이름 : 홍길동
- 나이 : 21
- 주소 : 서울시 종로구 평탄대로 1길

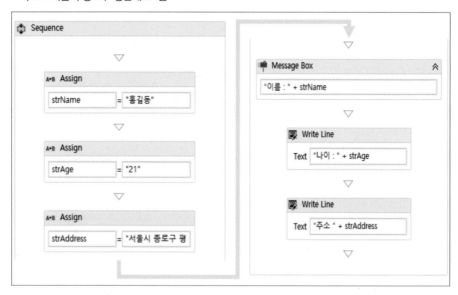

❶ studio의 Start에서 새 프로젝트를 생성한다.

❷ Sequence 액티비티를 놓는다.

❸ Variable 탭에서 String 타입의 변수 세 개를 만든다 (strName, strAge, strAddress).

❹ 디자이너 탭에 Assign 액티비티를 3개를 놓고 위에서 만든 변수에 해당하는 값을 입력한다.

❺ 이어서 Message Box 액티비티를 놓고 "이름 : " + strName 를 출력하게 한다.

❻ Write Line 액티비티를 놓고 "나이 : " + strAge를 출력하게 한다.

❼ Write Line 액티비티를 놓고 "주소 " + strAddress를 출력하게 한다.

Flowchart를 이용하여 숫자 1 부터 10까지 더하는 워크플로를 작성하시오.

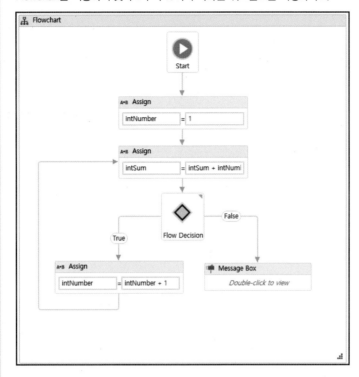

❶ Flowchart 액티비티를 놓는다.

❷ Assign 액티비티를 놓고 int32 타입의 intNumber에 초기값 1을 부여한다.

❸ Assign 액티비티를 놓고 intSum 변수에 intSum + intNumber를 부여한다.

❹ Flow Decision을 놓고 Condition에 intNumber < 10 을 입력한다.

❺ True 인 경우 Assign 액티비티를 놓고 변수 intnumber에 intNumber +1 을 부여한다.

❻ False 인 경우 Message box를 놓고 intSum 값을 출력시킨다.

❼ 모든 액티비티를 화살표로 연결하고 실행시킨다.

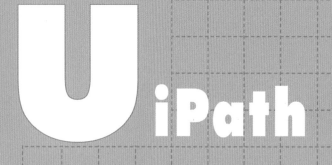

이제 UiPath Studio를 이용하여 워크플로를 개발하기 위해 실제적으로 필요한 내용을 준비하였다. 이해하기 쉽도록 주제를 쪼개어 하나씩 살펴볼 것이고 가능한 보고 따라할 수 있도록 상세히 설명하기 위해 노력하였다. 비록 Studio 사용법을 글과 그림 만으로 전달하기에 어려움이 많겠지만 한 Chapter씩 따라서 진행하다 보면 역량 있는 개발자가 될 수 있을 것이다.

PART 03

UiPath 기능 익히기

Chapter 04

프로젝트 생성

단원 목표

UiPath를 이용한 프로젝트 생성에 대하여 알아본다.

▶ Studio에서 제공하는 프로젝트 구성에 대해 알아본다.

▶ 3종류의 워크플로 유형에 대해 이해하고 사용한다.

▶ 변수를 생성하는 방법과 사용법을 익힌다.

▶ Control Flow에 사용되는 액티비티 알아보기

1 _ 프로젝트 개요

우리는 이미 "Part 02 Chapter 03의 간단한 프로세스" 단원에서 새로운 프로젝트 만드는 방법에 대해서 경험을 하였다. 프로젝트는 Robot에 주어지는 하나의 일(Job)이라고 할 수 있는데 여기에서는 추가적인 세부사항을 보완하여 알아보고자 한다.

먼저 기본 프로젝트의 구성에 대해 알아보기로 하자.

프로젝트의 구성

UiPath Studio의 Start 메뉴에서 프로젝트를 다루는 방법이 4가지가 있는데 이 방법을 이해한 후 Studio를 이용하도록 하자.

[방법1] 새 프로젝트를 만드는 New Project의 Process 버튼 이용하기

범용적으로 사용하는 프로세스 만드는 방법이다.

Process
Start with a blank project to design a new automation process.

[방법2] 라이브러리 워크플로를 만드는 New Project 〉 Library

공통으로 자주 쓰는 기능을 재사용 가능하도록 라이브러리로 만들어서 개발자들이 공유하는 워크플로를 만드는 곳이다.

Library
Create reusable components and publish them together as a library. Libraries can be added as dependencies to automation processes.

[방법3] 프레임워크를 이용한 템플릿 New from Template 〉 Robotic Enterprise Framework, Agent Process Improvement, Transactional Process

프로젝트를 템플릿으로 만들어 쉽게 사용할 수 있도록 만든 트랜잭션 패턴이다.

Robotic Enterprise Framework
Create a transactional business process that follows best practices for large scale deployments.

[방법4] 이미 생성된 프로젝트를 수정 또는 테스트 등 작업을 위해 프로젝트를 열기

개발이 진행중일 때 또는 계속해서 프로젝트를 열고 닫을 때 유용하다.

Recent		
📁 dev-test Blank Process		📌
📁 2.1 Intro Blank Process		📌
📁 Downloads Blank Process		📌

프로젝트의 구조

생성된 프로젝트는 별도로 경로를 지정하지 않는 한 "〈User〉₩문서₩UiPath₩프로젝트명"의 위치에 생성되며 "UiPath₩프로젝트명₩" 하위에 만들어지는 기본적인 파일과 폴더 구조는 아래와 같다.

New Process	New Library	Template(REFramework)
Main.xaml Project.json	NewActivity.xaml Project.json	.₩Data₩ .₩Exceptions_Screenshots₩ .₩Framework Main.xaml Process.xaml Project.json
필요에 의해 파일이나 폴더 추가		

01 Project.json은 Studio에서 만든 각 자동화 프로젝트의 폴더에 포함된 자동 생성 파일이다. 이 파일에는 프로젝트 종속성에 대한 정보가 들어 있다. 예를 들면 name, description, main, dependencies, SchemaVersion, StudioVersion, ProjectVersion, runtimeOptions, excludedLoggedData, ProjectType, LibraryOptions의 정보가 있다.

02 프로젝트 내에서 파일을 생성할 때는 DESIGN 탭의 도구 중 New 메뉴를 선택하고 이어 Sequence나 Flowchart를 선택하여 만들 수 있다. 물론 이 파일들을 서로 연결하는 것에 대해서는 Invoke Workflow File 액티비티를 사용한다.

2 _ 워크플로우 유형

UiPath는 워크플로 파일을 개발할 때 액티비티를 통합하기 위해 세 가지 다이어그램을 제공하며 각 워크플로에 적합한 유형을 선택하여 사용하면 된다.

- Sequence
- Flowchart
- State Machine

Sequence는 액티비티의 흐름이 위에서 아래로 순서대로 진행되는 구조로 간단한 시나리오에 적합하고, Flowchart는 2차원 방식으로 액티비티를 배치하고 화살표를 이용하여 흐름을 원하는 대로 가져갈 수 있는 유연성을 제공한다. 프로그램에서 Go To 문을 활용하는 것과 유사하게 생각할 수 있다. 그리고 세 번째인 State Machine은 State라는 조건에 따라 흐르는 Flowchart라 할 수 있는 복잡한 구조로 비즈니스 트랜잭션 프로세스인 프레임워크에 적합하다.

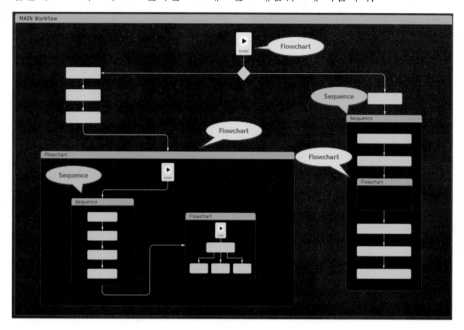

Sequence

Sequence는 가장 작은 형태로 프로젝트를 구성하는 타입인데 이 안에 액티비티들이 선형적으로 위에서 아래로 진행되는 시나리오에 적합하며 State machine이나 Flowchart의 일부로 몇 번이고 재사용할 수 있다.

Sequence 사용 예

사용자의 성과 이름, 머리 색깔을 묻는 시퀀스를 작성한 다음 해답을 표시하는 워크플로를 작성해보자.

01 Start 탭을 열고 New Project에서 Process를 눌러 빈 프로젝트를 만들고 액티비티 패널에서 Sequence 액티비티를 찾아 Main 파일의 창에 드래그 앤 드롭 하거나 더블 클릭하여 놓는다.

> **❝ 참고**
>
> 프로젝트 안에 새 파일을 만들 때에는 DESIGN 탭의 도구 모임에서 New 〉 Sequence를 누르면 새로운 Sequence 파일이 만들어 진다.

02 화면 오른쪽 속성 패널의 'DisplayName'에 이 Sequence의 이름 "First Sequence"을 넣어준다. 이름을 넣어줌으로써 Sequence 안의 내용에 대하여 추정할 수 있게 할 뿐 아니라 워크플로우의 가독성을 높여준다.

03 디자이너 패널 하단의 변수탭을 클릭한 후 아래 그림과 같이 strFirstName, strLastName 및 strHairColor 와 같은 세 개의 String 변수를 작성하여 사용자의 데이터를 저장할 수 있도록 한다. 기본 값이 없음을 나타내기 위해 Default 필드를 비워 둔다.

Name	Variable type	Scope	Default
strFirstName	String	First Sequenc	*Enter a VB expression*
strLastName	String	First Sequenc	*Enter a VB expression*
strHairColor	String	First Sequenc	*Enter a VB expression*
Create Variable			

04 액티비티 패널에서 Input Dialog 액티비티를 찾아 디자이너 패널로 세 번 드래그한다.(아래 그림을 참조한다).

05 첫 번째 Input Dialog를 선택하고 속성 패널에서 사용자의 이름과 제목을 묻는 레이블을 추가한다.

06 Result 필드에 strFirstName 변수를 추가한다. 이것은 이 변수에 사용자가 입력한 값을 저장할 것임을 나타낸다.

07 두 번째와 세 번째 Input Dialog 액티비티에 대해 05～06단계를 반복하여 사용자의 성 및 머리 색깔을 묻고 입력값을 strLastName 및 strHairColor 변수에 저장한다.

08 세 번째 Input Dialog 아래에 Message Box 액티비티를 추가한다.

09 Message Box를 선택하고 속성 패널의 텍스트 필드에 다음과 같이 변수 및 문자열을 추가하여 사용자로부터 수집 한 모든 정보를 표시할 수 있게 한다.

strFirstName + " "+ strLastName + " has " + strHairColor + " hair."

10 완성된 프로젝트는 다음과 같이 나온다. F5 를 눌러 실행해 본다.

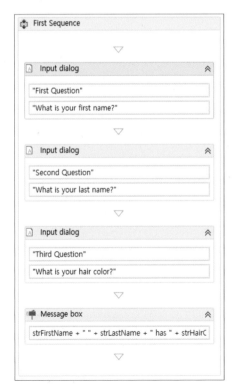

Flowchart

Flowchart는 컴퓨터 프로그래밍에서 사용하는 플로차트와 유사한 방식으로 커다란 프로젝트에서 작은 프로젝트에 이르기까지 다양하게 사용할 수 있는 방법이다.

Start 노드에서 시작하여 화살표를 따라 각 액티비티를 실행한다. Sequence와 달리 여러가지 분기 논리 연산자를 제공하며 이해하기 쉽고 사용하기 쉽기 때문에 복잡한 비즈니스 업무의 워크플로우를 만드는데 적합하다. 또한 자유로운 형태와 시각적인 흐름구조로 프로세스 내의 의사 결정지점을 보여주는데 적합하지만 아무 곳이나 가리킬 수 있는 화살표는 구조화되지 않은 Go To 프로그래밍 문과 매우 유사하므로 복잡하고 혼란스럽지 않도록 주의하여야 한다.

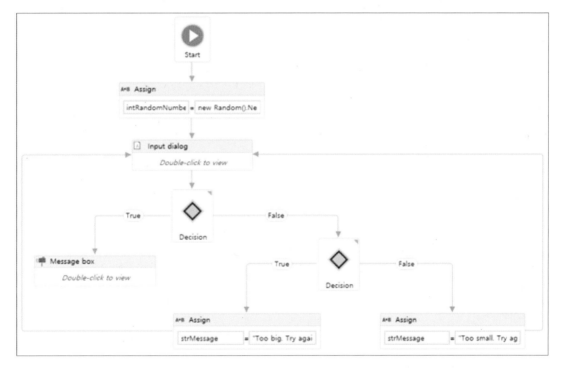

Flowchart 사용 예

Flowchart를 시험적으로 사용하기 위해 랜덤하게 1에서 999 사이에 생성되는 값을 이용자가 추측하는 게임을 할 수 있도록 자동화 워크플로우를 개발해 보자.

이 예를 따라하기 위해서 먼저 알아야 할 몇 가지가 있다. 만약 여러분이 프로그램 개발 경험이 있다면 문제가 안되겠지만 경험이 없다면 이 책의 다른 단원에서 자세히 설명하였으니 가볍게 지나가도 무방하다. 다음의 참고 내용은 기본적으로 알고 있어야 할 내용이다.

참고

❶ Assign 액티비티 : 변수나 인수에 값을 할당하는 액티비티 (Part 3 Chapter 04 Control Flow 참조)

❷ New Random().Next(1,999) : 임의의 정수를 반환하는 .Net 메소드 자세한 내용은 .Net Framework의 사이트를 참고하면 많은 도움이 될것이다.
https://docs.microsoft.com/ko-kr/dotnet/api/system.random.next?view=netframework-4.7.2

❸ Input Diaog 액티비티 : 대화상자로 입력을 받아들인다.(Part 2 Chapter03의 3. 기본 Activity 소개 참조)

❹ Message Box 액티비티 : 지정된 텍스트가 있는 메시지 박스를 표시(Part 2 Chapter03의 3. 기본 Activity 소개 참조)

❺ Flow Decision 액티비티 : Flowchart에서 사용하는 조건문으로 지정된 조건이 만족되면 True 만족하지 않으면 False로 분기되어 실행되는 액티비티

01 Start에서 빈 프로젝트(Process)를 만들고 액티비티 패널에서 Flowchart 액티비티를 찾아 Main 파일의 창에 드래그 앤 드롭 하거나 더블 클릭하여 놓는다.

02 화면 오른쪽 속성 패널의 'DisplayName'에 이 Sequence의 이름을 "First Flowchart"라 넣어준다. 이름을 넣어 줌으로써 Sequence 안의 내용에 대한 추정할 수 있게 할 뿐 아니라 워크플로우의 가독성을 높여준다.

03 디자이너 패널 하단의 변수탭을 클릭한 후 두 개의 Int32 타입 변수(intRandomNumber, intGuessNumber)와 하나의 String 타입 변수(strMessage)을 만든다.

04 strMessage 변수의 기본값을 "Guess a number from 1 to 999."로 설정한다. intRandomNumber는 1에서 999 사이의 임의의 숫자를 저장하며 intGuessNumber는 이용자가 추측한 값을 저장하고 strMessage는 사용자에게 프롬프트 할 메시지를 저장한다.

Name	Variable type	Scope	Default
intRandomNumber	Int32	Main	*Enter a VB expression*
intGuessNumber	Int32	Main	*Enter a VB expression*
strMessage	String	Main	"Guess a number from 1 t
Create Variable			

Variables	Arguments	Imports		🖐 🔍 100% ⌄ 🗖 🗗

05 Designer 패널에 Assign 액티비티를 추가하고 시작 노드에 연결한다.

06 속성 패널의 To 필드에 intRandomNumber 변수를 추가한다.

07 속성 패널의 Value 필드에 "new Random().Next(1,999)"를 입력하여 랜덤 값이 생성되어 저장되게 한다.

08 디자이너 패널의 Assign 액티비티 아래 Input Dialog 액티비티를 추가하고 Assign 액티비티에 화살표가 연결되도록 한다.

09 속성 패널의 레이블 필드에 strMessage 변수를 추가한다.

10 Result 필드에 intGuessNumber 변수를 추가한다. 이 액티비티는 intGuessNumber 변수에 이용자의 추측을 묻고 입력된 값을 저장한다.

11 Flow Decision 액티비티를 추가하고 Input Dialog에 연결한다. 이 액티비티를 통해 이용자는 숫자를 정확하게 추측했는지 여부를 알 수 있다.

12 속성 패널의 Condition 필드에 intGuessNumber = intRandomNumber를 입력한다. 이렇게 하면 사용자가 추가 한 번호가 임의로 생성된 번호와 동일한지 확인할 수 있다.

13 Message Box 액티비티를 추가하고 Flow Decision의 True 분기에 연결한다.

14 속성 패널의 텍스트 필드에 " Congratulations! You guessed correctly! The number was "+ intRandomNumber.ToString +". "라고 입력한다. 이것은 이용자가 정확하게 숫자를 맞추면 표시될 메시지이다.

15 새 Flow Decision 액티비티를 추가하고 앞에 추가된 Flow Decision의 False 분기에 연결한다.

16 속성 패널의 Condition 필드에 intGuessNumber 〉 intRandomNumber를 입력한다. 이 액티비티를 통해 이용자가 추가한 숫자가 무작위로 생성된 숫자보다 큰지 확인할 수 있다.

17 DisplayName 필드에 Comparison을 입력한다. 이를 통해 사용된 두 가지 Flow Decision 간의 차이점을 쉽게 알 수 있다.

18 Assign 액티비티를 추가하고 이를 Comparison 액티비티의 True 분기에 연결한다.

19 To 필드에 strMessage 변수를 입력하고 Value 필드에 " Too big. Try again.."와 같이 추측된 숫자가 너무 크다고 알려주는 메시지를 입력한다.

20 Assign 액티비티를 선택하고 Ctrl + C 를 누른다. 액티비티와 해당 속성이 클립 보드로 복사된다.

21 Ctrl + V 를 누른다. 이전 Assign 액티비티가 중복되어 표시된다.

22 이것을 Comparison 액티비티의 False 분기에 연결하고 속성 패널의 Value 필드에 " Too small. Try again."를 입력한다.

23 18~22단계에서 생성된 Assign 액티비티를 Input Dialog에 연결한다. 그리고 정확히 추측할 때까지 이용자에게 더 작거나 더 큰 숫자를 입력하도록 요청하는 루프가 만들어진다.

최종 프로젝트는 위의 첫 번째로 나오는 스크린 샷과 같아 보일 것이다.

State Machine

State Machine은 실행 시 상태(State)에 따라 자동화를 구축해가는 Sequence와 Flowchart가 결합된 복잡한 타입의 워크플로이다. State 액티비티는 Entry, Exit 및 Transition의 세 가지 섹션을 포함하며 Final State는 Entry라는 하나의 섹션 만 포함한다. 이들 각각의 액티비티는 더블 클릭하면 더 많은 정보를 보고 편집할 수 있다. State Machine의 가장 좋은 예는 Framework 템플릿에 있는 Robotic Enterprise Framework을 참고하면 쉽게 이해할 수 있다.

다음의 화면은 Robotic Enterprise Framework의 Main 화면이다. 기본적으로 4개의 State(Init, Get Transaction Data, Process Fransaction, End Process)가 Flowchart와 비슷한 구성을 갖고 있다. 또 각 State 안은 여러개의 Sequence가 복합적으로 배치되어 있는데 각 State를 더블 클릭하여 자세히 살펴보기 바란다.

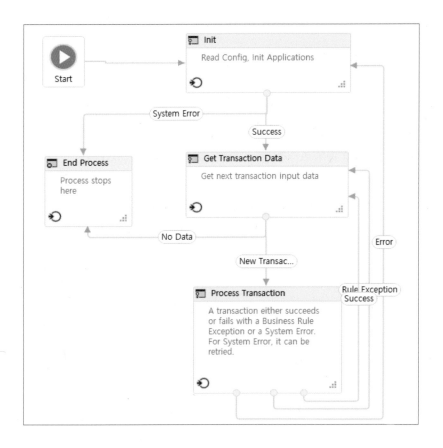

3 _ 변수

이미 프로그래밍에 익숙한 개발자들은 변수에 대해 깊이 소개하지 않아도 충분히 잘 알고 있으리라 생각한다. 변수(Variable)란 워크플로에서 데이터를 일시적으로 저장할 목적으로 사용하는 메모리 공간이다. 음식을 그릇에 담듯이 데이터를 담는 그릇이라고 할 수 있다.

변수 관리

UiPath Studio에서 변수는 여러 유형의 데이터를 저장하는데 사용된다. 이 변수는 저장하고 있는 값이 변경될 수 있으며 변수 이름을 Key로 하여 반복되는 액티비티의 실행을 제어할 수도 있다. 이 러한 변수에 대해 생성하고, 삭제하고, 변수 타입 찾기 등에 관해 알아보자.

변수 생성하기

변수 생성하기는 앞 과정에서 상세히 설명하였다. 그래서 이번에는 간단히 정리해보는 수준으로 3가지 방법으로 진행해 본다.

❶ 액티비티나 속성 패널의 변수가 들어가는 필드에 Ctrl + K 사용하기

01 액티비티의 변수가 들어가는 필드나 속성 중 변수가 들어가는 필드에서 먼저 마우스를 클릭한 후 마우스 오른쪽 버튼을 클릭하여 'Create Variable'을 선택하거나 Ctrl + K 를 누른다.

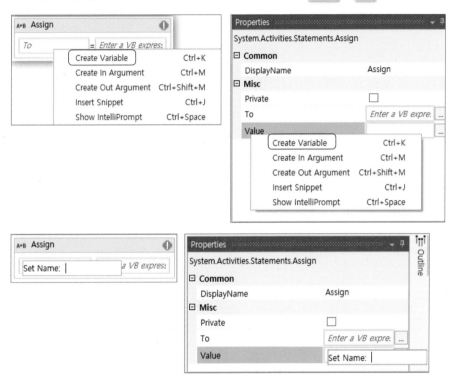

02 위의 그림과 같이 'Set Name:'이 나오고 새로운 필드가 나타나면 생성할 변수 이름을 넣고 [ENTER]를 누른다. 이렇게 변수를 만들면 선택한 액티비티의 속성에 따라 변수 타입이 자동으로 생성된다. 하지만 경우에 따라 목적하지 않는 타입이 지정될 수 있으므로 확인하여 바꿔주어야 하는 경우도 있다.

❷ 변수 패널로부터 변수 생성하기

01 디자이너 패널 하단의 'Variables'를 클릭하면 변수 패널이 나타난다.

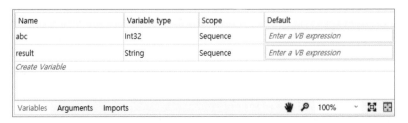

02 'Create Variable'을 클릭하면 기본적인 값이 들어있는 새 변수가 표시된다.

Name	Variable type	Scope	Default
variable1 ◀	String	Desktop	*Enter a VB expression*
Create Variable		새로 생성할 변수	

03 새로 만들어진 변수의 변수명을 새로 생성할 변수 이름으로 수정하고 변수 타입 그리고 필요하다면 Scope과 Default의 내용을 변경시킨다.

※ 기본적으로 변수 패널에서 새로 생성된 변수의 타입은 String Type으로 나온다.

❸ 변수 이름 부여

커다란 프로젝트를 만들 때 모든 변수가 하는 일을 기억하며 작업을 하기는 어렵다. 따라서 변수의 이름을 기억하기 쉽거나 변수의 역할을 쉽게 이해할 수 있는 이름으로 지정하면 개발 중 변수 이름이 갖는 의미로 이해에 도움이 된다. 프로젝트 개발자에 따라 여러가지 방법을 적용하며 방법에 따른 장단점이 있다. 아래의 방법을 참고하여 자신에게 알맞은 방법을 적용한다.

- userName : 첫 글자는 소문자로 지정하고 다음 이어지는 단어의 첫 글자는 대문자로 지정한다.
- strUserName : 변수명 앞에 변수 타입을 나타내는 형태 "str + UserName"
- UserName : 단어 단위로 단어의 첫 글자를 대문자로 지정하고 나머지는 소문자로 지정한다.
- Str_UserName : 번수의 타입과 변수 이름 사이에 "_"이나 "-"을 사용하여 변수명을 생성한다.

변수 삭제하기

변수 삭제는 Variable 패널에서 할 수 있다.

01 지우고자 하는 변수에 마우스를 위치시키고 오른쪽 버튼을 클릭하고 Delete를 선택한다. 만약 변수 삭제를 취소(Undo)하고 싶다면 `Ctrl` + `Z` 를 누른다.

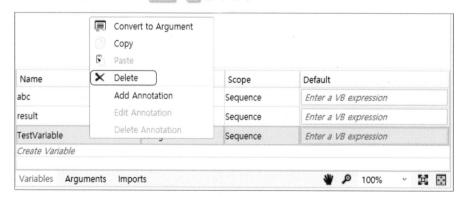

.Net Variable 타입 보기

변수 타입 목록에 기본적으로 표시되지 않는 변수 타입을 검색하려면 다음을 수행한다.

01 Variable 패널에서 찾기를 원하는 변수의 Variables Type 필드를 클릭하면 필드의 끝에 ▼이 나타난다.

Name	Variable type	Scope	Default
FirstVariable	String ▼	Sequence	Enter a VB expression

02 ▼을 클릭하면 선택창이 나타난다. 목록 중 'Browser for Types..'를 클릭한다.

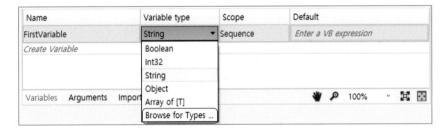

03 Browse and Select a .Net Type 창이 나타난다.

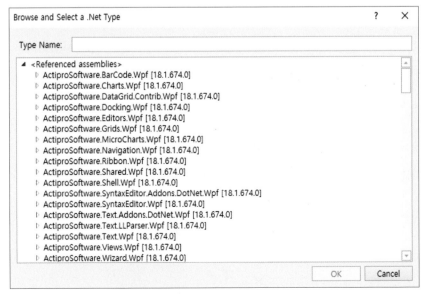

04 Type Name 필드에 찾고 있는 변수에 대한 키워드(예: Excel)를 입력한다. 결과 섹션이 업데이트 되어 키워드가 포함된 모든 .Net 변수 타입이 표시된다. 원하는 것을 선택하고 [OK] 버튼을 클릭하면 해당 변수가 선택한 타입으로 Variable 패널에 표시된다.

변수 패널

디자이너 패널 하단에 Variables 탭을 클릭하면 Variable 패널이 열린다. 이 패널은 Name, Variable type, Scope, Default의 4개의 항목으로 구성되어 있다. 목록에 있는 변수는 각 정보에 대해 수정할 수 있고 Create Variable을 클릭하여 새로운 변수를 생성할 수 있다.

❶ Name : 필수, 변수의 이름이다.

❷ Variable type : 필수, 변수 타입을 선택할 수 있다.(Boolean, Int32, String, Object, Generic Value, Array of [T], Browse for Types) .

※ Browse for Types는 목록에 보이지 않는 변수 타입을 찾을 때 사용

❸ Scope : 필수, 특정 액티비티와 같이 변수를 사용할 수 있는 영역으로 기본적으로 전체 프로젝트 내에서 사용할 수 있다.(Scope에 정의된 컨테이너 내부에서만 변수가 사용된다.)

❹ Default : 선택, 변수의 기본값으로 이 필드가 비어 있으면 변수는 해당 타입의 기본값으로 초기화 된다. 예를 들어 Int32 타입인 경우 기본값은 0이 된다.

변수 타입

UIPath에서는 .net에서 사용하는 많은 종류의 변수 타입을 사용하고 있다. 여기서는 가장 많이 사용하는 대표적인 데이터 타입에 대해서 알아본다.

String

문자열을 저장하는 변수 유형으로 String type을 갖는 변수 FirstVariable를 등록하면 Variables 패널에 다음과 같이 나타난다.

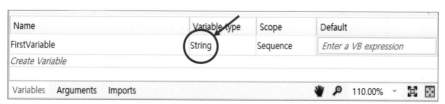

Int32

정수 또는 Int32라고도 하며 숫자정보를 저장하는데 사용하는 변수 타입이다. 수식이나 비교를 수행할 수 있으며 Int64도 있다.

Boolean

True와 False 두 가지 값 만을 저장하기 위한 변수 타입으로 비교문에 사용되는 변수 타입이다.

Generic Value

이 타입의 변수는 UiPath Studio에서만 사용하는 것으로 텍스트, 숫자, 날짜 및 배열을 포함한 모든 종류의 데이터를 저장할 수 있는 넓은 범위의 변수 유형이다. 즉 'GenValue'라는 Generic Value 타입의 변수가 있다면 다음과 같이 다양한 타입의 값을 저장할 수 있다.

- GenValue = 2   /* Int32
- GenValue = "abc"   /* String
- GenValue = True   /* Boolean
- GenValue = Now   /* Date & Time

Array

Array는 동일한 유형의 여러 값을 저장할 수 있는 변수 유형으로 다양한 데이터 유형의 배열을 사용할 수 있다.

01 변수를 생성할 때는 Variable type에서 Array of [T]를 선택한다.

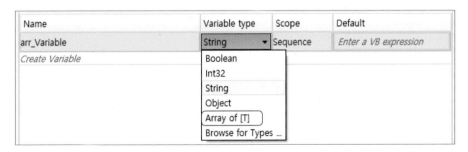

02 이어서 나타나는 선택창에서 Array에서 사용되는 데이터 타입을 선택하고 [OK] 버튼을 누르면 Array 타입의 변수가 생성된다.

Date and Time

날짜 및 시간 타입의 변수는 날짜 및 시간에 대한 정보를 저장할 수 있는 변수 유형으로 .Net Type 창에서 System.DateTime이다.

Data Table

행과 열을 갖는 간단한 스프레드 쉬트의 역할을 하는 데이터 저장 타입이며 큰 정보를 저장할 수 있다. 타입의 명칭은 .Net Types 창의 System.Data.DataTable 〉 System.Data 〉 DataTable이다.

Dictionary

Key와 Value의 컬렉션으로 Dictionary 〈Key, Value〉의 형식을 갖는다.

4 _ Control Flow

UiPath Studio를 이용해서 Workflow를 작성하는데 가장 기본이 되는 여러가지 액티비티 사용법을 배워본다. 여기에서 주로 설명할 내용은 액티비티 패널의 Workflow 아래 Control 그룹에 있는 액티비티인데 UiPath Studio에서 성공적으로 사용할 수 있도록 프로젝트를 제어하는 방법을 이해하고 사용해 보자.

Assign 액티비티

Assign 액티비티는 변수에 값을 할당할 수 있게 해주는 중요한 액티비티로 빈번하게 사용된다.
다음 그림의 왼쪽 네모상자(To 필드)에는 변수명이, 오른쪽 네모상자(Value 필드)에는 변수 또는 To
필드 변수에 들어갈 값이 놓이며 To 필드 변수와 Value 필드에 넣은 값이나 변수는 서로 데이터 타
입이 맞아야 한다. 제거하려면 마우스 오른쪽 버튼을 클릭하고 Delete를 선택한다.

만약 To 필드의 데이터 타입과 Value 필드의 데이터 타입이 다르면 오류가 발생한다. 다만 String,
Int32, Boolean Date 타입을 모두 수용할 수 있는 Generic Value 타입은 예외다. 아래는 Int32 타
입의 변수에 문자열 데이터를 입력하여 오류가 났다.

다음과 같은 오류메시지가 나타난다.

> Compiler error(s) encountered processing expression ""String"".
> Option Strict On에서는 'String'에서 'Integer'(으)로 암시적으로 변환할 수
> 없습니다.

Break 액티비티

반복처리를 하는 액티비티 내에서 조건과 관계없이 액티비티를 빠져나와 다음 활동으로 계속 진행
할 수 있다. 아래 예시에서 Array 타입의 변수 ArrayData에 값이 들어있다고 할 때 Body문 안에서
Write Line이 한번 실행되고 다음 Break문이 실행됨으로 For Each문 밖의 Write Line을 실행하게
된다.
Break 액티비티는 For Each 액티비티 안에서만 사용된다.
다음페이지의 예시와 오른쪽 실행 결과를 참조한다.

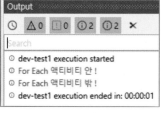

Cancellation Scope 액티비티

프로세스가 진행되는 동안 동시에 복수개의 일을 진행해야 하는 경우가 있다. 예를 들면 인천공항에서 미국 LA를 가야 하는데 항공티켓이 부족하여 두 곳 또는 세 곳의 여행사에 비행기표를 사달라고 의뢰할 수 있다. 물론 가장 먼저 티켓을 구해준 여행사가 채택이 되는 것이다. 즉 티켓은 한 장이 필요하지만 세 곳의 여행사에서 모두 표를 구할 수 있으므로 가장 빨리 티켓을 구한 여행사를 제외한 나머지 여행사에는 티켓 구매를 취소해야 한다. 이 과정을 자동으로 처리할 수 있게 한 액티비티가 Cancellation Scope이다.

사용법

- 기본적으로 복수개의 작업이 동시에 진행되는 상황이므로 Parallel 액티비티 안에 사용한다.
- Cancellation Scope 액티비티는 Body와 CancellationHandler로 구성되는데 Body에는 취소해야 할 작업을 넣고 CancellationHandler에는 취소한 후에 수행할 작업을 넣는다.

- Body의 액티비티가 완료되지 않은 액티비티만 취소할 수 있다.

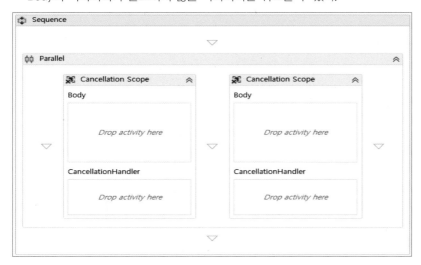

예제 워크플로우 생성

01 "Cancellation Scope Example"라는 이름의 Sequence 하나를 생성한다.

02 Sequence 안에 Write Line 액티비티를 넣고 Text 속성에 "Client: Buy me a ticket to LA and confirm asap."를 입력한다.

03 Write Line 아래 Parallel 액티비티를 놓는다 그리고 속성 Condition 항목을 True로 입력한다.

04 Parallel 액티비티 안에 두 개의 Cancellation Scope 액티비티를 가져다 놓는다. 그리고 Cancellation Scope 액티비티의 이름을 각각 CancellationScope Agency A와 B로 명명한다.

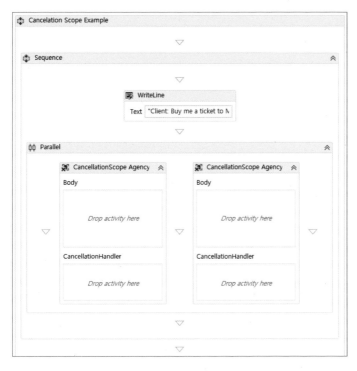

05 CancellationScope Agency A의 Body에 Sequence를 놓고 그 안에 두 개의 액티비티를 놓는다.

- Delay 액티비티를 놓고 속성 Duration에 값 00:00:06를 부여한다.
- 이어서 Write Line 액티비티를 놓고 속성 Text에 "Agency A: Your ticket has been bought!!!"을 입력한다.

06 CancellationScope Agency A의 CancellationHandler안에 Try Catch 액티비티를 채워놓는다.

- Try 영역에 Write Line 액티비티를 놓고 속성 Text에 "User: Agency A, cancel my order."을 입력한다.
- Catches 영역의 Exception안에 Write Line 액티비티를 놓고 속성 Text에 "There should be not throwing after cancel"을 입력한다.

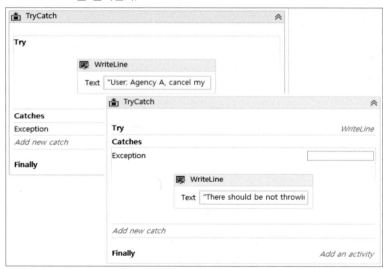

07 같은 방법으로 Cancellation Scope B를 진행한다.

- Body의 Delay 액티비티에 속성 Duration값을 00:00:04를 입력한다.
- 이어지는 Write Line의 Text에 "Agency B: Your ticket has been bought!!!"를 입력한다.
- Cancellation Handler에 똑같이 Try catch 액티비티를 놓고 Try의 Write Line에 "User: Agency B, cancel my order."을 입력하고 Catches의 Exception Write Line에 "There should be not throwing after cancel"을 입력한다.

08 워크플로우를 실행(F5) 시킨다. 다음 그림과 같은 결과를 얻을 수 있다. 즉 Agency A와 B에게 동시에 일을 부여하였지만 B가 먼저 일이 종료됨으로써 A를 취소한 것을 알 수 있다.

Continue 액티비티

For Each 액티비티 안에서 Continue 액티비티를 만나면 진행되는 Body를 실행하지 않고 다음 반복으로 넘어가게 해준다.

위의 그림에서 ArrayData에 {"a","b","c","d"} 기본값을 부여하고 For Each 액티비티의 속성 Output.Index에는 변수 ArrayIndex로 설정하였다면 ArrayIndex가 2(3번째)일 때 Write Line을 실행하지 말고 다음 반복으로 넘어가라는 의미이다(ArrayIndex의 타입은 Int32).

Delay 액티비티

Delay 액티비티를 사용하면 사용자가 지정한 시간동안 자동화를 일시 중지할 수 있다. 이 액티비티는 프로젝트에서 유용하게 사용되는데 예를 들어 특정 응용 프로그램이 시작할 때까지 기다리거나 화면이 로드되기를 기다리는 등 적절한 타이밍을 맞추기 위해 사용한다.

예문

첫 번째, Write Line = Now.ToString + "This is the start time"

두 번째, Write Line = Now.ToString + "Message delayed by 10 sec"

Delay Time : 10초 (시간 부여는 00:00:10와 같이 할 수도 있고 TimeSpan.FromSeconds(10)과 같이 값을 지정할 수도 있다.

Do While 액티비티

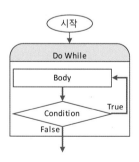

Do While 액티비티에는 Body부분과 Condition부분이 있는데 Condition의 조건이 만족되면 Body부분을 반복하여 수행한다.

이 액티비티는 배열의 모든 요소를 단계별로 실행하거나 특정활동을 여러 번 실행하는데 유용할 수 있다. 다만 처음 시작할 때는 Condition의 조건을 확인하지 않고 먼저 Body를 수행한다.

예문

기본값 0을 갖는 변수 intCounter를 매회 1씩 증가시키면서 intCounter가 5보다 작은 경우 intCounter의 값을 Write 해보자.

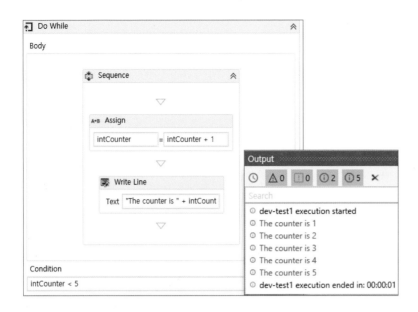

결과를 보면 Write Line에 의해 "The counter is 5"까지 적혔다. Do While의 경우 Body가 조건을 확인하는 Condition 보다 앞에 있기 때문에 먼저 Write Line이 실행되고 다음으로 조건을 확인하였다. 확인 결과 intCounter가 5보다 작지 않아서 Do While이 종료되었음을 확인할 수 있다.

For Each 액티비티

For Each 액티비티는 Array, List, Data Table 또는 이와 유사한 집합형 데이터를 이용하여 반복적으로 작업을 진행할 수 있다.

액티비티 사용법

For Each 액티비티를 드롭다운하여 디자이너 패널에 놓으면 다음 두 그림 중 오른쪽 그림처럼 나타난다. 그림의 For Each 액티비티는 상단, For Each [item] in [Value]로 나타나는 부분과 그 아래 Body 영역으로 나누어져 있다. 반복되는 부분은 Body 영역에 놓이게 되는 액티비티이다. 그리고 상단 Value 영역에 저장되는 집합형 데이터는 Body를 한번 실행하기 전에 Value의 변수에 저장된 값을 하나씩 item 변수에 옮기며 데이터 개수만큼의 횟수로 반복한다.

01 그림의 "item"이라 쓰여진 좌측 적색 박스의 변수 이름은 자동으로 생성되었지만 필요에 따라 다른 이름으로 변경하여 사용해도 된다.

02 그림의 Value 영역인 두 번째 적색 박스에는 반복 대상이 되는 집합형 변수가 지정되는데 Array, List, Dictionary와 같은 집합형 변수로 IEnumerable 타입의 변수만 지원한다.

03 속성 TypeArgument는 Values 영역에 놓이는 집합형 변수안의 저장된 데이터의 타입을 지정한다.(item 이 갖는 변수 타입)

속성

❶ Display name : 액티비티의 이름을 표기한다.

❷ Private : 이 옵션을 선택하면 이 변수 및 인수 값이 Verbose level의 로그에 기록되지 않는다.

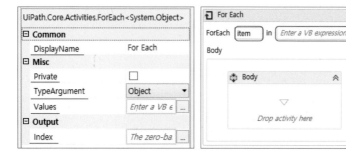

❸ Type Argument : 액티비티에 사용할 변수 유형을 선택한다. Item이 가져야 하는 변수 타입으로 이해하면 된다.

❹ Values : IEnumerable 변수로 반복할 변수 이름이다.

❺ Index : 액티비티가 실행될 때 현재 몇 번째 반복이 진행되고 있는지를 알려주는 속성으로 Int32 타입의
변수를 부여해주면 그 변수에 0부터 시작하는 값을 저장한다.

예문

01 새 Sequence를 생성한다.

02 Array(Int32) 타입의 변수 intArray를 생성하고 기본 값으로 {1, 3, 5, 7, 9}를 부여한다.

03 For Each 액티비티를 디자인 패널의 Sequence안에 놓는다.

04 For Each의 Values 영역에 변수 intArray를 입력한다.

05 For Each 속성의 Index에 Ctrl + K 를 누르고 변수명을 IterateNumber를 입력한다.

06 For Each의 Body 영역에 Write Line 액티비티를 더한다. Text 속성에 "intArray의" + IterateNumber.
ToString + "번째 값 =" + item.ToString 을 입력한다.

07 실행하면 다음과 같은 그림의 워크플로 화면과 오른쪽 결과를 얻을 수 있다.

IF 액티비티

If 액티비티는 이미 잘 알고 있겠지만 어떤 조건에 따라서 결정을 내려야 하는 경우에 사용하는 액티비티이다. 조건에 대해서 참인 경우의 행동과 거짓인 경우의 행동을 구분하는 것으로 변수의 값에 따라 의사결정을 내리는데 유용하다. Flow chart 타입에서는 Flow Decision 액티비티를 사용하는데 같은 역할을 한다.

속성

- Condition : 액티비티의 실행을 위한 조건을 나타내는 곳으로 부울 표현식만 허용되며 이 결과가 True일때는 Then 영역의 액티비티가 실행되고, False인 경우에는 Else 영역의 액티비티가 실행된다.
다음은 Condition의 예이다.

```
intFirstNumber mod intSecondNumber = 0
FirstNumber > SecondNumber
```

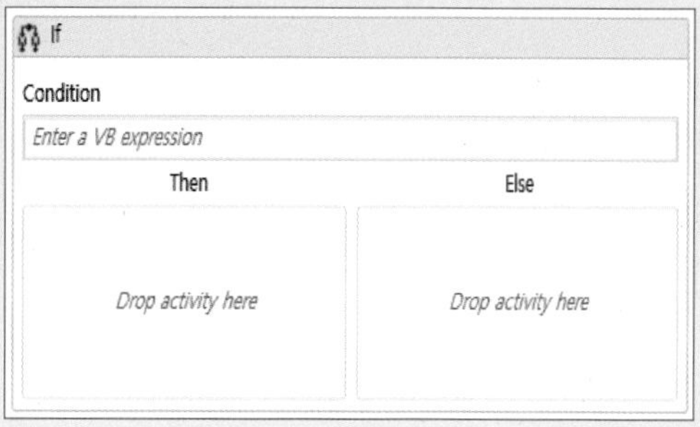

Parallel 액티비티

일반적으로 우리가 사용하는 액티비티는 순서대로 하나씩 수행한다. 그것은 실행되는 액티비티 하나가 완료되어야 다음 액티비티가 진행된다는 것을 의미한다. 하지만 Parallel 액티비티를 사용하면 각각의 액티비티하고 상관없이 동시에 실행될 수 있으므로 효과적인 프로세스를 구축할 수 있다.

일반적인 실행과 Parallel 실행의 비교

액티비티를 이해하기 위해 하나의 예를 들어 보통의 방법과 Parallel을 적용한 방법에 대해 비교해 보자. 실행할 예는 메모장을 열어놓고 Type into 액티비티를 이용하여 한 글자씩 입력하는 것을 4회 실행시키는 것인데 일반적인 방법에서는 Type Into 액티비티를 순서대로 실행되게 하고 Parallel 방법은 다음 그림처럼 Type Into를 옆으로 배열하여 동시에 진행이 되도록 하였다. 두 가지 방법을 정해진 순서대로 따라서 해보고 이해하도록 하자.

❶ 일반적인 실행

01 Sequence를 하나 생성한다.

02 메모장을 하나 열고 리본의 레코딩 버튼의 Basic을 선택한다.

03 팝업된 도구바에서 'Start App'을 누른다. 그리고 마우스를 옮겨 메모장을 선택하고 이어지는 메시지 박스의 [OK] 버튼을 누른다.

04 이제 레코딩 도구모음에서 Record 버튼을 누른다. 마우스를 메모장의 편집 영역에 위치시킨 후 클릭하고 이어서 팝업된 창의 입력란에 1을 입력하고 Eneter 를 누른다.

05 도구바의 ESC 를 누른 후 'Save & Exit'를 누른다

06 디자이너 패널 하단의 Variable 탭을 누르고 변수 4개를 생성한다.

  Data1 〈Int32〉 초기값 1을 부여한다.
  Data2 〈Int32〉 초기값 2을 부여한다.
  Data3 〈Int32〉 초기값 3을 부여한다.
  Data4 〈Int32〉 초기값 4을 부여한다.

07 디자인 패널의 Type Into 액티비티를 복사하여 4개가 이어지게 놓고 각각의 속성을 변경한다(실제 그림 두 번째부터는 그림 크기를 줄였다).

  첫 번째 Type Into의 Display name : data1, 속성 Target의 Text에 Data1.ToString를 입력
  두 번째 Type Into의 Display name : data2, 속성 Target의 Text에 Data2.ToString를 입력
  세 번째 Type Into의 Display name : data3, 속성 Target의 Text에 Data3.ToString를 입력
  네 번째 Type Into의 Display name : data4, 속성 Target의 Text에 Data4.ToString를 입력

08 실행한다.

09 결과는 액티비티의 순서대로 메모장에 1234가 순서대로 찍힌다.

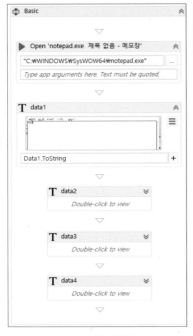

❷ Parallel 실행

01 Sequence를 만든다.

02 위의 일반적인 실행 방법과 같이 따라하기 2~7번 단계까지 동일하게 진행한다.

03 Open 액티비티 아래에 Parallel 액티비티를 놓는다.

04 Parallel 액티비티 안에 준비된 Type Into 액티비티를 순서대로 옆으로 나열한다.

05 실행한다.

06 결과에서 보는 바와 같이 Parallel 액티비티를 사용한 경우 순서와 상관없이 각 액티비티가 실행된다는 것을 알 수 있다.

Pick와 PickBranch 액티비티

Pick 액티비티는 이벤트 트리거와 해당 핸들러의 모델링을 단순화한다. Pick 액티비티에는 PickBranch 액티비티들이 들어 있으며 각 PickBranch는 Trigger와 Action의 쌍으로 이루어져 있다. 실행 시 Pick안에 있는 모든 Trigger가 병렬로 실행되며 하나의 Trigger가 완료되면 해당 Action이 실행되고 다른 모든 Trigger는 취소된다.

예문

두 개의 TriggerBranch가 있는 Pick의 예문을 만들어보자. 하나의 PickBranch에는 Trigger 영역의 Find Element 액티비티를 놓고, 두 번째 PickBranch의 Trigger 영역에는 Delay 액티비티를 놓는다. 이 상태에서 실행하면 PickBranch 두 개 중 Trigger 부분이 먼저 완료되는 쪽의 Action이 실행되고 나머지 하나는 실행되지 않는 것을 알 수 있다.

01 네이버 사이트를 exploler 브라우저로 열어놓는다.

02 Sequence를 놓는다.

03 Sequence안에 Pick 액티비티를 놓는다.

04 Pick 액티비티안에 PickBranch 액티비티 두 개를 병렬로 놓는다.

05 첫 번째 PickBranch 액티비티의 Trigger안에 Find Element 액티비티를 놓고 브라우저의 'Naver 로그인' 이미지를 클릭한다. 그리고 Action 영역에 Write Line을 놓고 속성 Text에 "OK PickBranch1"를 입력한다.

06 두 번째 PickBranch 액티비티의 Trigger안에 Delay 액티비티를 놓고 속성 Duration에 00:00:05 값을 입력한다. 그리고 Action 영역에 Write Line을 놓고 속성 Text에 "Time's Up!"를 입력한다.

07 실행한다.

08 프로세스 실행 시 Find Element의 이미지가 있을 때는 "OK! PickBranch1"이 찍히고, 브라우저에 해당 Element를 없이 하면 Delay 시간이 지난 후 "Times's Up!"이 쓰인다.

Pick을 사용할 때 실행되는 분기는 Trigger가 먼저 완료되는 브랜치이다. 개념적으로 모든 트리거는 병렬로 실행되며 다른 Trigger가 완료될 때까지 하나의 Trigger가 대부분의 로직을 실행했을 수 있다. 이를 염두에 두고 Pick 액티비티를 사용할 때 따르는 일반적인 지침은 Trigger를 단일 이벤트를 나타내는 것으로 취급하고 가능한 적은 로직을 넣는다.

Retry Scope 액티비티

Retry Scope 액티비티는 원하는 액티비티를 실행한 후 예상한 결과가 나올 때까지 해당 액티비티 실행을 반복하는 것이다. 프로세스를 실행할 때 여러가지 원인으로 인해 버튼이 안 눌러지거나 대상 객체 로드가 완료되지 않아 오류가 발생할 소지가 있을 때 사용하면 효과적이다.

사용법

속성 요약

- NumberOfRetries : 재 시도할 횟수(기본 3회로 되어있다.)
- RetryInterval : 재 시도하는 시간 간격(기본 5초로 되어있다.)
- Condition : Action 구간의 자동화를 반복할 것인가 조건을 판별하는 곳으로 Boolean 값을 이용하며 False 이면 반복하고, True이면 반복없이 다음 작업으로 넘어간다.
- ContinueOnError : 액티비티에서 오류가 발생하더라도 자동화를 계속할지 여부를 지정하는 곳으로 True 와 False를 지원한다. 기본값은 False로서 아무런 값이 주어지지 않으면 오류가 발생했을 때 프로젝트 실행이 중지되고 True가 주어지면 프로젝트 실행이 오류와 상관없이 계속된다.

예문

Retry Scope 액티비티에 설정된 조건을 사용하여 메모장을 열려고 세 번 시도하고 메모장이 열려서 조건이 만족되면 반복(loop)을 중지하는 프로세스를 만든다.

※ 실행 시 메모장의 Selector가 달라서 결과가 다르게 나올 수 있으므로 확인이 필요하다.

01 새 Sequence를 작성하고 그 안에 Retry Scope 액티비티를 놓는다.

02 속성 패널에서 Retry Scope의 속성 NumberOfRetries를 3으로, RetryInterval을 5초로 지정한다(메모장 창을 세 번 열려고 시도하는 간격은 5초).

03 Action 영역에 Assign 액티비티를 놓고

- Generic Value 타입의 Random이라는 이름의 변수를 생성하고 assign의 To 필드에 놓는다.
- Assign의 Value 필드에 'now.Millisecond mod 5'를 부여한다.

04 Assign 액티비티 아래에 If 액티비티를 추가하고 Condition 영역에 'Random ◇ 0'을 입력한다. 이는 변수값이 0인지 아닌지를 확인하는 것이다.

05 If 액티비티의 Then(조건 True) 영역에

- "Notepad Window failed to start"를 나타내는 Message Box 액티비티를 추가한다.
- Message Box 액티비티 아래에 Throw 액티비티를 놓고 속성 중 Exception에 New System. Exception("Notepad failed to start")을 입력한다.

06 If 액티비티의 Else(조건 False) 영역에 Open Application 액티비티를 추가하고 메모장을 화면에 표시한다.

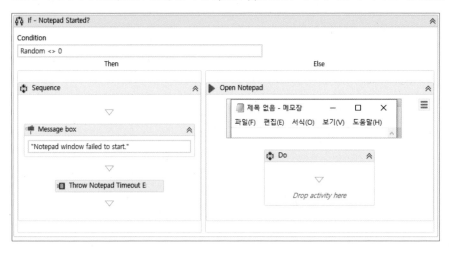

07 루프를 빠져나오려면 Retry Scope의 Condition 영역에 Element Exist 액티비티를 추가하고 메모장 창을 클릭한다.

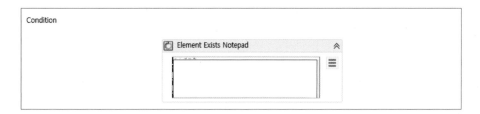

08 실행을 시켜보자. Random의 값이 0이 나와야 메모장이 열리고 액티비티를 벗어난다. 만약 세 번의 시도중 Random 값이 0이 나오지 않는다면 결국 NotPad를 열지 못하게 된다.

While 액티비티

While 액티비티를 사용하면 특정 조건이 충족되는 동안 Body의 내용이 반복적으로 실행된다. 이 액티비티가 Do While 액티비티와의 차이점은 첫 번째 Body를 실행하기 전에 조건을 평가한다는 것이다. 이와 같은 While 액티비티는 배열의 모든 요소를 단계별로 실행하거나 특정 활동을 여러 번 실행하는데 유용할 수 있다. 카운터를 증가시켜 배열 인덱스를 탐색하거나 항목 목록을 단계별로 탐색할 수 있다.

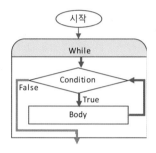

예문

While 액티비티를 사용하는 방법을 예시하기 위해 정수 변수를 10에서 20까지 1씩 증가시키는 자동화를 만들고 모든 숫자를 Microsoft Word에 적는다.

01 새로운 Sequence를 생성한다.

02 Int32 타입의 변수 intCounter를 만들고 초기값으로 10을 준다.

03 Sequence안에 While 액티비티를 놓는다.

04 Condition 영역에 intCounter 〈 20을 입력한다. 즉 intCounter가 20 보다 적은 경우 반복해서 액티비티의 Body부분을 반복하라는 것이다.

05 While 액티비티의 Body 영역에 Assign 액티비티를 놓는다.

    ❶ Assign 액티비티의 To 영역에 intCount를 입력하고

    ❷ Assign 액티비티의 Value 영역에 intCount + 1을 입력한다.

06 Assign 액티비티 아래에 Append Text(System 〉 File 〉 WordDocument)를 놓는다.

※ Append 액티비티는 Word 액티비티 패키지에 있으며 만약 없다면 패키지 관리자 기능을 활용하여 설치하여야 한다.

    ❶ Document Path 영역에 "Word.docx"를 입력한다.

    ❷ Text 영역에 "The counter is now" + intCount.ToString + "."을 입력한다.

07 F5 를 눌러 워크플로를 실행시킨다.

08 6번 과정의 Document Path에 있는 Word.docx를 더블 클릭하여 확인한다.

While	
Condition	
intCounter < 20	
Body	

Sequence

▽

A·B Assign

intCounter	=	intCounter + 1

▽

Append Text

"Word.docx"   ...

"The counter is now " + intCounter.ToString + "."

▽

The counter is now 11.↵
The counter is now 12.↵
The counter is now 13.↵
The counter is now 14.↵
The counter is now 15.↵
The counter is now 16.↵
The counter is now 17.↵
The counter is now 18.↵
The counter is now 19.↵
The counter is now 20.↵

▲ Word.docx의 결과

Switch 액티비티

Switch 액티비티는 If 액티비티와 비슷하게 조건에 따라 워크플로우의 흐름을 분기시키기 위하여 사용된다. If 액티비티에서는 조건식이 True 인가 False 인가에 따라 워크플로우의 실행이 두 가지 중 하나로 결정되지만 만약 가능한 실행 경로가 여러 개 인 경우엔 switch 액티비티를 사용하는 것이 좋다. 즉 주어진 조건의 가지수에 따라 여러가지 데이터를 분류할 때 유용하다고 할 수 있다.

예문

Switch 액티비티 사용하는 방법을 소개하기 위해 사용자에게 번호를 묻고 그 번호가 홀수인지 짝수인지 확인한 다음 그 결과에 따라 출력패널에 다른 메시지가 나오는 워크플로우를 작성해보자.

모든 수를 2로 나누면 나머지가 0인 경우와 1인 경우로 2가지의 분기만 가능하지만 이 액티비티는 여러 개로 분기가 가능하다는 것을 염두에 두어야 한다.

01 새로운 Sequence를 생성한다.

02 Int32 타입의 변수 intNumber를 생성한다.

03 Sequence 안에 input Dialog를 놓는다.

04 Dialog 액티비티에서 번호를 받아들이기 위한 제목과 레벨을 입력한다.

- Label : "Add a number to see if it even or odd"
- Title : "Odd or Even Number"

05 Input Dialog 액티비티 속성 Result 영역에 intNumber를 입력한다.

06 Input Dialog 아래에 Switch 액티비티를 놓는다.

07 Expression 영역에 'intNumber mod 2'를 입력한다. 이것은 intNumber가 2로 나누어지는지를 확인하는 것이다.

08 Default 영역에 Write Line 액티비티를 놓는다.

09 Write Line 액티비티의 Text 영역에 intNumber.ToString+"is an even number"을 입력한다.

10 Add new case를 클릭한다. 그리고 Case Value 영역에 1을 입력한다.

11 이 Case에 Write Line 액티비티를 놓는다.

12 Text 영역에 intNumber.ToString + "is an odd number"를 입력한다.

13 완성된 화면은 아래와 같다.

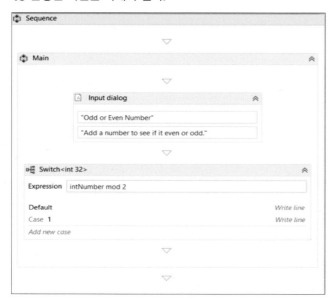

14 F5 를 눌러 실행하면 Output 패널에 다음과 같은 결과를 얻는다.

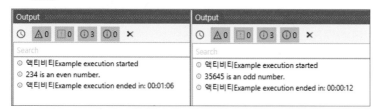

문제
01

Select Folder 액티비티를 이용하여 지정된 폴더의 파일목록을 만든 후 For Each 액티비티를 사용하여
파일 목록을 출력한다.

❶ Sequence를 놓고 안에 Select Folder 액티비티를 놓는다. 그리고 속성 SelectedFolder에 변수
strPath를 지정한다.

❷ Assign 액티비티를 놓고 To 필드에 Array 변수 strFiles를 오른쪽 Value 필드에 Directory.
GetFiles(strPath)를 입력한다.

❸ For each 액티비티를 놓고 in 필드에 Array 변수 arrFiles를 지정한다.

❹ Body에 Write Line 액티비티를 놓고 item.ToString을 입력한다.

1부터 999 사이의 랜덤 숫자를 만들고 이용자가 이 숫자를 추측하는 게임을 만든다.

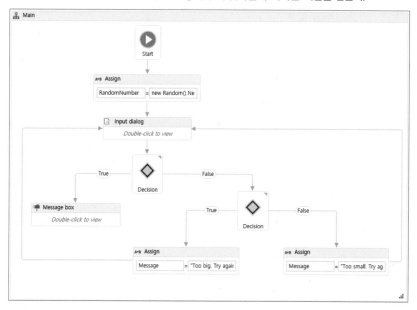

❶ 빈 프로젝트를 만들고 디자인 탭에 Flowchart 액티비티를 놓는다.

❷ 두 개의 Int32 타입 변수 (RandomNumber, GuessNumber)와 String 하나(Message)를 만든다. 그리고 Message의 default 값을 "1에서 999까지의 숫자를 추측하십시오"로 설정한다.

❸ Assign 액티비티를 시작 아래 놓고 시작으로부터 화살표를 연결한다. Assign의 To 필드에 변수 RandomNumber를 놓고 오른쪽 Value 필드에 new Random().Next(1, 999)를 입력한다.

❹ Input Dialog 액티비티를 놓고 화살표를 연결한다. 속성 Label 필드에 Message 변수를 추가하고 Output.Result에 GuessNumber 변수를 지정한다. 즉 이용자가 추측한 값을 Input Dialog로부터 받아들이며 그 값은 변수 GuessNumber에 넣는 것이다.

❺ Flow Decision 액티비티를 놓고 Condition에 GuessNumber = RandomNumber을 입력한다.

❻ 만약 조건이 True이면 이용자가 숫자를 정확히 맞힌 상황이므로 그림과 같이 Message Box 액티비티를 만들어 Flow Decision과 연결한다. 메시지 박스에는 "축하합니다. 정확히 값을 맞췄습니다" 라는 메시지를 쓰게 한다.

❼ 만약 조건이 False이면 새로운 Flow Decision을 놓고 앞의 Decision false쪽과 화살표를 연결한다. 이 Decision에서 Condition은 GuessNumber 〉 RandomNumber를 부여한다.

❽ Condition 결과가 True이면 하나의 Assign 액티비티를 연결한다. To 필드에 Message를 Value 필드에 "추측값이 너무 큽니다. 다시 하세요."를 입력한다.

❾ Condition 결과가 False이면 새로 Assign 액티비티를 연결한다. To 필드에 Message를 지정하고 Value 필드에 "추측값이 너무 적으니 다시 하세요."를 입력한다.

❿ ❾에 사용된 두 개의 Assign 액티비티와 위에 있는 Input Dialog를 화살표로 연결한다.

Chapter 05

Data Manipulation

단원 목표

UiPath에서 데이터 사용 및 관리에 대하여 알아본다.
▶ String의 다양한 Method 사용법을 익힌다.
▶ DateTime의 여러 응용 방법에 대해 이해하고 사용법을
  익힌다.
▶ 배열, 리스트, Dictionary의 사용법을 익힌다.
▶ Data Table의 다양한 액티비티 활용법을 익힌다.

1 _ 데이터 분류

UiPath에서는 많은 종류의 데이터가 사용된다. 이 데이터를 저장하는 변수를 효과적으로 사용하기 위해 각 변수에는 저장되는 데이터의 타입을 지정하게 된다. 데이터 타입은 여러 종류가 있는데 그 중 빈번하게 사용되는 것으로 String, Int32, Array 등이 있다.

UiPath에서는 이러한 변수의 타입을 세 개의 카테고리로 나뉘어 이해하는데 고정된 타입의 단일값을 갖는 Scalar variables와 여러 개의 데이터를 집합적으로 저장하고 취급하는 Collections 그리고 테이블이다. 이제부터 두 가지 카테고리 Scala variables와 Collections의 변수 타입과 원활한 자동화를 작성하는데 필요한 정보를 조작할 수 있는 사용법을 자세히 알아보자.

```
Scalar variables
    ◆ Characters, Booleans, Numbers, Date Times

Collections
    ◆ Arrays, Lists, Queues
    ◆ Strings
    ◆ Dictionaries

DataTable
```

2 _ 데이터 사용 및 관리

Text

UiPath에서 Text는 기본적으로 사용하는 데이터의 한 종류로서 "String"이라는 데이터 타입을 사용하는 변수를 이용하며 이를 다루는 .Net 기반의 다양한 Method를 제공하는데 이러한 Method를 이용하면 목적하는 워크플로우를 효율적이고 빠르게 작성할 수 있다. 여기에서는 많이 사용되고 꼭 알아야 하는 것에 대해서 사용법을 기술하고자 한다.

String의 변환

❶ String 더하기

String 타입을 갖는 두 변수(strA , strB)를 서로 더하는 예로 strA="abc"를 담고 strB ="cde"를 담았다면 두 변수합은 "abc" + "cde" = "abccde"가 나온다.

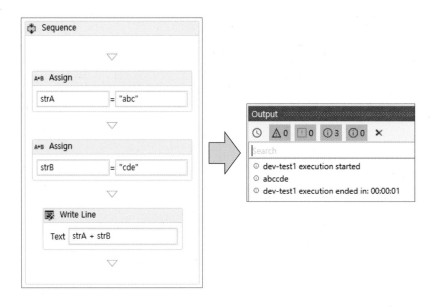

❷ ToString

Integer 타입의 변수나 GenericVariable 타입의 변수를 String 타입으로 변환하는 기능

[사용법] Function Integer.**ToString**() As String

[결과] 문자열

01 Int32 타입 변수 TestInt32에 56을 부여한다.

02 Write Line 액티비티를 사용하여 속성 Text에 TestInt32.ToString를 입력한다.

03 `F5` 를 눌러 실행한다.

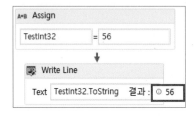

Method를 사용한 String 변환

String이 변수에 담겨있는 경우 .Net기반의 많은 Method를 이용하여 string을 다양하게 변환하여 사용하는 방법에 대해 알아본다. UiPath에서는 .Net 기반의 VB Method를 쉽게 선택하여 사용할 수 있도록 인터페이스를 제공하고 있다.

아래 왼쪽 그림과 같이 VB Expression이 들어가는 자리에 "strA."와 같이 변수명에 이어 "."(dot)을 적으면 오른쪽 그림과 같이 적용할 수 있는 많은 Method가 나열되는데 원하는 것을 선택하여 사용한다.

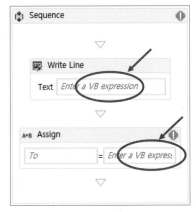
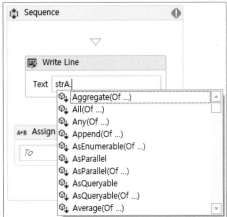

❶ Length를 이용하여 String의 길이 구하기

string변수 strA에 "UiPath Academy!!"가 담겨있는 경우 strA.Legth를 하면 결과값이 16인 Int32 타입의 값이 나온다. 이것을 Write Line에서 사용하기 위해 ".ToString"을 추가하면 16이 String으로 변환되어 결과를 보여준다.

[사용법] 문자열.Length

[결과] Integer

❷ Contains

string변수나 문자열안에 지정된 값이 들어있는지를 알려준다.

첫 번째 assign 액티비티 : string변수 strA에 "UiPath Academy!!"를 입력하고,

두 번째 assign 액티비티 : Boolean 변수 booResult에 strA.Contains("UiPath")를 입력한다.

Contains가 실행된 결과는 booResult에 담기며 결과는 True가 나온다.

[사용법] 문자열.Contains(" UiPath ")

[결과] Boolean

❸ Replace

지정된 문자열 내에서 특정 문자열을 대체 문자열로 바꾼다. UiPath에서 제공하는 액티비티도 있지만 여기에서는 Method를 사용하는 방법을 사용한다.

[사용법] 문자열.Replace(〈찾는 문자열〉, 〈대체 문자열〉)

[결과] 문자열

"UiPath Arcademy!"의 문자열을 strA에 담고 그 문자열 중 "UiPath"를 찾아 "htaPiU"로 바꾼다.

01 Assign 액티비티를 놓고 To 영역에 String 타입 strA를 입력하고, Value 영역에 "UiPath Arcademy!"의 문자열을 입력한다.

02 두 번째 Assign 액티비티의 To 영역에 strB를 입력하고 Value 영역에 strA.Replace ("UiPath", "htaPiU")를 입력한다.

03 Write Line을 이용하여 strB를 출력한다.

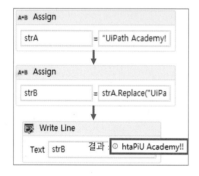

❹ Substring

문자열의 지정한 위치에서 지정한 문자 수만큼의 문자열을 읽어들이는 기능이다.

[사용법] Function String.Substring(startindex AS Integer, length As Integer) As String

[매개변수] StartIndex : 문자열에서 읽기 시작할 위치. 0부터 시작한다.

[결과] 문자열

01 "UiPath Arcademy!"의 문자열을 담고있는 strA에서 7번째 문자부터 5자를 읽어들인다.

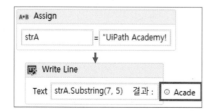

❺ Split

지정한 문자열을 특정한 구분자로 문자열을 쪼개어 0부터 시작하는 1차원 배열(Array)로 나누는 기능이다.

[사용법] Function Strings.`Split(Expression As String, Optional Delimiter As String, Optional`
　　　　`Limit As Integer, Optional Compare As CompareMethod) As String()`

[매개변수]

- Expression (필수, String) 부분 문자열과 구분기호(delimiter)를 포함하는 문자열
- Delimiter (선택, String) 부분 문자열을 구분하는데 사용되는 단일문자로 생략하면 공백문자(" ")가 구분문자로 간주된다.
- Limit (선택, Int32) 입력문자열을 분할해야 하는 부분 문자열의 최대수이며 기본값은 -1로 구분문자열이 발생할 때마다 문자열을 분할한다.
- Compare (선택, CompareMethod) 부분 문자열을 평가할 때 사용할 비교 종류를 나타내는 숫자 값이다.

[결과] String[]

문자열 "Look at these!"을 " "를 구분자로 하여 문자열을 분할한 후 For Each 액티비티를 이용하여 결과를 나타내 보자.

예 1

01 Assign 액티비티를 이용하여 변수 TestString에 "Look at these!"를 입력한다.

02 String[] 타입의 변수 arrResult를 생성한다.

03 Assign 액티비티를 이용하여 To 영역에 arrResult 놓고 Value 영역에 TestString.Split(" C)를 입력한다.

04 Assign 액티비티 아래에 For Each 액티비티를 놓고 속성 Values에 arrResult를 입력한다.

05 Body 영역에 Write Line을 놓고 속성 Text에 item.Tostring를 입력한다.

06 F5 를 눌러 실행한다.

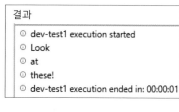

예 2

01 이번에는 단어를 식별자로 하기 위하여 다음과 같이 액티비티를 실행시켜 보자.

Source = "나는 대한민국 국민이다."
arrResult = Source.Split("대한민국") 또는 arrResult = Split(Source, "대한민국")

결과로 arrResult를 출력해보면 "나는", "국민이다."와 같이 나올 것이다.

예 3

01 이번에는 단어 2개를 식별자로 하기 위하여 다음과 같이 액티비티를 실행시켜 보자.

Source = "자동화는 인공지능과 기계 학습 기술을 적용한 비즈니스 관리 위주의 프로세스로 구축된다."

02 문자열을 나누기 위한 식별자를 "인공지능"과 "비즈니스" 2개로 설정해 보자.

arrResult = Source.Split({"인공지능", "비즈니스"}, StringSplitOptions.None)

03 결과를 출력하면 "자동화는", "과 기계 학습 기술을 적용한", "관리 위주의 프로세스로 구축된다." 와 같이 3개의 문자열로 출력된다.

아래는 매개변수의 변화를 주어서 실행한 결과를 참고할 수 있도록 나열하였다.

Split 패턴	결과
String TestString = "Look at these!" Split(TestString)	{"Look", "at", "these"}
estString = "apple pear banana " Split(TestString)	{"apple", "", "", "", "pear", "banana", ""}
Split("15.16.9.24", ".")	{"15", "16", "9", "24"}
Split("Alice and Bob", " AND ")	{"Alice and Bob"}
Split("Alice and Bob", " and ")	{"Alice", "Bob"}
Split("Alice and Bob", " AND ", CompareMethod.Text)	{"Alice", "Bob"}
Split("Someone@example.com", "@", 1)	{"Someone@example.com"}
Split("Someone@example.com", "@", 2)	Split(Someone@example.com, "@", 2)

❻ Trim

주어진 문자열의 앞과 뒤의 공백을 제거해주는 기능이다.

[사용법] Function String.**Trim**() As String
[결과] 문자열

01 변수 TestString= " Test Data " 와 같은 값에 Trim을 적용하면 앞뒤의 공백이 없어지고 "Test Data"
만 남는다.

❼ TrimStart

Trim과 동일하지만 문자열의 앞에 있는 공백을 제거하는 차이가 있다.

❽ TrimEnd

Trim과 동일하지만 문자열의 끝에 있는 공백을 제거한다.

❾ ToUpper/ToLower

주어진 문자열을 대문자로 바꾸거나 소문자로 바꾸는 기능을 한다.

[사용법] 문자열.ToUpper

　　　　문자열.ToLower

[결과] 문자열

01 문자열 변수에 담긴 문자를 대문자/소문자로 변경해보자.

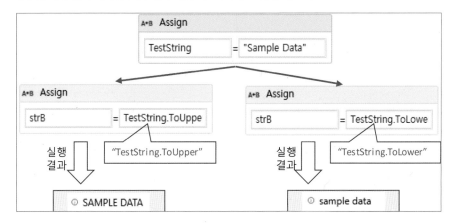

❿ StartsWith/EndsWith

문자열의 시작부분/끝부분에 지정한 문자열이 일치하는지 확인하는 Method이다.

[사용법] Function String.**StartsWith**(value As String) As Boolea

　　　　Function String.**EndsWith**(value As String) As Boolean

[매개변수] value : 비교할 문자열

[결과] Boolean

TestString = "My mail address : abc@example.com"

- TestString.StartsWith("abc") ➡ 결과 : False
- TestString.EndsWith("com") ➡ 결과 : True

⓫ CompareTo

지정된 문자열과 비교하고 정렬순서에서 위치가 지정된 문자열 보다 앞인지 뒤인지 또는 동일한지를 나타내는 정수를 반환한다.

[사용법] Function String.CompareTo(value As Object) As Integer
[매개변수] Value : 비교할 문자열
[결과] Int32

값	조건
0 보다 작다	인스턴스 Value 앞에 오는 경우
0	인스턴스의 위치가 정렬 순서에서 Value와 같은 경우
0 보다 크다	인스턴스가 Value 다음에 오는 경우 또는 Value가 Null인 경우

01 두 개의 문자열을 비교한 결과를 나열해보자.

- Assign 액티비티를 이용하여 변수 TestString에 "abc"를 저장하고
- 비교하는 문자열을 3가지로 바꾸면서 실행을 해본다.

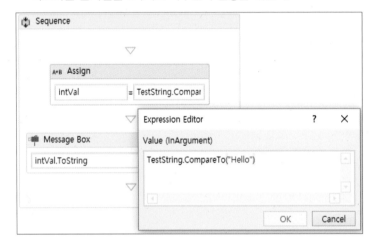

02 실행 결과는 다음과 같다.

사전 찾기와 같이 비교할 문자열이 더 앞에 있으면 1, 뒤에 있으면 −1, 같으면 0이 된다.

TestString	비교할 문자열 (Value)	결과값 (intVal)
"ABC"	"ABC"	0
"ABC"	"DEF"	−1
"DEF"	"ABC"	1

⓬ Concat

문자열을 서로 연결하는 Method이다.

[사용법] Function String.Concat(str(0f As String, str1 As String, str2 As String, str3 As String) As String
[매개변수] Str0, str1, str2, str3 : 연결할 문자열
[결과] 문자열

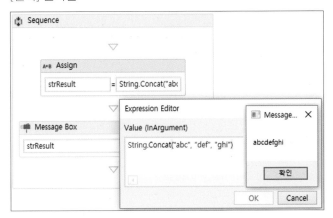

⓭ Equals

두 객체의 값이 같은지를 확인하여 Boolean 값으로 나타내주는 Method이다.

[사용법] Function Object.Equals(objA As Object, objB As Object) As Boolean
[결과] Boolean

01 2가지 방법의 사용 사례이다.

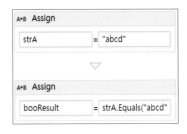

- strA = " abcd "
  booResult = strA.Equals(" abcd ")
  boolean : True
- boolean = String.Equals(strA, " abcd ")
  boolean : True

⓮ Format

지정된 형식에 따라 개체의 값을 문자열로 변환하여 다른 문자열에 삽입하는 Method이다.

[사용법] Function String.Format(provider As IFormatProvider, format As String, arg0 As Object, arg1 As Object, arg2 As Object) As String

[매개변수]
- provider(IFormatProvider) : 문화권별 서식 지정 정보를 제공하는 개체
- format(String) : 복합형식 문자열 (참고 .Net의 복합 형식 지정에 자세히 나옴)
- arg0, arg1, arg2(Object) : 서식을 지정할 개체
[결과] 문자열

Format을 사용하는 세 가지 방법에 대해 소개한다. 첫째는 문자열을 삽입하는 형식, 둘째는 서식제어 방법, 셋째는 간격제어 방식이다.

01 문자열을 삽입하는 형식

다음 그림에서 format 문자열에서 나타내고자 하는 출력 내용 중에 {0}, {1}와 같이 표기하면 {0}과 {1}이 있는 위치에 이어지는 매개변수에 해당되는 변수나 문자열이 치환된다. 즉 변수 temp의 내용이 {0}의 자리에 쓰이고 그리고 Now.ToString의 내용이 {1}의 자리에 쓰이는 메소드이다.

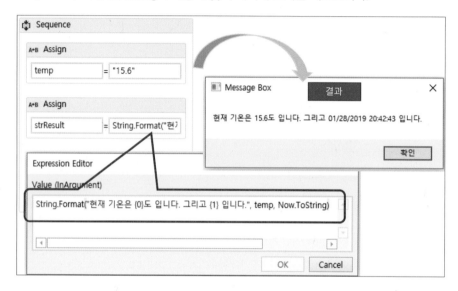

02 서식을 제어하는 방식

문자열이 어떤 서식을 가질지 제어하는 방법으로 인텍스를 사용한다. 예를 들어 format 문자열에 {0:d}와 {0:t}와 같이 두 곳의 위치를 지정하고 그 위치에 들어갈 내용을 DateTime.Now를 사용한다. 다음 그림과 같이 하나의 값을 date와 time으로 분리하여 서식에 맞는 문자열을 생성한다.

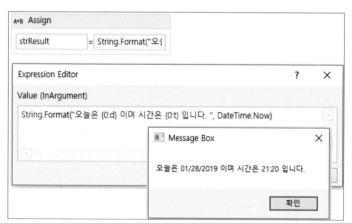

03 간격을 제어하는 방식

간격제어 방식은 결과 문자열에 삽입되는 문자열의 너비를 정의할 수 있다. 다음 그림과 같이 {0:6}을 표기하면 첫 번째 매개변수의 내용의 너비가 6자라는 의미로 "2019"를 대입하면 좌로부터 2019를 적고 나머지 두칸은 빈칸으로 둔다.다음으로 {1, 10}은 두 번째 매개변수 내용을 오른쪽 정렬하여 10자를 채우라는 의미이다.

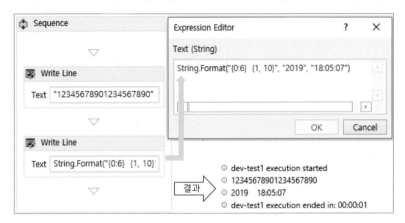

⓯ Remove

문자열의 지정된 위치부터 지정된 문자 수만큼을 삭제한 새 문자열을 반환한다.

[사용법] Function String Remove (startindex As Integer) As String
[매개변수] Integer (Int32) 문자 삭제를 시작할 위치 (0 부터 시작)
[결과] 문자열(String)

TestString 변수에 "abc===def" 값을 넣고 문자를 제거하는 사례이다.

01 매개변수 값을 3을 주었을 때 스트링의 index 3 이후의 모든 값을 삭제한다.

TestString.Remove(3) ➡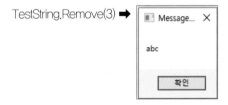

02 매개변수 값을 (3, 3)을 주었을 때 index 3번째부터 3문자를 삭제한다.

TestString.Remove(3, 3) ➡

⑯ IndexOf

문자열에서 찾는 부분 문자열이 발견되는 첫 지점에 대한 위치를 얻는다.

[사용법] Function String.IndexOf(value as String) As Integer
[매개변수] String : 검색할 문자열
[결과] Int32
- 해당 문자열이 있으면 매개변수 String의 시작 위치 (0 부터 시작)
- 해당 문자열이 없으면 −1

01 문자열이 포함된 변수에 IndexOf를 적용하여 부분 문자열이 있는 위치값을 얻는다.

문자열 변수 SomeString = "This is a string for test"

Int32 변수 Found = Somestring.IndexOf("string ")

01 다음 그림과 같이 워크플로를 만들어 실행하면 결과 값이 10이 나온다.

DateTime

UiPath를 이용하여 workflow를 작성하는 도중 시간과 날짜를 이용하는 다양한 방법에 대해 알아보도록 한다.

❶ DateTime

DateTime 형식은 서기 0001년1월1일 00:00:00을 나타내는 값으로 시작하여 9999년12월31일 PM11:59:59 까지의 값을 가질 수 있다. 여기에서 시간 값은 1/100나노초라 불리는 틱(tick) 단위로 측정되어 연도, 월, 일, 시간, 분 및 초를 지정한다.

현재시간을 나타내기

DateTime 형식을 갖는 변수 DateVal을 만들고 Now를 이용하여 현재의 시간을 알 수 있다. 이때 DateTime형식은 틱(ticks)을 나타내는 수로 되어있기 때문에 출력을 하려면 ToString를 이용하여 변환하여야 한다.

다양한 형식의 값 구하기

구분	형식(DateTime형식 변수)	내용	결과
Today	변수.Today.ToString	오늘 날짜 얻기	"02/01/2019 00:00:00"
Day	변수.Day.ToString	날짜 얻기	"1"
DayOfWeek	변수.DayOfWeek.ToString	요일 얻기	"Friday"
DayOfYear	변수.DayOfYear.ToString	일년중 몇번째 날	"32"
Hour	변수.Hour.ToString	시간 얻기	"16"
Minute	변수.Minute.ToString	분	"45"
Second	변수.Second.ToString	초	"14"

날짜와 시간값 부여하기(초기화)

New를 사용하여 DateTime 값 부여할 수 있다.

[사용법] Sub New(year As Integer, month As Integer, day As Integer, hour As Integer, minute As Integer, second As Integer)

```
DateTime date1 = new DateTime(2018, 12, 1, 7, 0, 0)
```

```
Write Line (date1.ToString)
```

날짜와 시간을 나타내는 문자열 해석

문자열로 나타내는 날짜와 시간을 구문 분석하여 DateTime 형식의 값으로 변환하고 웹서비스에서 날짜 정보를 전송할 때 자주 사용되는 ISO 8601 표준표현의 변형을 위해 Parse와 ParseExact를 사용한다.

❶ 문자열을 날짜와 시간값으로 변환

```
String dateString = " 5/1/2018 8:30:52 AM "
DateTime date1 = DateTime.Parse(DateString,
System.Globalization.CultureInfo.InvariantCulture)
```

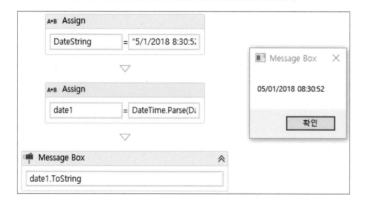

❷ ISO 8501 형식의 값을 문자열로 변환

```
String iso8601String = " 20080501T0830:522 "
DateTime dateISO8602 = DateTime.ParseExact(iso8601String, " yyyyMMddTHH:mm:ssZ ",
                        System.Globalization.CultureInfo.InvariantCulture)
```

날짜와 시간관련 Method 사용

❶ Add

단일작업에서 여러 종류의 시간(일, 시, 분, 초 또는 밀리초)을 추가하는 방법으로 윤년 및 날짜계산
을 위한 월의 일수도 고려한다.

[사용법] Function Date Add(value As TimeSpan) As Date

01 DateTime 형식의 date1에 2018년12월1일 7시를 입력하고 Add Method를 이용하여 20시간을 더하기 한다.

```
DateTime date1 = new DateTime(2018, 12, 1, 7, 0, 0)
TimeSpan addTime = new TimeSpan(20, 0, 0, 0)
String strDate = date1.Add(addTime).ToString
```

❷ AddDays

기존의 날짜에 지정된 날짜 수를 더하거나 뺀 새로운 DateTime을 반환한다.

[사용법] Function DateTime AddDays(value As Double) As DateTime
[결과] DateTime

01 2018. 12. 1의 5일전(-5) 날짜 구하기 사례

```
DateTime date1 = new DateTime(2018, 12, 1, 7, 0, 0)
DateTime date1 = date1.AddDays(-5)
```

02 유사한 Adds

```
DateTime date1 = new DateTime(2018, 12, 1, 7, 0, 0)
```

항목	내용	사용 예	결과
AddHours	시간을 더하거나 빼기	date1.AddHours(30)	"12/02/2018 13:00:00"
AddMilliseconds	밀리초를 더하거나 빼기	date1.AddMilliseconds(1)	"12/01/2018 07:00:001"
AddMinutes	분을 더하거나 빼기	date1.AddMinutes(15)	"12/01/2018 07:15:00"
AddMonths	월을 더하거나6 빼기	date1.AddMonths(3)	"3/01/2019 07:00:00"
AddSeconds	초를 더하거나 빼기	date1.AddSeconds(-15)	"12/01/2018 06:59:45"
AddTicks	틱을 더하거나 빼기	date1.AddTicks(30000000)	"12/01/2018 07:00:03"
AddYesrs	년을 더하거나 빼기	date1.AddYears(-3)	"12/01/2015 07:00:00"

배열(Array)과 리스트(List)

배열이란 여러 개의 같은 데이터 타입 데이터를 하나의 변수에 넣어두고 각각에 색인번호(Index Number)를 부여해 구분하는 변수의 집합이다. 예를 들어 어느 한 학급 학생의 출석번호와 이름을 처리해야 한다고 하자. 이때 배열을 만들어 학생의 이름을 배열에 각각 넣어주고 출석번호는 배열의 색인 번호(Index Number)로 대체하여 데이터를 관리하는 변수의 집합이다.

리스트 역시 비슷하다. 다만 배열은 크기가 고정적이지만 리스트는 유동적으로 조절이 가능한 차이가 있다.

배열과 리스트 변수 만들기

배열과 리스트 변수를 만들어보자.

❶ 배열 변수 만들기

배열을 사용하기 위해서 먼저 변수를 만들어야 한다. 변수 패널을 열어 변수를 만들어보자.

01 변수 패널의 create variable을 눌러 변수생성 패널을 연다.

02 Variable 1의 이름을 원하는 변수명으로 바꾼다(arrVariable).

Name	Variable type	Scope
arrVariable	String[]	Sequence
Create Variable		

03 Variable type을 누르면 나타나는 역삼각형 기호(▼)를 다시 클릭한다.

04 Variable Type의 목록 하단 Array of [T]를 선택한다. 이어서 나온 팝업창에서 배열 안 데이터의 타입을 선택한다. 여기에서는 String을 선택한다.

05 [OK] 버튼을 누르면 변수 만들기가 완료된다.

❷ 리스트 변수 만들기

배열의 변수 만들기와 유사하다. 다만 변수 타입을 찾는 과정이 추가된다.

01 변수 패널의 create variable을 눌러 변수생성 패널을 연다.

02 Variable 1의 이름을 원하는 변수명으로 바꾼다(listVariable).

Name	Variable type
listVariable	String
Create Variable	

03 Variable type을 누르고 목록에서 Browse for Types…를 누른다.

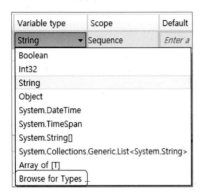

04 팝업된 Browse and Select a .Net type창에서 "List"로 검색을 한다. 그리고 검색결과를 스크롤하여 System.Collections.Generic 아래 List⟨T⟩를 선택한다.

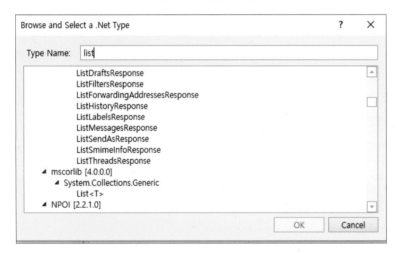

05 List⟨T⟩를 선택하고 나면 창의 상단에 System.Collections.Generic.List의 Select Box가 나오는데 그것을 누르고 팝업된 목록에서 String을 선택한다.

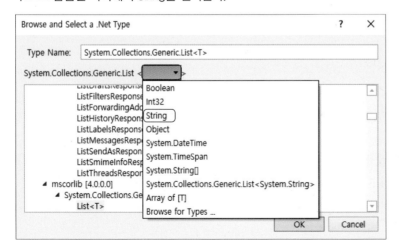

06 [OK] 버튼을 누른다.

Name	Variable type
listVariable	List<String>
Create Variable	

초기화 예

초기화는 변수를 사용하는 Assign 액티비티의 value영역이나 다음 그림처럼 Variable 패널에서 초기화를 할 수 있다. 초기화는 new List (of String)와 같이 하고 초기값을 부여할 때는 from {"a", "b"}와 같이 중괄호 안에 데이터의 타입에 맞는 값을 부여할 수 있다.

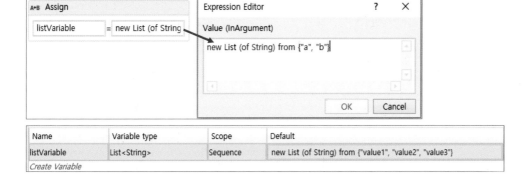

Name	Variable type	Scope	Default
listVariable	List<String>	Sequence	new List (of String) from {"value1", "value2", "value3"}
Create Variable			

이용할 Method

❶ Count

[사용법] ReadOnly Property List (Of String).Count As Integer

01 List나 Array 안에 보유하고 있는 데이터 수 구하기 사례

❷ Add

• List인 경우

01 Invoke Method 액티비티를 원하는 위치에 놓는다.

02 Invoke Method 액티비티의 TargetObject에 list 변수명을 넣고, MethodName에 Add를 입력한다(Method Name을 add라고 쓰면 오류가 발생함).

03 오른쪽 속성 패널의 Parameters의 오른쪽 끝을 클릭한다.

04 팝업된 창의 Create Argument를 누르고 Direction에 in, Type을 String으로 선택 그리고 Value에 list에 추가할 값을 "c"을 입력하고 [OK] 버튼을 누른다.

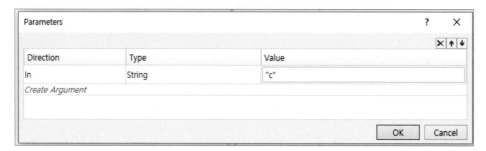

• Array인 경우

01 Array의 경우 Index를 이용하여 값을 저장한다. 예를 들어 arrvariable(3) = "data"와 같이 한다.

❸ Clear

List의 모든 요소를 삭제한다. 이 Method를 사용하기 위해서 Invoke Method를 이용한다.

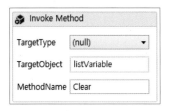

❹ Contains

List의 Method중 하나로 List안에 지정한 개체가 있는지를 찾는다.

[사용법] Function List(Of String).Contains(Item As String) As Boolean
[결과] Boolean
[매개변수] Item T : List ⟨T⟩에서 찾을 개체

01 리스트 변수 listVariable에 "b"라는 개체가 있는지 여부를 boolean으로 알려준다.

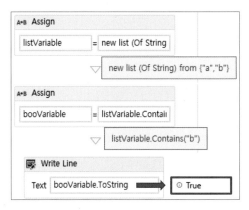

Dictionary

Dictionary는 데이터의 한 유형으로 개체가 키(Key)와 값(Value)으로 구성된 쌍이다. 일반적으로 ID 또는 사용자 프로필에 포함된 정보와 같은 관련된 데이터를 저장하는데 적합하며 Dictionary는 양쪽 괄호 { }로 구성된다.

예를 들면

```
구성원 = { { " 이름 " , " 이순신 " },
        { " 전화번호 " , " 010-1234-5678 " },
        { " 메일 " , " abc@example.com " } }
```

각 개체의 사이에는 콤마(",")가 있는데 콤마의 왼쪽은 키(Key)이며 오른쪽은 값(Value)이다. 키는 변경불가한 데이터로 문자열(String)이며 위의 예에서는 '이름', '전화번호', '메일'이 키이다.

Dictionary 생성

01 Variable 패널에서 Create Variable을 누르고 생성할 변수명을 입력한다(dictVariable).

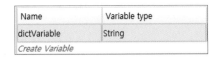

Name	Variable type
dictVariable	String
Create Variable	

02 Variable type의 String을 클릭하고 선택바의 Browse for Types…를 클릭한다.

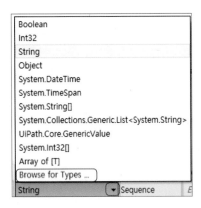

03 팝업창의 검색란에 "dictionary"를 입력하고 Enter 를 누른다. 그리고 mscorlib [4.0.0.0] 〉 System. Collections.Generic의 Dictionary 〈TKey, TValue〉를 선택한다.

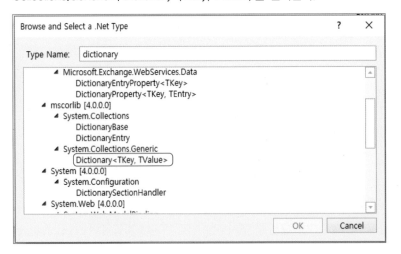

04 창에 보이는 System.Collections.Generic.Dictionary < ▼ ▼ > 두 개의 선택창에 Key의 데이터 타입과 Value 의 데이터 타입을 지정해 준다. Key는 일반적으로 String을 선택하고 Value는 다양한 타입을 가질 수 있다. 보통은 Object 타입으로 하여 여러가지 데이터를 수용할 수 있게 선택한다.

System.Collections.Generic.Dictionary < String ▼ | Object ▼ >

05 [OK] 버튼을 누르면 Dictionary 변수가 생성된다.

Dictionary 변수 초기화

만약 변수 초기화를 한다면 앞에서 만들었던 변수의 default 영역에 초기화를 하거나 Assign 액티비티를 이용하여 한다. 아래는 Key="Key1", Value="value1" 과 key2, value2를 초기값으로 하는 예이다.

01 New Dictionary (of String, Object) from {{"key1", "value1"}, {"key2", "value2"}}

02 변수 선언 시 초기화한다.

Name	Variable type	Scope	Default
dictVariable	Dictionary<String,Object>	Sequence	new Dictionary (of String, Object) from {{"key1", "value1" }, {"key2",
Create Variable			

03 Assign 액티비티에서 초기화한다.

Dictionary 사용 예

❶ 새 개체 추가

Assign 액티비티를 사용하여 To영역에는 변수명과 키 그리고 오른쪽 value영역에는 값을 부여해준다.

dictVariable("Grade") = "Professional"

❷ Dictionary 변수에 저장 되어있는 개체 모두 보기

변수 dictvariable에 저장 되어있는 개체를 보기위해 For each를 사용하였다.

(아래 예에서는 dictVariable에 데이터를 입력하는 부분은 생략하였다.)

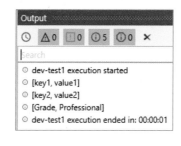

❸ Dictionary 변수에 저장되어 있는 특정 개체값 얻기

특정 값을 구하기 위해서는 Key를 알아야 한다. 아래의 Assign 액티비티처럼 dictVariable("Grade")에 "Professional"이라는 값이 저장되어 있다면 Message Box에서와 같이 Key값을 부여 함으로서 Value를 얻을 수 있다.

Dictionary Method

❶ Count

Dictionary ⟨TKey, TValue⟩에 포함된 Key, Value 쌍의 수를 가져온다.

❷ Clear

변수에 저장되어 있는 키/값을 모두 지워 초기화하는 기능으로 Invoke Method를 이용한다.

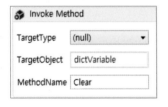

❸ ContainsKey/ContainsValue

Dictionary ⟨Key, Value⟩에 지정한 Key/Value가 포함되어 있는지 여부를 확인하는 기능으로 결과는 Boolean으로 나타난다.

❹ Remove

Dictionary 〈Key, Value〉에 지정한 Key가 있는 값을 제거한다.

Data Table

DataTable 변수는 큰 정보를 저장할 수 있는 변수 유형을 나타내며 데이터베이스 또는 행과 열이 있는 간단한 스프레드 시트의 역할을 한다. 또한 DataTable 관련 많은 액티비티를 제공하고 있어서 편리하게 사용할 수 있다. 변수 타입을 선택할 때는 Browse and Select a .Net 창의 System.Data. DataTable에서 찾을 수 있다.

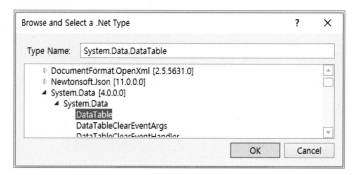

DataTable 변수 생성

01 Variable 패널에서 Create Variable을 누르고 생성할 변수명을 입력한다(dtVariable).

02 Variable type의 String을 클릭하고 선택바의 Browse for Types…를 클릭한다.

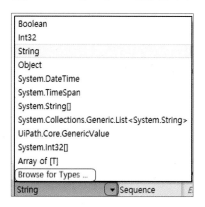

03 팝업창의 검색란에 "DataTable"을 입력하고 Enter 를 누른다. 그리고 System.Data.DataTable 아래 DataTable을 선택한다.

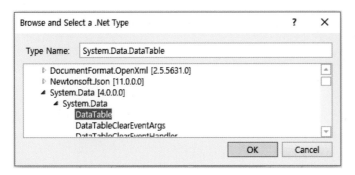

04 [OK] 버튼을 누른다.

DataTable 변수 초기화

변수 dtVariable를 초기화하는 방법은 new System.Data.DataTable을 해주면 된다.

❶ Assign 액티비티를 이용하여 변수를 초기화하는 방법

dtVariable = new System.Data.DataTable

❷ Variable 패널에 변수를 생성하면서 Default 영역에 초기화하는 방법

Name	Variable type	Scope	Default
dtVariable	DataTable	Sequence	new System.Data.DataTable
Create Variable			

DataTable 관련 액티비티

❶ Build Data Table

데이터 테이블을 생성하는 액티비티이다.

01 액티비티 패널에서 Build Data Table 액티비티를 찾아 Designer 패널의 Sequence안에 놓는다.

02 Buil Data Table 액티비티의 속성 패널 Output 아래 Data Table에 Ctrl + K 를 누르고 만들고자 하는 Data Table 변수명을 입력한다.

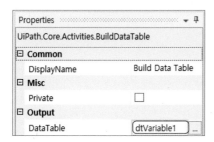

03 Build Data Table 액티비티의 DataTable이라고 표기된 버튼을 누르면 만들려고 하는 테이블을 사용자 정의할 수 있는 데이터 테이블 작성창이 열린다.

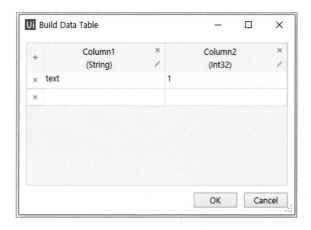

기본적으로 두 개의 열과 두 개의 행이 표시된다. 첫 번째 행은 각 열에 대한 제목과 데이터 유형이 나오는데 수정하고 싶을 때 연필 모양의 아이콘을 클릭한다.

새롭게 열을 정의하고 싶다면 그림에 있는 x자 표시를 모두 클릭하면 새로운 모습의 창이 나타난다.

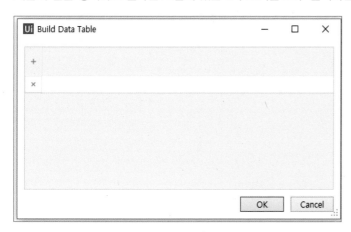

04 위의 그림에서 + 기호를 누르면 새롭게 열의 제목과 데이터 타입을 선택할 수 있는 New Column창이 나온다. 이 창에 값들을 채우고 [OK] 버튼을 누른다. + 기호를 다시 누르면 열을 추가할 수 있다.

- Column Name : 테이블 열의 이름을 기입 이 필드는 문자열 만을 지원한다.
- Data Type : 새 열이 받아 들일 값의 유형을 선택한다.
- Allow Null : 이곳이 체크되면 열의 행에 null 값을 추가할 수 있다.
- Auto Increment : 이곳은 Data Type이 Int32로 설정된 경우에만 활성화 된다. 여기를 체크하면 새 행이 추가될 때마다 이 열의 값이 자동으로 1씩 증가한다.
- Default Value : 이 열에 추가될 모든 행의 기본값이다.
- Unique : 이곳이 체크되면 이 열의 모든 행은 고유 한 값이 있어야 한다.
- Max Length : 이 열에 허용되는 최대 문자 수이다. 최대 길이를 적용하지 않으려는 경우 기본값은 −1 이다.

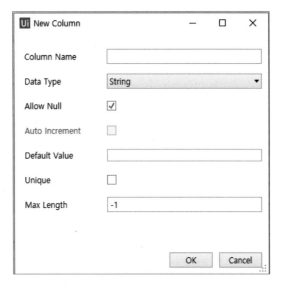

05 다음 그림은 예로 작성하여 완성된 데이터 테이블의 모습이다.

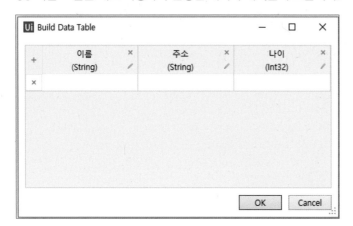

❷ Clear Data Table

Clear Data Table 액티비티는 지정된 데이터 테이블안의 모든 데이터를 삭제한다.
속성 패널의 Input란에 삭제할 데이터 테이블 변수의 이름을 입력한다.

❸ Output Data Table

이 액티비티는 데이터 테이블을 CSV 형식을 사용하여 문자열로 볼 수 있게 해준다.
속성 패널의 Input.DataTable에 데이터 테이블 변수 이름을, Output.Text에 String으로 변환된
데이터를 받을 변수 이름을 입력한다. 이때 output.Text의 변수 타입은 String이다.

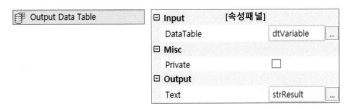

01 Excel File을 읽어서 DataTable 변수에 저장한 다음 Output Data Table 액티비티를 이용해서 CSV 형식
의 String으로 변환하여 Write Line으로 출력하여 본다.

02 다음과 같은 데이터를 입력한 sample.xlsx 파일명의 엑셀파일을 준비한다.

◢	A	B
1	이름	전화번호
2	강감찬	010-1234-5678
3	김유신	010-2345-6789
4	권율	010-3456-7890
5		

03 Sequence 안에 Excel Application Scope 액티비티를 놓는다. 그리고 속성 Workbook Path에 데이터
테이블에 읽어드릴 파일의 경로 "D:₩sample.xlsx"를 입력한다.

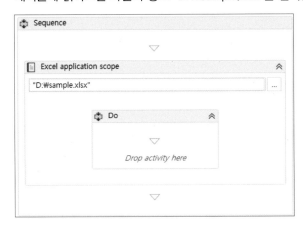

04 Excel application scope 액티비티 Do문 안에 Read Range 액티비티를 놓고 속성 Output DataTable에 액셀 파일로부터 읽은 정보를 저장할 데이터 테이블 변수 dtVariable를 생성한 후 입력한다.

05 Read Range 액티비티 아래 Output Data Table 액티비티를 놓고 속성 Input Data Table에 위에서 만들어진 dtVariable를 입력하고 속성 output Text에 Ctrl + K 를 누른 후 변수명 strResult를 입력한다.

06 변환된 문자열이 담긴 strResult를 WriteLine으로 출력시킨다.

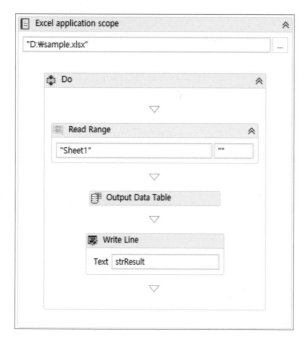

07 다음과 같이 콤마로 구분된 CSV 형식의 결과를 얻을 수 있다.

❹ Add Data Column

지정된 data table에 하나의 데이터 열(Column)을 추가하는 액티비티이다.

속성

Input

• DataTable : 열을 추가할 DataTable 개체이다.

• Column : DataTable의 열들에 추가되는 DtaColumn 타입의 개체이며 이 속성을 설정하면 Options 범주 아래의 모든 속성은 무시된다.

• ColumnName : 새 열의 이름이다.

Misc
- TypeArgument : 새로 만든 열에 들어갈 데이터 타입을 지정한다.

Options
- AutoIncrement : 새 행을 추가할 때 열의 값이 자동으로 증가하는지 여부를 지정한다.
- Unique : 새로 만든 열에 들어갈 각 행의 데이터 값이 유일한 값인가의 여부를 지정한다.
- DefaultValue : 새 행을 작성할 때 새 열에 대한 기본값을 지정한다. 값은 TypeArgument 속성에 명시된 데이터 타입이어야 한다.
- AllowDBNull : 테이블내 새로 만든 열의 각행에 새 값을 허용하는지 여부를 지정 기본값은 허용한다.로 되어있다.
- MaxLength : 새 열의 각 행에 대한 최대 길이를 지정한다.

간단하게 Build Data Table 액티비티를 이용하여 DataTable을 구성하고 이 DataTable에 하나의 열을 추가하기 위해 Add Data Column 액티비티를 적용한 후 새로 만들어진 Data Table의 내용을 확인해 보자.

01 디자이너 패널에 Sequence를 놓는다.

02 Sequence안에 Build Data Table 액티비티를 놓는다. 그리고 액티비티의 DataTable… 버튼을 누르면 다음 그림과 같이 DataTable의 모습이 보인다.

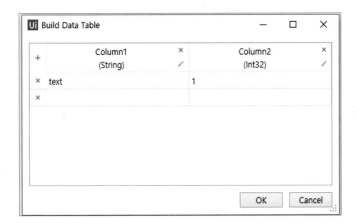

두 개의 열과 두 개의 행으로 구성된 기본 모습이 보인다. 그대로 활용하기로 하고 속성의 Output.DataTable에 DataTable 타입의 변수 sampleTable를 만들어서 넣어준다. 그리고 [OK] 버튼을 누른다.

03 Build Data Table 아래 Add Data Column 액티비티를 놓는다. 그리고 속성을 다음과 같이 지정해보자.
- Input.ColumnName = "Column3"
- Input.DataTable = sampleTable
- Misc.TypeArgument = String
- Options.DefaultValue = "default"

04 이제 데이터 테이블의 새 열을 생성하였으므로 출력하여 확인하기 위해 Output Data Table 액티비티를 Add Data Column 액티비티 아래 놓는다. 그리고 속성값을 지정한다.

- Input.DataTable = sampleTable
- Output.Textt = str_Temp ; str_Temp 변수는 String 타입으로 선 지정해준다.

05 끝으로 Write Line 액티비티를 이용해서 str_Temp를 출력한다

전체 모습은 다음과 같고 결과도 원하는 대로 나온다.

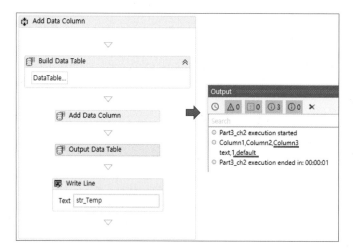

참고로 Add Data Column의 속성 중 Input.Column을 이용하려면 변수 "Col3"를 DataColumn 타입으로 만들고 초기값을 new system.Data.DataColumn("Column3",GetType(System.String))와 같이 부여한 후 속성 영역에 변수명을 부여하면 된다.

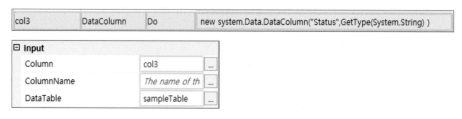

❺ Add Data Row

지정된 데이터 테이블에 데이터 행을 추가한다.

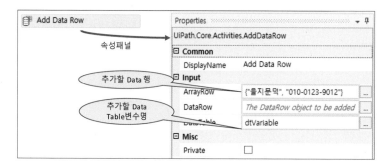

Input
- DataTable : 행을 추가할 대상 데이터 테이블이다.
- DataRow : 데이터 테이블에 추가 할 DataRow 개체로 이 속성을 설정하면 ArrayRow 속성이 무시된다.
- ArrayRow : 데이터 테이블에 추가 할 개체의 배열로서 각 개체의 형식은 데이터 테이블에서 해당 열의 형식으로 { } 안에 매핑되어야 한다. 만약 누락된 열이 있거나 비어 있다면 기본값이 적용된다.

Build Data Table 액티비티를 이용하여 Age와 Sex라는 이름의 두 개의 열을 갖는 데이터 테이블을 만들고 Input Dialog 액티비티를 이용하여 두 개의 값을 받아 Add Data Row 액티비티를 이용하여 데이터 테이블에 저장한 후 Output Data Table 액티비티로 데이터를 문자열로 변경한 다음 출력해본다.

01 Sequence 안에 Build Data Table 액티비티를 놓고 Age와 Sex라는 이름의 두 개의 열을 갖는 데이터 테이블 dtMember를 만든다.

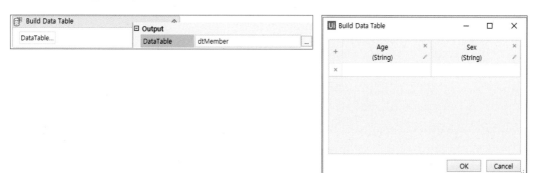

02 이어서 Input Dialog 액티비티를 놓고 Age 값을 ageValue라는 변수에 받아들인다.

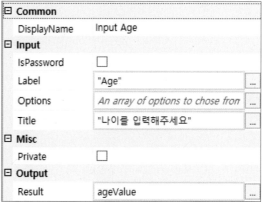

03 또 한번 Input Dialog 액티비티를 놓고 Sex 값을 sexValue라는 변수에 받아들인다.

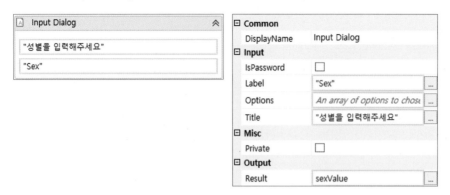

04 아래 Add Data Row 액티비티를 놓고 속성 ArrayRow에 입력 받은 두 값을 {ageValue, sexValue} 와
같이 입력하고, Data Table에 저장할 대상 데이터 테이블명을 입력한다.

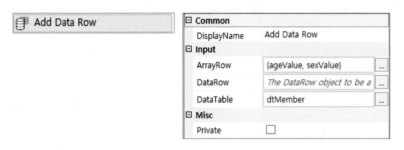

05 Output Data Table 액티비티로 dtMember 테이블의 내용을
strResult 문자열로 변환한다.

06 Messageage Box에 strResult 출력한다.

❻ Crone

데이터 테이블의 스키마를 포함한 모든 구조를 복사한다.

[사용법] Function DataTable Clone() As DataTable
[결과] DataTable

앞에서 사용한 Sample.xlsx의 엑셀 파일을 읽어서 dtVariable라는 DataTable에 담고, Assign 액티비티를 이용해 dtVariable에 Crone을 적용해서 dtCron이라는 변수에 저장한 후 두 DataTable을 Output Data Table을 이용해 비교해본다.

01 Sequence안에 Excel Application Scope를 놓고 그 안에 Read Range 액티비티를 놓는다.

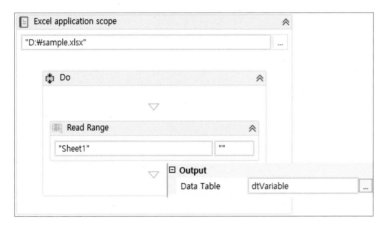

02 새로운 Data Table 변수 dtCrone를 생성한 후 Assign 액티비티를 이용하여 dtCrone = dtVariable. Crone와 같이 Crone을 적용한다.

03 Output Data Table을 이용해 두 개의 Data Table 변수를 문자열로 변환한다.

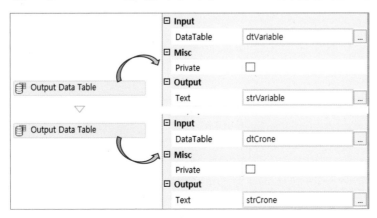

04 문자열로 변환된 두 변수 strVariable와 strCrone를 Write Line으로 출력시킨다.

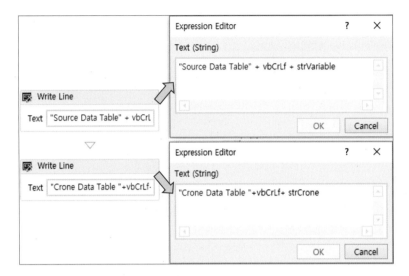

05 F5 를 눌러 실행시키면 결과와 같이 Crone은 테이블의 구조만 복사한다는 것을 알 수 있다.

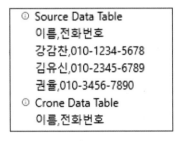

❼ Filter Data Table

필터 마법사 창에서 조건을 지정하여 DataTable 변수를 필터링 할 수 있게 하는 액티비티이다. 마법사에 지정된 논리적 조건에 따라 행 또는 열을 유지하거나 삭제할 수 있다.

이 액티비티에는 필터 마법사 버튼이 있어 언제든지 마법사에 액세스하여 사용자 정의대로 설정할 수 있다.

속성

- Input DataTable : 필터링 할 DataTable 변수, 이 필드는 DataTable 변수만 지원한다.
- Output DataTable : 출력 DataTable 변수, 입력 필드에 있는 동일한 변수가 사용되면 변경 사항으로 덮어 씌운다. 다른 변수를 입력하면 입력 변수가 수정되지 않는다.
- FilterRowsMode : 대상 행을 유지하거나 제거하여 테이블을 필터링할지 여부를 지정한다.
- SelectColumnsMode : 대상 열을 유지하거나 제거하여 테이블을 필터링할지 여부를 지정한다.

[마법사]

FilterRows 탭

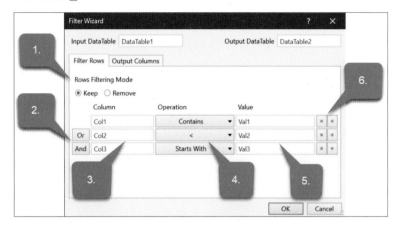

❶ 행 필터링 모드 : 행을 유지하거나 제거하여 행을 필터링할지 여부를 지정한다. Keep 또는 Remove 라디오 버튼을 선택하면 된다. Keep을 선택하면 지정된 조건을 충족하는 행만 유지되고 Remove를 선택하면 지정된 조건을 충족하는 행이 제거된다.

❷ And / Or : 조건간에 사용할 논리적 연결을 지정한다. 이 버튼은 조건이 두 개 이상인 경우에만 표시되는데 기본적으로 새 우측 끝에 있는 +를 클릭하여 조건을 추가하면 버튼이 And로 표시되고 값을 Or로 변경하려면 [Add] 단추를 클릭한다.

❸ Column : 조건을 충족시킬 열의 이름 또는 인덱스이다.

❹ Operation : 열과 값 사이에서 만나는 논리적 조건이다.

❺ Value : Operation 및 Column으로 확인할 값이다.

❻ 조건 추가 / 제거 : [+] 단추를 클릭하면 조건에 다른 문장이 추가되고 x 단추를 클릭하면 문장이 제거된다.

Output Columns 탭

Output Columns 탭을 사용하면 열 단위로 DataTable을 필터링할 수 있다. 이를 위한 옵션은 아래와 같다.

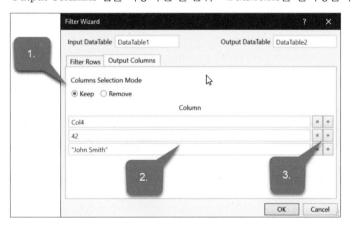

❶ Columns Selection Mode : 열을 유지하거나 제거하여 열을 필터링할지 여부를 지정한다. Keep 또는 Remove 라디오 버튼을 선택하면 되는데 Keep을 선택하면 아래에 지정된 열만 유지되고 Remove를 선택하면 아래에 지정된 행이 입력 DataTable에서 삭제된다.

❷ Column : 데이터 테이블에서 유지하거나 제거하려는 열이다.

❸ 열 추가 / 제거 : [+] 단추를 클릭하면 다른 열이 추가되고 [x] 단추를 누르면 열이 제거된다.

아래의 데이터를 가진 엑셀파일을 읽어 데이터 테이블에 저장한 후 Filter Data Table 액티비티를 이용하여 전화번호가 010-1234-5678인 행을 찾아서 지운 후 dtFilter에 담아 결과를 확인해 보자.

이름	전화번호
김유신	010-1234-5678
권율	010-2345-6789
강감찬	010-3456-7890

01 위 표와 같은 내용이 담긴 엑셀 파일을 만든다.

02 Sequence 안에 Excel application scope 액티비티를 놓고 준비한 excel 파일 sample.xlsx를 선택한 후 Do문 안에 Read Range 액티비티를 이용하여 DataTable 변수 dtVariable에 파일을 읽어 저장한다. 이때 dtVariable 변수의 Scope를 Sequence로 넓혀주어야 한다.

03 Excel Application Scope 액티비티 아래 Filter Data Table 액티비티를 드래그앤드롭 한 후 Filter Wizard를 클릭한다.

04 위자드의 Input DataTable 필드에 Read Range에서 만든 dtVariable 변수를 놓고 그리고 Output DataTable 필드에 dtFilter 이름의 변수를 생성하여 지정한다.

05 Filter Wizzard의 Filter Rows 탭 'Rows Filtering Mode의 Remove' 라디오 버튼을 선택하고

❶ Column = "전화번호"

❷ Operation 선택 : =

❸ Value = "010-1234-5678"

와 같이 입력한 후 [OK] 버튼을 누른다.

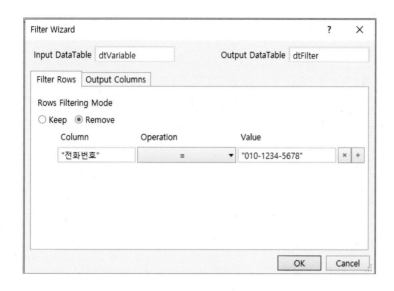

06 그리고 두 DataTable 변수를 Output Data Table액티비티를 이용하여 문자열로 변환한 후 각각을 Write Line 액티비티로 찍어보자.

07 위 결과와 같이 전화번호가 010-1234-5678인 행은 지워진 것을 확인할 수 있다.

❽ Lookup Data Table

이 작업을 수행하면 지정된 DataTable에서 제공된 값을 검색하고 해당 값이 발견된 RowIndex를 반환한다. 또한 이 액티비티는 RowIndex 속성에 지정된 행 좌표와 대상 열 속성 범주에 지정된 열 좌표가 있는 셀에서 찾은 값을 반환하는데 도움이 될 수 있다.

이해를 돕기 위해 우편번호 데이터 테이블을 사용하였다. 다음 그림의 데이터 테이블에서 Lookup Data Table 액티비티를 이용하여 03186을 찾고 그 결과인 행 인텍스값 2와 우편번호값을 통해 찾은 주소2값 "새문안로 92"를 얻는 것이다.

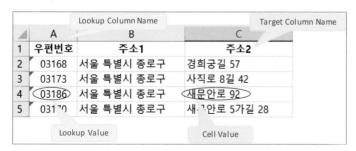

Input
- Data Table : 조회를 수행할 데이터 테이블 변수, 이 필드는 Data Table 변수만 지원한다.
- Lookup Value : 지정한 데이터 테이블 변수에서 검색할 값, 이 필드는 문자열 및 문자열 변수만 지원한다.

Lookup Column
- Column : 검색하려는 열이 포함된 변수, 이 필드는 DataColumn 변수만 지원한다. 이 속성 필드에 변수를 설정하면 다른 두 속성을 사용할 수 없다.
- ColumnIndex : 검색하려는 열의 인텍스, 이 필드는 Int32 변수만 지원한다. 이 속성 필드에 변수를 설정하면 다른 두 속성을 사용할 수 없다.
- ColumnName : 검색하려는 열의 이름, 이 필드는 문자열 및 문자열 변수만 지원한다. 이 속성 필드에 변수를 설정하면 다른 두 속성을 사용할 수 없다.

Output
- CellValue : RowIndex 속성에 지정된 행에 있는 Target Column 속성에 지정된 열의 값으로 이 필드는 Object 변수만 지원한다.
- RowIndex : 검색된 셀의 인덱스로 이 필드는 Int32 변수만 지원한다.

Target Column
- Column : 여기에 DataColumn 타입의 변수를 지정하면 이 열과 RowIndex 속성의 값 사이의 좌표에 있는 셀 값이 반환된다. 이 필드는 DataColumn 변수만 지원하고 이 속성 필드에 변수를 설정하면 다른 두 속성은 사용할 수 없다.
- ColumnIndex : 열 인덱스를 지정하면 열과 RowIndex 속성의 값 사이의 좌표에 있는 셀 값이 반환된다. 이 필드는 Int32 변수만 지원한다. 이 속성 필드에 변수를 설정하면 다른 두 속성을 사용할 수 없다.
- ColumnName : 여기서 열 이름을 지정하면 이 열과 RowIndex 속성의 값 사이의 좌표에 있는 셀 값이 반환된다. 이 필드는 문자열 및 문자열 변수만 지원한다. 이 속성 필드에 변수를 설정하면 다른 두 속성을 사용할 수 없다.

01 위에 소개한 엑셀파일을 읽기위해 Excel Application Scope 액티비티를 놓고 그리고 Read Range 액티비티를 이용하여 데이터를 zipCodeMaster라는 DataTable 타입 변수에 저장한다.

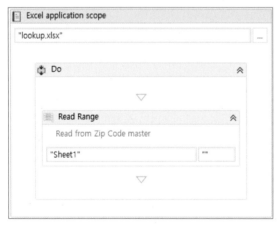
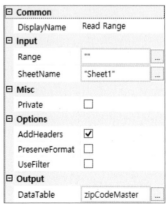

02 Assign 액티비티를 놓고 문자열 변수 lookupValue에 검색할 우편번호 "03186"을 저장한다.

03 다음에 Lookup Data Table 액티비티를 놓는다. cellValue는 GenericValue 타입이다.

04 Write Line 액티비티를 이용하여 cellValue값과 rowindex값을 출력한다.

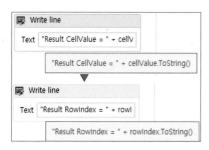

05 실행하면 데이터 테이블의 우편번호 열에서 값이 03186인 행을 찾아 해당 인덱스인 2를 rowIndex에 저장하고 같은 행의 Target Column인 주소2의 값을 cellValue에 저장하였음을 알 수 있다.

```
ⓘ LookupSample execution started
ⓘ Result CellValue = 새문안로 92
ⓘ Result RowIndex = 2
ⓘ LookupSample execution ended in: 00:00:01
```

❾ Merge Data Table

두 개의 Data Table을 병합하는 액티비티이다.

> **❝ 참고**
>
> 두 개의 테이블을 병합할 때 주의사항
> - 두 데이터 테이블의 열(Colimn)의 개수가 일치하지 않으면 일치하지 않은 테이블의 열에 빈 열을 만든다.
> - 두 데이터 테이블의 열 이름이 같다면 열의 데이터 타입이 일치해야 한다. 그렇지 않으면 에러가 발생한다.
> - 열 이름이 서로 일치하지 않으면 일치하지 않은 열은 공백으로 레코드가 생성된다.

- Destination : Source DataTable이 병합되는 DataTable
- Source : 대상 DataTable에 추가할 DataTable 객체
- MissingSchemaAction : 두 DataTable을 병합할 때 수행할 작업을 지정 (Add, Ignore, Error, AddwithKey)

01 다음과 같이 두 개의 데이터 테이블을 Merge Data Table 액티비티를 사용하여 병합하면 결과가 어떻게 나오는지 확인해보면 액티비티에 대해 충분히 이해할 수 있을 것이다.

 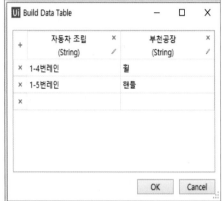

02 결과를 Excel 파일로 변환하면 다음과 같은 결과가 나온다.

	A	B	C
1	자동차 조립	울산공장	부천공장
2	1-1레인	엔진	
3	1-2레인	브레이크	
4	1-3레인	오디오	
5	1-4번레인		휠
6	1-5번레인		핸들

03 두 개의 데이터 테이블 변수가 각각 table1과 table2라고 하면 액티비티의 모습은 아래와 같다.

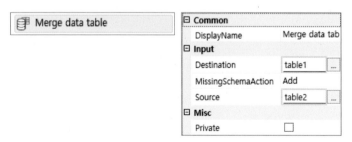

❿ Get Row Item

데이터 테이블의 행에서 지정된 열의 값을 가져오는 액티비티이다.

nput
- Row : 검색하고자 하는 DataRow이다.
- ColumnIndex : DataRow에서 값을 가져올 열의 인덱스이다.
- Column : DataRow에서 값을 가져올 DataColumn 객체로 이 속성을 설정하면 ColumnName 및 ColumnIndex 속성이 무시된다.

Output
- Value : 지정한 DataRow의 Column 값이다.

01 Build Data Table 액티비티를 이용하여 시험용 데이터 테이블을 만든다.

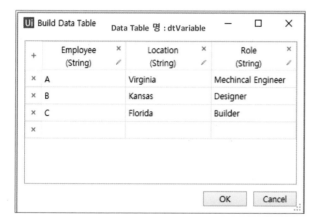

02 For each row를 이용하여 테이블의 모든 행의 값을 가져올 수 있도록 한다.

03 For Each Row의 Body 안에 Get Row Item 액티비티를 놓는다.

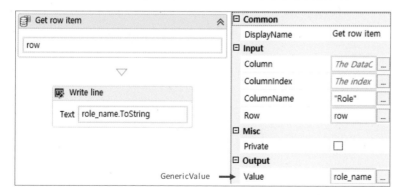

04 Get Row Item에서 얻은 Value role_name을 출력한다.

05 이번에는 약간 다른 방법으로 "Location" 열의 값을 For Each Row 액티비티로 값을 구한다. (워크플로우 참조)

06 실행을 시켜 결과를 확인한다.

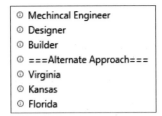

다음은 전체모습이다.

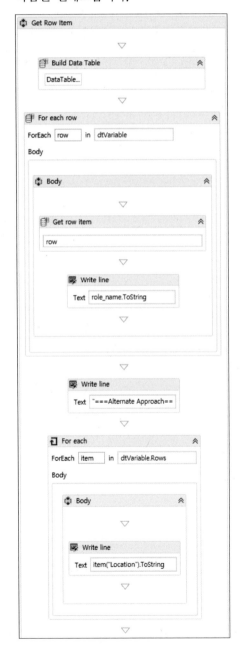

Generic Value

GenericValue는 UiPath에 사용되는 특이한 데이터 타입으로 이 타입을 갖는 변수에는 텍스트, 숫자, 날짜 등 다양한 종류의 데이터를 저장할 수 있다. 변수에 데이터를 저장할 때는 이러한 다양한 타입의 데이터를 받아들이지만 저장된 데이터를 사용할 때는 적절한 타입으로 변환해서 사용해야 한다.

UiPath Studio에는 GenericValue 변수의 자동 변환 메커니즘이 있기 때문에 이 기법을 사용하여 적절한 타입으로 사용할 수 있어 편리한 점이 많지만 반대로 정확하고 신중하게 사용하지 않으면 원치 않는 오류를 유발할 수도 있음을 잘 알아야 한다.

Generic 변수 생성

01 Variable 패널에서 변수를 하나 생성한다. 이름을 genVariable이라 하였다. 그리고 Variable Type에 GenericValue가 없다면 String 옆의 셀렉트박스를 눌러 Browse for Types..를 선택한다.

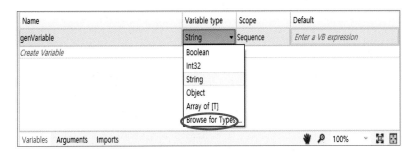

02 팝업된 Browse and Select a .Net Type 창의 Type Name 검색란에 GenericValue를 넣고 조회를 하면 UiPath.Core 아래 GenericValue가 나오는데 이것을 선택하고 [OK] 버튼을 누르면 된다.

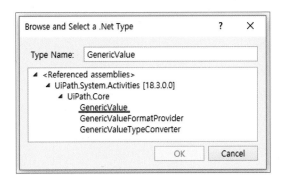

03 변수 생성이 완료되면 다음과 같은 모습이 된다.

GenericValue 변수의 활용

GenValue 타입의 변수에 다양하게 값을 넣을 수 있다.

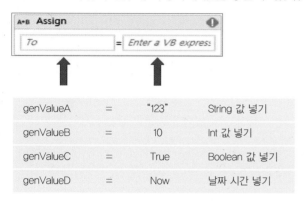

genValueA	=	"123"	String 값 넣기
genValueB	=	10	Int 값 넣기
genValueC	=	True	Boolean 값 넣기
genValueD	=	Now	날짜 시간 넣기

이제 GenericValue 타입의 두 변수를 더하기를 하고 결과가 어떻게 나오는지 비교해 보자.

위의 표에서 (1) genValueA + genValueB를 하면 어떤 결과가 나올까?

(2) genValueB + genValueA 를 하면 어떤 결과가 나올까?

결과는 (1)의 결과는 "12310"이 나오고

(2)의 결과는 133이 나온다.

즉, GenericValue 타입의 변수를 서로 더하면 첫 번째 나오는 변수의 타입에 따라 뒤의 변수가 변환되어 연산이 진행되게 되어있다. 만약 위의 (1)번식을 숫자의 합으로 만들려면 0 + genValueA + genValueB와 같이 앞에 0 + 를 추가해주면 Integer의 연산으로 인식하고 변환을 한다.

Net 지원 타입변환 Function

Method	사용법	설명
ToBoolean	GenericValue.ToBoolean	GenericValue를 Boolean으로 변환
ToByte	GenericValue.ToByte	GenericValue를 Byte로 변환
ToChar	GenericValue.ToChar	GenericValue를 Char로 변환
ToDecimal	GenericValue.ToDecimal	GenericValue를 Decimal로 변환
ToDouble	GenericValue.ToDouble	GenericValue를 Double로 변환
ToInt32	GenericValue.ToInt32	GenericValue를 Int32로 변환
ToInt64	GenericValue.ToInt64	GenericValue를 Int64로 변환
ToString	GenericValue.ToString	GenericValue를 ToString으로 변환

※ 이외에도 다양한 Method와 Function이 적용된다.

앞의 Chapter에서는 문제를 푸는 방법의 예시를 위해 답을 제공하였다. 하지만 지금부터는 스스로 문제를 해결하는 능력을 배양할 수 있도록 답은 제공하지 않는다. 문제를 해결할 수 있는 다양한 방법이 있으니 창의적이고 발전적인 학습이 되도록 노력하기 바란다.

문제 01

주어진 글이 전체 몇 개의 문장과 단어로 구성되었는지 각각 그 결과를 출력하고 각 문장별로 쪼개어 Array 변수에 담아 For Each 액티비티를 이용해서 출력한다.

> 〈주어진 글〉
> RPA란 사람이 반복적으로 처리해야 하는 단순 업무를 로봇 소프트웨어를 통해 자동화하는 솔루션을 말한다. 인공지능(AI) 초입 단계인 자동화 기술이고, 단순 프로그래밍보다 한 단계 더 복잡한 명령을 수행한다. 예를 들어 사람이 직접 여러 시스템에 접속해서 화면별 값을 입력하고 엑셀로 작업하는 복합 작업을 수행한다.

문제 02

Mail 목록 처리, Date 변환, String 처리의 복합
포털 사이트 다음(www.daum.net)에 로그인 하여 메일을 열고 메일 목록 중 지금으로부터 일주일 전부터 수신된 메일을 열어서 메일의 제목, 발신자의 메일주소, 그리고 발신일을 추출하여 별도의 엑셀 파일에 저장한다.
※ 교육 목적상 메일 액티비티를 사용하지 말고 직접 메뉴를 따라 메일 시스템에 접속한다.

문제 03

Data Table에서 Lookup 하기
다음과 같은 두 개의 DataTable을 만들고 첫 번째 Data Table의 첫 번째 열 이름의 Item을 두 번째 Data Table에서 찾아 두 번째 Data Table의 국어열과 수학열의 값을 출력한다.

이름	번호	성별
A	2	M
D	4	M
E	6	F

이름	국어	수항
A	89	91
B	92	95
C	86	88
D	72	83

Chapter 06

Recording

단원 목표

UiPath의 중요한 기능 중 하나로 비즈니스 프로세스를 자동
화할 때 많은 시간을 절약하며 워크플로우를 작성할 수 있
게 해주는 Recording에 대해 학습한다.

▶ 여러 유형의 Recording(Basic, Desktop, Web, Image)에
  대해 따라해보고 사용법을 익힌다.

▶ 자동 Recording과 수동 Recording을 혼합하는 사용법
  을 익힌다.

1 _ 레코딩(Recording)이란?

레코딩은 UiPath의 중요한 기능 중 하나로 비즈니스 프로세스를 자동화할 때 많은 시간을 절약하며 워크플로우를 작성할 수 있게 해주는 방법이다. 레코딩 시작 버튼을 누르고 우리가 자동화하고자 하는 비즈니스 프로세스를 키보드나 마우스를 통해 진행하면 UiPath가 자동으로 했던 동작에 대한 워크플로우를 생성해 주는 기능이다. 이렇게 생성된 워크플로우는 필요에 따라 수정하거나 재 사용할 수 있다.

이러한 레코딩을 사용하면 여러가지 장점이 있다.

- 시각적인 인터페이스 디자인이 되어있어 코딩이 필요 없다.
- 사용자가 직관적이고 편안하며 신속하게 사람의 프로세스 단계를 모방한 완벽한 워크플로를 생성할 수 있다.
- 이러한 쉬운 방법으로 인해 프로그래밍을 잘 몰라도 자동화를 실현할 수 있다.
- 레코딩으로 자동화 이후 개발자의 의지대로 워크플로를 융통성 있게 수정할 수 있다.

2 _ 레코딩 유형

레코딩 방식은 자동화 대상에 따라 위의 그림과 같이 5가지 종류가 있다.(레코딩 버튼을 눌렀을 때 나타남)

❶ Basic : 데스크탑 응용프로그램을 자동화 하는 용도로 사용되는데 각 작업 및 컨테이너에 대해 전체 Selector를 생성하므로 결과 워크플로는 컨테이너를 사용하는 Desktop Recording 작업보다 느리다. 주로 간단한 작업에 적합하며, 여러 개의 동일한 창이 중첩되는 경우에는 적합하지 않다.

※ Selector는 화면에서 개체를 식별하는 XML 형식으로 나타내는 식별자라 할 수 있다.
이에 대한 자세한 내용은 "Chapter 07 Select"를 참조한다.

❷ Desktop : Basic 방식과 비슷하지만 모든 유형의 데스크탑 응용 프로그램에 적합하며 Basic Recording보다 빠르다. 액티비티를 컨테이너에 넣고 부분 Selector를 사용하기 때문에 복잡한 응용 프로그램에 적합하다.

❸ Web : 웹 응용프로그램 및 브라우저를 대상으로 레코딩하는 경우 사용하며 Internet Explorer 11 이상 Mozilla Firefox 50 이상, 최신 버전의 Chrome에서 사용하는 것이 좋다.

❹ Image/Citrix : Desktop 레코딩 방식과 비슷하지만 Citrix 환경이나 가상환경에서 사용한다. Citrix는 이미지, 텍스트 및 키보드 자동화만 허용하며 명시적인 위치 지정이 필요하다.

> **❝ 참고**
>
> Citrix는 데스크톱 및 응용 프로그램 가상화 소프트웨어로 이 도구를 사용하면 실제로 사용중인 컴퓨터와 운영 체제가 있는 모든 장치에서 Windows 데스크톱 및 응용 프로그램에 액세스 할 수 있다.

3 _ 레코딩 예외사항

레코딩을 하는 과정에 처리할 수 없는 작업이 있다. 이런 경우 레코딩을 잠시 멈추고 수동으로 작업을 진행해야 하는데 이런 작업은 레코딩 도구모음의 작업도구를 통해 가능하다.

구분	항목
레코딩 가능	마우스 왼쪽 클릭, 버튼, 체크박스, 드롭 다운 리스트, 문자열 입력
레코딩 불가능	키보드 단축키, 마우스 오른쪽 클릭, 마우스 호버, Find Element, Find Image, 클립보드에 복사, 문자열 추출, 어플리케이션 시작 등

4 _ 레코딩 절차

레코딩은 자동 레코딩과 수동 레코딩이 있다. 두 방법의 차이는 프로세스 도중 자동 레코딩에서 할 수 없는 작업이 있을 때 수동으로 작업을 해서 연결해 주는 방법이다. 두 방법을 혼용하여 잘 사용하면 빠르고 효과적인 개발을 할 수 있다.

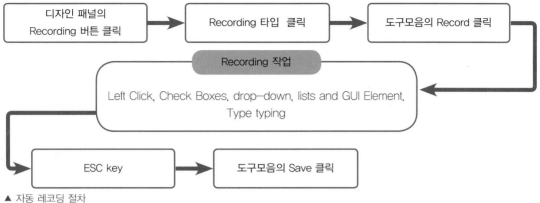

▲ 자동 레코딩 절차

❶ 레코딩 시작 방법

리본에서 Recording 메뉴를 선택한 후 대상 유형(Basic, Desktop, Web, Image, Citrix) 중 원하는
레코딩 유형을 선택하여 레코딩을 시작할 수 있다.

❷ 레코딩 종료 방법

레코딩 작업을 마치기 위해 먼저 ESC 를 눌러 레코딩을 멈춘다. 이어서 "Save & Exit"를 눌러 레코
딩을 종료한다. 만약 레코딩을 취소를 할 경우에는 ESC 를 한번 더 눌러서 취소할 수 있다.

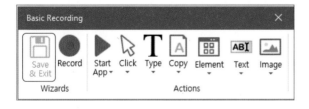

자동 레코딩 Basic 예

메모장을 열어놓고 레코딩을 시작하여 다음과 같은 일련의 과정을 진행해 보자.

먼저 디자인 패널에서 Recording 메뉴를 선택하고 서브 메뉴인 Basic를 선택한 후 별도로 팝업된
도구모음 창에서 [Record] 버튼을 누른다. 레코딩이 시작되며 마우스를 움직임에 따라 마우스가 위
치한 영역의 색이 바뀌는 것을 확인할 수 있을 것이다.

진행해야 할 작업을 미리 나열해 보았다.

01 편집 창에 테스트를 위한 적당한 글을 입력한다.

02 메뉴 편집(E)을 선택한 후 서브 메뉴 중 맨 아래에 있는 시간/날짜(D)를 선택한다.

03 다시 메뉴 서식(O)를 선택하여 서브 메뉴 중 글꼴(F)을 선택한다.

04 팝업된 창에서 글꼴 스타일의 굵은 기울임꼴을 선택하고 또 크기 16을 선택한다.

05 [확인] 버튼을 누른다.

06 레코딩 동작을 끝내기 위해 ESC 를 누른 후 도구모음 창에서 [Save & Exit] 버튼을 누른다.

이제 그림을 보며 한단계식 진행해 보자.

01 리본의 레코딩 버튼을 누른 후 서브 메뉴 Basic을 선택한다.

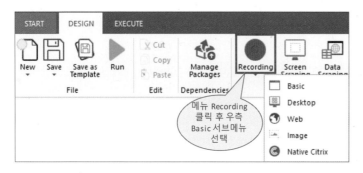

02 팝업된 도구 모음 창에서 Record를 선택하여 레코딩을 시작한다.

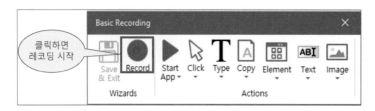

03 레코딩 진행 상황에서 마우스를 옮기면 마우스가 닿는 곳의 UI 요소가 색이 변하는 것을 볼 수 있다. 열려있는 메모장의 편집 영역에 마우스 포인터를 위치시키고 클릭한다.

04 클릭을 하면 입력을 위한 Type the desired value 창이 나오는 데 여기에 원하는 문자열을 입력한다. 입력이 끝나면 Enter 를 누른다.

팝업된 Type the desired value 창은 문자열 입력 기능을 하는 창으로 문자와 Function 키, 특수키 등을 입력할 수 있다.

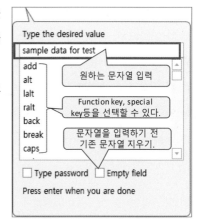

05 메모장의 메뉴 중 편집(E)을 누른 후 서브 메뉴에서 시간/날짜(D)를 선택한다. 이때 'Use Anchor' 팝업창이 뜨면 'No'를 누른다. 선택을 하고 나면 앞서 입력한 글에 이어서 시간과 날짜가 나오게 된다.

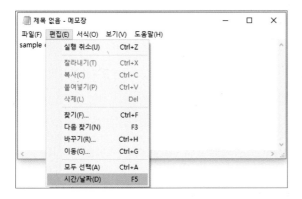

06 이번에는 메뉴 서식(O)을 누르고 서브 메뉴 글꼴(F)를 선택한 후 글꼴과 크기를 변경한다. 이때 'Use Anchor' 팝업창이 뜨면 'No'를 누른다.

07 [확인] 버튼을 누른다.

08 이제 레코딩 종료를 위해 `ESC` 를 누르고

09 [Save & Exit] 버튼을 누른다. 레코딩의 결과가 다자인 패널에 나온다.

※ 레코딩을 취소하고 싶을 땐 `ESC` 키를 한번 더 누른다.

10 레코딩의 모든 절차가 끝났고 디자이너 패널에 워크를로가 잘 작성되었음을 확인할 수 있다. `F5` 를 눌러 실행시키면 앞서 Recording때 했던 동작을 그대로 방복하는 것을 볼 수 있다.

자동 레코딩 Desktop 예

앞에서 실행했던 Basic 방식의 Recording과 똑같이 진행을 해보고 두 방법의 결과로 만들어진 워크플로우를 비교해 보자. 다만 이번에는 디자인 패널에서 Recording을 선택한 다음 레코딩 유형을 Desktop으로 선택하는 것만 다르다.

두 방식으로 생성된 워크플로우 결과의 일부를 비교해본다.

❶ 시작하는 부분에 desktop 방식은 Attach window 액티비티로 시작하였으나 Basic 방식에는 없다.

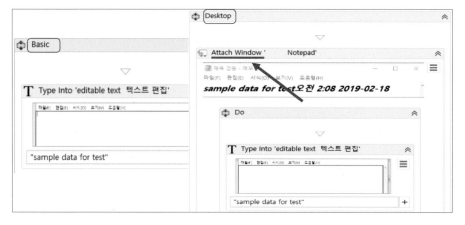

❷ Attach window 안 액티비티의 속성에서 Target.Selector를 보면 약간의 차이가 있음을 알 수 있다. 확인을 위해 위의 그림에 나오는 두 방법의 Type Into 액티비티 속성에 있는 Target 하위의 Selector 필드 옆 ⬚ 버튼을 눌러서 비교해 보자.

두 방식의 Selector는 궁극적으로는 같지만 Basic Recording에서는 Selector의 내용이 세 줄짜리 한 묶음(Full Selector)이고, Desktop Recording에서의 Selector는 자세히 보면 첫 줄은 배경색이 있고 나머지 두 줄은 배경색이 없는 한 묶음(Partial Selector)인 것을 알 수 있다. 이것은 Attach Window 액티비티와 Type Into 액티비티의 Selector 내용을 같이 표기해 놓은 것인데, 이러한 Desktop 방식은 한 화면안의 동작에 대해 Attach Window 액티비티를 이용해 하나의 컨테이너를 만들고 해당 화면 안에서 이루어지는 모든 자동화에서 공동으로 사용하게 함으로써 효율적이고 빠른 프로세싱이 가능하게 한다.

이 Desktop 방식은 같은 종류의 어플리케이션 창이 복수 개 있을 때나 복잡한 프로젝트 그리고 규모가 큰 프로젝트에 적합하다.

개발자들은 Desktop Recording의 결과로 나온 워크플로가 모범적인 하나의 표본임으로 잘 분석하여 수동으로 작업할 때 유사하게 개발을 진행하면 도움이 될 것이다.

다음 그림은 Type Into 액티비티가 Basic인 경우와 Desktop인 경우의 차이를 나타낸다.

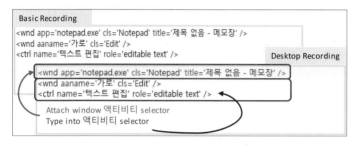

자동 레코딩 web 예

인터넷 포탈인 www.daum.net에 로그인 하는 과정을 Recording 함으로써 Web 방식에 대해 실습을 해 보자. 기본적으로 웹 브라우저는 Internet Explorer를 사용하는 것으로 하고 로그인을 한다. 특이사항으로 패스워드는 워크플로우에 문자열로 공개되면 보안에 위험함으로 입력 시 선택사항으로 있는 Type password를 체크하여 보안을 유지하도록 한다.

그림과 함께 한 동작씩 진행해 보자.

인터넷 브라우저 열어놓기 ➡ 디자인 패널의 Recording 클릭 ➡ 레코딩 유형 web 선택 ➡ 도구모음에서 Open Browser 클릭 ➡ 서브 메뉴 Open Browser 선택 ➡ 도구모음 Record 선택 ➡ 브라우저 로그인 ID 영역 클릭 ➡ ID 입력과 선택사항 체크 ➡ 브라우저 패스워드 영역 클릭 ➡ 패스워드 입력과 선택사항 체크 ➡ 브라우저 [로그인] 버튼 클릭 ➡ ESC ➡ 도구모음 Save & Exit 클릭

01 사용할 브라우저 Internet Explorer를 실행시킨다. 그리고 www.daum.net으로 이동한다.

02 디자인 패널의 Recording을 클릭하고 서브 메뉴 Web을 선택한다.

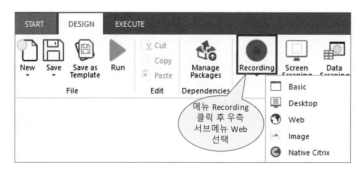

03 도구모음에서 Open Browser를 클릭하고 이어 서브 메뉴 Open Browser을 클릭한다.

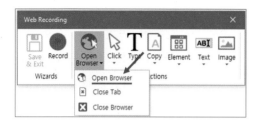

이때 마우스를 01 단계에서 열어놓은 브라우저에 위치시키면 브라우저 본문 영역의 색이 바뀌는데 여기를 클릭하면 URL 입력창이 나타난다. 여기에 열고자 하는 www.daum.net을 입력하고 [OK] 버튼을 누른다.

04 자동 레코딩을 시작하기 위해 [Record] 버튼을 누른다.

05 마우스를 브라우저의 로그인 ID 입력란에 위치시키고 클릭한다.

클릭 후 나타난 위의 오른쪽 창에 ID를 입력하고 Empty field의 체크박스에 체크하고 Enter 를 누른다.

Empty field는 문자열을 입력하기 전 기존의 입력된 문자열을 지우고 새로 입력을 하도록 한다.

06 ID 입력과 같은 방법으로 마우스를 비밀번호 영역에 두고 클릭한 후 Type the desired value 창의 체크박스 Type Password와 Empty Field의 체크박스를 클릭한 후 패스워드를 입력 그리고 Enter 를 누른다.

07 [로그인] 버튼을 누른다.

08 ESC 를 누르고 도구모임의 [Save & Exit] 버튼을 누른다.

09 F5 를 눌러 실행한다.

> **TIP**
>
> Type Password Check Box : 패스워드와 같은 보안이 필요한 문자열을 입력할 때 글이 보이지 않도록 처리해주는 선택사항으로 Get Password 액티비티가 적용되며 입력된 패스워드 문자열을 변수에 담아 패스워드 영역에 입력을 전달한다.

5 _수동 레코딩

수동 레코딩은 레코딩으로 자동화되지 않은 부분을 직접 수동으로 진행하는 방법이다. 그럴 경우 도구모음 툴을 사용하는데 레코딩 유형에 따라 약간의 차이는 있지만 기능적으로는 동일하다 할 수 있다. 수동 레코딩은 레코딩을 시작하기 전이나 레코딩 중에 사용하는데 레코딩 중일때는 ESC 키를 눌러 레코딩을 중지한 상태에서 수동 레코딩을 진행한다. 그리고 다시 레코딩을 계속하려면 [Record] 버튼을 누른다.

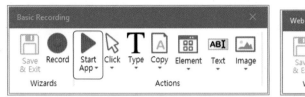 

▲ Basic/Desktop   ▲ Web

위의 그림을 보면 도구 모음이 약간 다르다. 레코딩 대상이 웹과 데스크탑 응용프로그램이기 때문에 메뉴명이 'Start App'와 'Open Browse'로 다를 뿐 역할은 동일하다. 이제 수동 레코딩이 진행되는 예를 단계별로 도식화해 보았다.

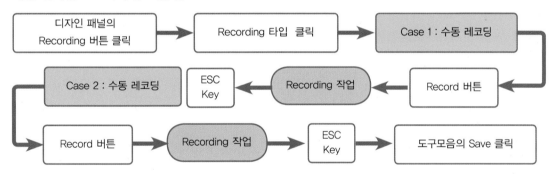

수동 레코딩은 위의 그림처럼 자동 레코딩의 시작 전(Case 1)과 레코딩 중(Case 2), 또는 레코딩 후 언제든 할 수 있다.

Start and Stop

데스크탑의 응용프로그램 또는 웹 브라우저를 실행 또는 종료 역할을 하는 툴이다.
레코딩 툴의 Start App과 Open Browse 아이콘을 누르면 서브 메뉴가 그림과 같이 나타난다.

Desktop Start App 사용 예

레코딩을 이용해 메모장 열기와 닫기를 학습하여 보자.

01 레코딩을 시작하기 전 사용하는 응용 프로그램(예 : 메모장)을 먼저 실행한다.

02 리본의 레코딩 버튼을 누른 후 데스크 탑을 선택한다.

03 도구 모음의 Start App 버튼을 누른다.

04 서브 메뉴의 Start App을 선택한다.

05 마우스를 메모장에 위치시키고(메모장의 색이 파랗게 변함) 클릭한다.

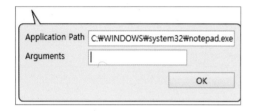

06 매개변수는 필요 없으므로 [OK] 버튼을 클릭한다.

07 이어서 이번에는 메모창을 닫기 위해 도구 모음 Start App의 서브 메뉴인 Close 앱을 클릭한다.

08 마우스를 메모장에 위치시키고 클릭한다.

09 툴 패널의 Save & Exit 클릭한다.

10 만들어진 프로세스를 실행(F5)시킨다.

다음 그림은 만들어진 Workflow이며 메모장을 열었다 바로 닫는 워크플로이기 때문에 실행을 확인하는데 도움이 되도록 delay를 추가하였다.

Web Start App 사용

Desktop과 같은 방법으로 실행해 볼 수 있다. 다만 브라우저의 경우 탭을 닫을 때와 브라우저 전체를 닫을 때를 위해 동작이 두 개로 나뉘어져 있다.

Click

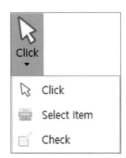

레코딩에서 클릭은 수동으로 하지 않아도 가능하다. 그러나 마우스 오른쪽 버튼을 클릭하는 경우는 수동으로 하거나 자동으로 클릭하여 만들어진 워크 플로에서 속성 정보를 변경시켜 주어야 한다.

레코딩을 멈추고 바탕화면이나 실행중인 응용프로그램 또는 웹 화면을 클릭하거나 드롭 다운 목록 또는 콤보 박스에서 옵션을 선택하고 체크박스나 라디오 단추를 사용할 수 있게 한다.

클릭 액티비티에서 오른쪽 버튼 클릭/더블 클릭으로 바꾸기

수작업으로 Click 액티비티를 실행하면 다음 그림처럼 속성 정보가 생성된다. 오른쪽 버튼 클릭으로 바꿀 경우 속성에서 Input 〉 MouseButton의 현재 값을 클릭하면 선택목록이 나타나는데 목록중 BTN_Right을 선택하면 되고, 더블클릭으로 바꾸고 싶은 경우엔 속성에서 Input 〉 ClickType을 CLICK_DOUBLE로 바꿔주면 된다.

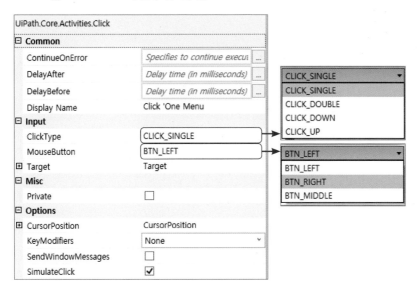

Type

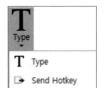

Type은 Type Into와 Send Hotkey 두 가지 액티비티로 구성되어 있다. Type Into의 경우 레코딩에서 쉽게 진행할 수 있지만 핫키를 사용하는 경우 자동화 레코딩에서 할 수 없기 때문에 레코딩을 중지(ESC)하고 그림의 Send Hotkey를 이용하여 레코딩에 추가할 수 있다.

Copy

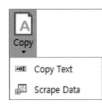

Copy Text는 응용프로그램이나 웹 등의 화면에서 데이터를 복사하여 프로젝트에서 사용할 수 있는 방법이다. Scrape Data 역시 화면에서 데이터를 읽는 방법이며 테이블 형태의 데이터를 읽기에 적합하다. (자세한 사용법은 Data Scraping 설명을 참조)

Element

마우스, 키보드, 컨트롤, Find, Window 등 다양한 액티비티를 사용할 수 있는 도구이며, 사용법은 "Chapter 03_03 기본 Activity 소개"를 참조한다.

Text

텍스트 단일 작업에 사용되며 텍스트를 선택하거나 스크랩핑 또는 텍스트에 대한 여러가지 동작을 할 수 있다.

Image

이미지에 대한 마우스 동작 또는 이미지 찾기 이미지 사라짐 등을 확인하는 기능을 수행할 수 있다.

Drop Down

이 기능은 도구 모음에 있는 메뉴는 아니지만 우리가 작업 중 종종 화면의 한 위치에서 다른 위치로 요소를 끌어서 놓는 일이 필요하다. 이 기능의 진행 방법은 UiPath 예를 통해 자세히 알아본다.

한 웹페이지(https://www.w3schools.com/html/tryit.asp?filename=tryhtml5_draganddrop)를 예를 들어 실행한다. 즉 다음 그림의 빨간 상자속의 이미지를 상단으로 옮겨 놓기를 하는 것이다.

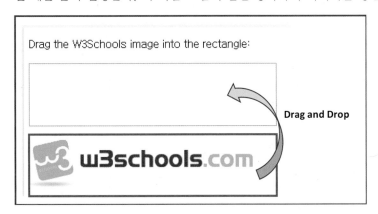

01 액티비티 패널에서 Open Browser를 찾아 디자이너 패널에 놓는다.

02 이 액티비티의 url 입력 영역에 우리가 수행할 웹 페이지 주소를 입력한다.

(https://www.w3schools.com/html/tryit.asp?filename=tryhtml5_draganddrop)

03 Click 액티비티를 Open Browser의 Do문 안에 놓는다.

04 Click 액티비티의 Indicate element inside browser을 클릭한다. 위 그림의 빨간 박스 부분을 브라우저에서 선택하고 속성 Input.ClickType을 CLICK_DOWN으로 선택한다.

05 Click 액티비티 아래 Hover 액티비티를 놓는다. 그리고 Hover 액티비티의 Indicate element inside browser를 클릭하고 위 그림의 빨간 박스 위 빈 상자를 선택한다.

06 아래에 다시 Click 액티비티를 놓는다. 액티비티의 Indicate element inside browser를 클릭하고 Hover에서 선택한 지점을 이번에도 선택한다. 그리고 Input.ClickType을 CLICK_UP으로 선택한다.

07 Delay 액티비티를 놓고 속성 Duration에 00:00:05를 입력한다(브라우저를 닫기 전 5초의 여유를 주어 눈으로 확인하도록 하였다).

08 Close Tab 액티비티를 놓는다.

09 작성된 워크플로는 다음과 같다.

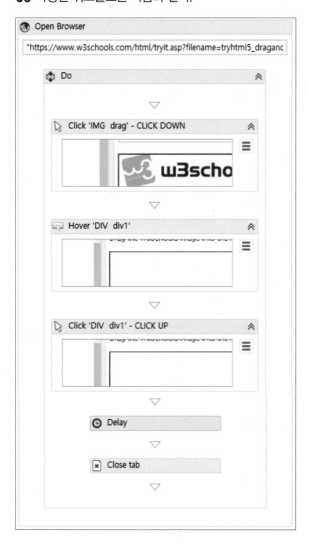

문제 01

웹 레코딩을 이용한 항공권 정보 얻기

웹 레코딩을 이용하여 대한항공 사이트(https://kr.koreanair.com/korea/ko.html)에 접속하고 아래 조건에 맞는 항공권 예매를 위한 비행정보를 구해서 출력한다.

❶ 출발지는 인천 국제공항

❷ 목적지는 미국 로스앤젤러스

❸ 출발일은 일주일 후이며 돌아오는 날은 출발일 + 5일 왕복

문제 02

웹 레코딩을 이용한 방송국 방청권 신청하기

웹 레코딩을 이용하여 KBS 방송 예능프로 방청권을 신청해 본다.

❶ KBS 홈페이지에 접속(www.kbs.co.kr)한다.

❷ 로그인(계정은 준비되어야 함)한다.

❸ 메뉴 예능 선택한다.

❹ 방청신청 아래 프로그램 참여하기를 클릭한다.

❺ 방청일 선택에서 방청신청을 클릭한다.

❻ 완료 버튼을 클릭한다.

Chapter 07

Selector

 단원 목표

사용자 인터페이스에서 특정동작을 자동화하려면 다양한
창, 버튼, 드롭 다운 목록 및 여러 기능과 상호 작용을 해야
한다. 때문에 사용자 인터페이스의 중요한 과제는 이런 개
체와 관련된 Selector를 잘 이해하고 어떻게 사용하는지 자
세히 알아본다.

▶ Selector의 생성방법과 구조에 대해 자세히 이해한다.
▶UI Explorer을 이용하는 방법에 대해 자세히 학습한다.
▶Selector의 편집과 디버깅하는 방법을 잘 익힌다.
▶Selector와 관련 있는 액티비티의 사용법을 학습한다.

1 _ Selector란?

사용자 인터페이스(UI)에서 특정 동작을 자동화하려면 창, 버튼, 목록 등과 같은 다양한 사용자 인터페이스 요소와 상호 작용을 해야 하며 서로 구분하여 지정할 수 있어야 한다. 이를 위해 UiPath에서는 사용자 인터페이스 요소를 고유하게 식별하기 위한 체계적이며 효과적인 방법으로 Selector를 사용하는데 UI 자동화의 필수 부분으로서 그래픽 사용자 인터페이스 요소와 상위 요소의 속성을 XML 조각형태로 저장하여 사용한다.

Selector란?

기본적으로 실행중인 응용 프로그램에서 특정 UI 요소를 찾는데 사용되는 일반 텍스트이다.
다음 그림은 메모장의 화면에 존재하는 가능한 모든 Selector를 표시하였다.

하나의 개체(Element)로 잡을 수 있는 각각의 것들은 모두 Selector 정보를 갖고 또 그것을 사용할 수 있다.

❶ Selector는 사용자 인터페이스 요소와 상위 요소의 속성을 XML 조각형태로 저장하여 사용한다.

🔍 Selector의 구조

〈node_1/〉〈node_2/〉...〈node_N/〉
각 node는 계층구조를 가지며 node 내에 여러 개의 속성을 가지고 있어 각각의 사용자 인터페이스 요소를 정확히 식별할 수 있다.

예를 들어 메모장 메뉴의 Selector를 살펴보면 '파일(F)'의 Selector는 다음과 같다.

```
<wnd app='notepad.exe' cls='Notepad' title='제목 없음 - 메모장' />
<ctrl automationid='MenuBar' idx='1' name='응용 프로그램' role='menu bar' />
<ctrl name='파일(F)' role='menu item' />
```

또 메뉴 '편집(E)'의 경우는 아래와 같다.

```
<wnd app='notepad.exe' cls='Notepad' title='제목 없음 - 메모장' />
<ctrl automationid='MenuBar' idx='1' name='응용 프로그램' role='menu bar' />
<ctrl name='편집(E)' role='menu item' />
```

❷ Selector는 모든 사용자 인터페이스 관련 요소에 존재하며 액티비티의 'indicate on screen'을 클릭하고 대상
이 되는 화면의 Element를 클릭해주면 자동으로 생성된다. 하지만 일부 소프트웨어 프로그램은 상황에 따라
Selector를 수정해서 적용하여야 정확한 자동화를 할 수 있는 경우가 있다.

❸ Selector는 전체(Full) Selector와 부분(Partial) Selector가 있다.

❹ 예외적으로 OCR 또는 이미지를 사용하는 Citrix 자동화나 keyboard 입력을 대신하는 Hotkey는 Selector
를 사용하지 않는다.

2 _ Selector의 생성

Selector는 기본적으로 자동 생성된다. 그러나 필요에 따라서 수동으로 생성하기도 하며 생성된
Selector를 상황에 맞게 수정할 수 있다. 여기에서는 이해를 돕기 위해 메모장을 이용하여 자동으로
Selector가 생성되게 하고 생성된 Selector를 자세히 알아보자.

액티비티를 적용하여 Selector 생성하기

01 먼저 메모장을 실행시켜 열어 놓는다.

02 Studio의 Main Sequence안에 Click 액티비티를 놓는다.

03 Click 액티비티의 Indicate on screen을 클릭한다. 그리고 액티비티가 활성화되면 마우스를 움직여 메모
장의 File(F)을 클릭한다.

04 액티비티의 속성 Target부분에 Selector가 자동으로 생성되어 있음을 볼 수 있다.

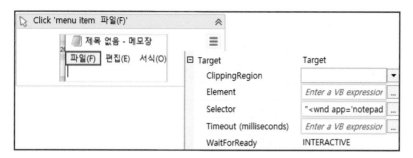

05 Selector의 내용을 더 자세히 보려면 Selector 필드 옆 ⋯ 버튼을 눌러보면 Selector의 자세한 내용을 확인할 수 있다. 이 그림의 구체적인 내용은 다음에 확인하도록 하자.

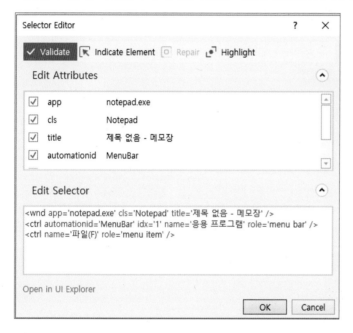

Recording을 이용하여 Selector 생성하기

이번에는 Recording을 이용하여 Selector가 생성되는 모습을 확인해 보자.

01 먼저 Recording의 소재로 메모장을 실행시켜 열어 놓는다.

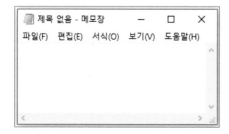

02 UiPath Studio에서 'dev-test'라는 새 Process를 만든다. Name과 Location은 여러분의 환경에 맞춰 설정해 준다.

03 디자인 패널의 리본에서 Recording 메뉴의 Basic을 선택한다.

04 Basic Recording의 도구모음에서 Record 메뉴를 클릭한다.

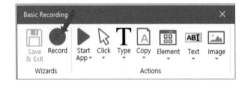

05 마우스를 메모장의 편집 영역에 위치시키면 편집 영역에 배경색이 채워진다. 이때 클릭하면 오른쪽 그림과 같이 팝업창이 뜨는데 입력 필드에 "test data"라고 입력한 후 Enter 를 누른다.

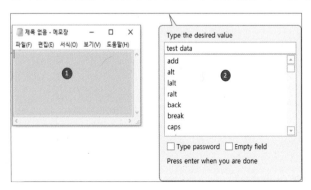

06 레코딩을 종료하기 위해 `ESC` 를 누르고 Basic Recording의 도구모음 왼쪽의 [Save & Exit] 버튼을 클릭한다. 이제 Designer 패널을 보면 아래 왼쪽 그림처럼 Type Into라는 액티비티의 모습이 나타나고 액티비티를 클릭하면 오른쪽에 속성 패널이 나온다. 그리고 오른쪽 속성 패널의 Target 옆 [+] 기호를 누르면 왼쪽 하단의 그림이 나오는데 중간에 Selector란이 있고 오른쪽에 값이 자동으로 생성되어 있음을 확인할 수 있다.

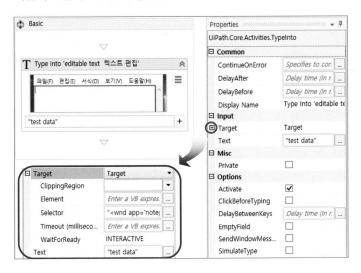

3 _ Selector 상세히 보기

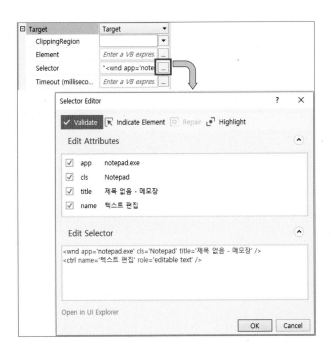

Selector의 정확한 내용을 보기 위해서는 속성 패널의 Selector 옆 네모상자를 클릭해야 한다. 팝업 된 Selector Editor 창에는 여러가지 정보가 있는데 Edit Selector 영역에 있는 내용이 Selector이다.

다음은 Selector Editor 창 구성 요소들의 기능이다. 앞으로 개발과정에서 이 창을 가장 많이 접하게 되며 사용할 것이기 때문에 그 의미를 제대로 알아야 한다.

- Validate : 이 버튼은 Selector 정의의 유효성과 화면에서 대상이 되는 요소의 가시성을 검사하여 Selector의 상태를 표시한다. 녹색 Validate가 나온 경우 정상적으로 동작하는 Selector이다.

유효성 검사 버튼은 4가지 형태로 변화는 모습을 볼 수 있다.

Validate Selector의 유효성을 검사하는 중

✓ **Validate** 유효한 Selector

✕ **Validate** 유효하지 않은 Selector로서 오류가 나기 때문에 수정하여야 한다.

? **Validate** 수정된 Selector 재검증으로 다시 한 번 버튼을 눌러주면 유효한지 유효하지 않은지 확인할 수 있다.

- Indicate Element : 처음 지정하였던 UI 요소를 대신하여 새 UI 요소를 선택하여 Selector를 얻고자 할 때 사용하는 버튼이다.
- Repair : Selector가 생성된 동일한 UI 요소를 다시 지정하고 Selector를 복구할 수 있다. 이 작업은 이전 Selector를 완전히 대체하지 않으며 Selector가 유효하지 않은 경우에만 단추를 사용할 수 있다.
- Highlight : 현재의 Selector가 나타내는 대상 요소를 빨간색 사각형으로 강조하여 Selector를 정확히 확인할 수 있게 한다. 재 클릭으로 옵션 사용을 중지할 때까지 강조 표시가 켜져 있으며 Selector가 유효한 경우에만 단추가 활성화된다.

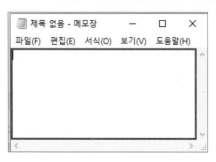

- Edit Attribute : 대상 응용 프로그램(창, 단추 등)을 식별하는 데 필요한 모든 응용 프로그램 구성 요소를 포함하며 편집할 수 있는 섹션이다. 태그의 체크박스를 선택하여 Selector를 수정할 수 있다.
- Edit Selector : 실제 Selector가 표시된 영역이며 이곳 역시 편집할 수 있는 섹션이다.
- Open in UI Explorer : UI Explorer을 시작한다.

4 _ Selector의 구조

위에서 우리가 레코딩을 통해 생산된 Selector는 아래와 같다.

```
<wnd app='notepad.exe' cls='Notepad' title='제목 없음 - 메모장' />
<ctrl name='텍스트 편집' role='editable text' />
```

이 Selector는 Edit Attribute에 나오는 app, cls, title, name, role의 구성으로 된 XML임을 알수 있다. Selector는 위의 예와 같이 복수개의 줄로 구성되는데 각 라인은 하나의 화면 객체로 괄호(〈 〉)로 쌓인 태그 코드 구조를 갖는다. 각 라인은 〈object attribute="value" /〉와 같은 패턴을 가지고 있는데

- wnd, ctrl은 윈도우와 컨트롤을 나타내는 object이고,
- app, role 등은 attribute 이다.

여기에서 Selector에 포함되어 있는 Attribute를 변경하여도 유효한 Selector를 다시 생산할 수 있는데 이 실험으로 Selector와 Attribute의 관계를 이해할 수 있다.

01 속성 패널의 Selector 왼쪽 끝 |...| 버튼을 눌러 Selector Editor를 연다.

02 Edit Attributes의 맨 마지막 항목 체크박스를 해제한다. Validate가 노란 버튼으로 바뀐다.

03 노란색의 Validate 버튼을 누른다. 그러면 다시 녹색 validate 버튼이 나오며 Selector가 바뀐다.

이 실험은 여러가지의 방법으로 Selector를 만들 수 있으며 Selector의 값도 하나로 고정되지 않고 여러가지로 사용 가능하다는 것을 알 수 있다. 즉 상황에 맞추어 원하는 Selector를 선택하여 사용할 수 있다는 것을 말한다.

※ Selector를 여러가지 상황으로 바꿀 수 있지만 상황에 적절하게 사용하지 않는 경우 오류를 발생할 수 있기에 주의하여야 한다.

메모장의 편집 영역을 선택한 Selector

아래의 표는 메모장의 편집 창에 대한 Selector를 Edit Attributes 영역에서 Attribute를 하나씩 줄여가며 변화하는 Selector를 찾는 예이다. 모두 유효한 Selector이며 다른 형태도 만들 수 있다.

	Attribute	Selector
☑ App	Notepad.exe	
☑ Cls	Notepad	`<wnd app='notepad.exe' cls='Notepad' title='제목 없음 - 메모장' />`
☑ Title	제목없음 - 메모장	`<ctrl name='텍스트 편집' role='editable text' />`
☑ Name	'텍스트편집'	
☑ App	Notepad.exe	
☑ Cls	Notepad	`<wnd app='notepad.exe' cls='Notepad' title='제목 없음 - 메모장' />`
☑ Title	제목없음 - 메모장	`<ctrl role='editable text' />`
☑ App	Notepad.exe	`<wnd app='notepad.exe' cls='Notepad' />`
☑ Cls	Notepad	`<ctrl role='editable text' />`
☑ App	Notepad.exe	`<wnd app='notepad.exe' />` `<ctrl role='editable text' />`

5 _ Full Selector와 Partial Selector

UiPath에서 사용하는 Selector는 Full Selector와 Partial Selector 두 가지가 있다. 즉 특정 UI 요소를 지정하는 Selector가 UI의 최상위 요소를 포함한 하나의 Selector로 만들어졌는지 아니면 두 개의 이상의 Selector로 이루어졌는지에 따라 Full Selector인지 Partial Selector인지 구분이 되는 것이다.

Full과 Partial Selector의 예를 들어 확인해보자.

메모장의 메뉴 서식(O) 아래 글꼴(F)을 눌러 나오는 글꼴창을 열어놓고 한 번은 Basic Recording으로 또 한 번은 Desktop Recording으로 진행하면 전자는 Full Selector, 후자는 Partial Selector가 나오게 된다. 아래 기술되는 순서로 진행하여 결과를 확인해보자.

01 메모장을 열고 '서식 〉 글꼴' 메뉴를 눌러 글꼴 창을 연다.

02 새 Project를 한 개를 만든 후 Recording Basic을 누르고 이어 팝업된 Basic Recodring의 도구에서 [Record] 버튼을 누른다.

03 메모장의 글꼴 창에서 글꼴 스타일의 '굵게'를 선택한다.

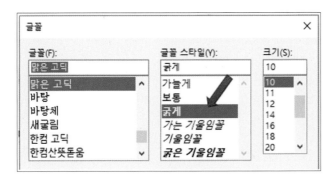

04 ESC 키를 누르고 Basic Recording 도구창의 Save & Exit를 누른다.

05 두 번째 Recoding 방법을 진행한다. 우선 Design 탭의 Recording을 누른 후 Desktop을 선택한다.

06 이후는 Basic과 동일한 방법으로 Save & Exit까지 진행한다.

07 이제 결과를 확인해 볼 수 있다. 먼저 워크플로우를 확인해보면 Basic Recording으로 나온 결과는 Click 액티비티 하나로 구성되어 있고, Desktop Recording은 Attach Window 액티비티와 Click 액티비티로 구성 되었음을 확인할 수 있다. 즉 동일한 목적에 대해 방법을 달리한 이유가 있을 것이다.

다음은 만들어진 두 가지 경우의 Selector가 어떻게 다른지 비교해보자.

위의 그림은 Basic Recording의 Click 액티비티(왼쪽)와 Desktop Recording의 Click 액티비티(오른쪽)의 워크플로이다.

다음은 두 가지 경우의 Selector이다.

❶ Basic Recording의 Click 액티비티의 Selector

속성 패널의 Target > Selector 옆 [...] 버튼을 눌러 Selector Editor를 연다.

```
<wnd app='notepad.exe' cls='#32770' title='글꼴' />
<wnd ctrl id='1137' />
<wnd ctrl id='1000' />
<ctrl name='글꼴 스타일(Y):' role='list' />
<ctrl name='굵게' role='list item' />
```

❷ Desktop Recording의 두 개 액티비티 Selector

```
[ Attach Window Selector ]
<wnd app='notepad.exe' cls='#32770' title='글꼴' />
[ Click의 Selector ]
<wnd ctrl id='1137' />
<wnd ctrl id='1000' />
<ctrl name='글꼴 스타일(Y):' role='list' />
<ctrl name='굵게' role='list item' />
```

Selector 영역에 들어있는 내용은 동일함을 알 수 있지만 그러나 Desktop의 첫 줄은 배경색이 있음을 알 수 있다. 색상의 차이가 있는 이유는 첫 줄의 내용은 앞에 있는 Attach Window의 Selector이고 Click의 Selector는 나머지 4줄을 나타낸다.

결론적으로 두 가지 방법으로 생성된 Selector의 값은 같지만 첫 번째는 전체 내용을 가지고 있고, 두 번째는 두 개의 액티비티로 쪼개져 있다. 이 차이를 Full과 Partial Selector로 구분하는데 Desktop Recording의 경우 Attach Window 액티비티 안에서 발생하는 다른 많은 액티비티에 대해 상위 액티비티의 Selector를 중복해서 사용하지 않고 컨테이너에 담아 계승하여 사용하는 것이다.

아래는 두 가지 방법에 대해 간단히 정리하였다.

Full Selector	Partial Selector
• 최상위 창을 포함하여 UI 요소를 식별하는 데 필요한 모든 요소를 포함한다. • Basic Recording에서 생성한다. • 여러 창 사이를 전환할 때 권장된다.	• Desktop Recording에서 생성한다. • 최상위 창에 대한 정보를 포함하지 않는다. • Partial Selector가 포함된 액티비티는 최상위 레벨 윈도우의 전체 선택자를 포함하는 컨테이너(Attach Browse 또는 Attach Window)에 포함되어 있다. • 동일한 창에서 여러 작업을 수행할 때 권장된다.

위의 예에서 Attach Window 액티비티는 DeskTop에서 생성되는 것으로 하나의 컨테이너를 만들어 Partial Selector를 갖는 액티비티를 모두 포함한다.

6 _ UI Explorer

UI Explorer는 UiPath에서 Selector를 빠르고 정확하게 사용할 수 있도록 제공하는 도구로. 지정된 UI 요소에 대해 자동적으로 또는 사용자가 직접 Selector를 선택적으로 만들 수 있도록 도와준다. UI 탐색기 창을 열려면 디자인 탭에서 UI Explorer Selector를 클릭하거나 액티비티의 속성 창을 열었을 때 나오는 Selector Editor 창 하단에 있는 Open in UI Explorer을 클릭하면 열린다.

UI Explorer 인터페이스

다음 그림과 같은 UI Explorer의 메뉴에 대한 기능과 역할을 잘 이해하여 효과적으로 사용하도록 하자.

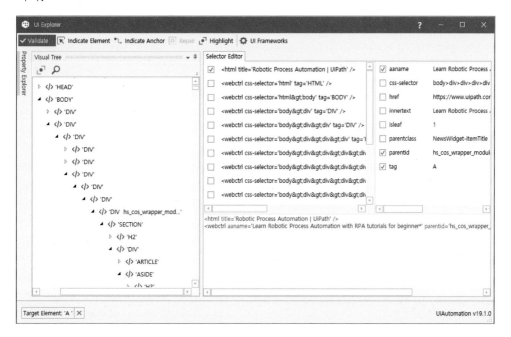

UI Explorer 상단 메뉴

UI Explorer 창 상단에 제공되는 메뉴 기능은 아래와 같다.

• Validate : 버튼은 Selector 정의의 유효성과 화면에서 대상 요소의 가시성을 검사하여 Selector 의 상태를 표시한다. 녹색 Validate가 나온 경우 정상적으로 동작하는 Selector이다.

Validate	Selector의 유효성을 검사하는 중
✔ Validate	유효한 Selector
✕ Validate	유효하지 않은 Selector로서 오류가 나기 때문에 수정하여야 한다.
? Validate	수정된 Selector 재 검증으로 다시 한 번 버튼을 눌러주면 유효한지 유효하지 않는지 확인할 수 있다.

- ▣ Indicate Element : 지정되었던 UI 요소를 대신할 새 UI 요소를 선택하여 Selector를 얻고 자 할 때 사용하는 버튼이다.

- ⤵ Indicate Anchor : 대상 UI 요소를 기준으로 앵커를 선택한다.

- ▣ Repair : Selector가 생성된 동일한 UI 요소를 다시 지정하고 Selector를 복구 할 수 있다. 이 작업은 이전 Selector를 완전히 대체하지 않으며 Selector가 유효하지 않은 경우에만 단추를 사용 할 수 있다.

- ▣ Highlight : 현재의 Selector가 나타내는 대상 요소를 빨간색 사각형으로 강조하여 Selector 를 정확히 확인할 수 있게 한다. 재 클릭으로 옵션 사용을 중지할 때까지 강조 표시가 켜져 있으며 선택기가 유효한 경우에만 단추가 활성화된다.

- ⚙ UI Frameworks : UI 요소 및 Selector를 결정하는 데 사용되는 기술을 변경하는 것으로 다음 옵션을 사용할 수 있다.

❶ Default : 일반적인 UiPath 기본 방식으로 모든 유형의 사용자 인터페이스에서 정상적으로 작동한다.

❷ Active Accessibility : Microsoft에서 응용 프로그램을 액세스할 수 있게 해주는 초기 솔루션으로 기본 소 프트웨어가 작동하지 않을 때 레거시 소프트웨어와 함께 이 옵션을 사용하는 것이 좋다.

❸ UI Automation : Microsoft의 접근성 향상 모델로 기본 응용 프로그램이 작동하지 않는 경우 이 옵션을 최신 응용 프로그램과 함께 사용하는 것이 좋다.

Visual Tree 패널

Visual Tree 패널은 UI 계층 트리를 표시하고 각 노드 앞에 있는 화살표를 클릭하여 탐색할 수 있다. 기 본적으로 UI 탐색기를 처음 열면 이 패널에는 열려 있는 모든 응용 프로그램이 사전 순으로 표시된다.

트리에서 UI 요소를 두 번 클릭하거나 마우스 오른쪽 버튼으로 클릭하고 대상 요소를 선택하면 Selector Editor, Selector Attributes 및 Property Explorer 패널이 채워진다. 즉 이 패널에서 Selector를 확인하기 위한 UI Element를 찾거나 지정할 수 있다.

Selector Editor 패널

다음은 Selector Editor 패널에 대한 소개이다. 우리는 Selector Editor나 Selector Attributes의 체크박스를 선택하거나 해제하여 Selector의 xml 값을 변경할 수 있다. 그리고 변경된 결과가 정확한지 여부는 Validate 버튼을 보고 판단할 수 있는데 녹색이면 정상적인 Selector임을 확인할 수 있고 노란색이면 버튼을 눌러 유효한지 확인해야 하며 빨간색이면 Selector가 유효하지 못하므로 다시 수정을 해야 한다.

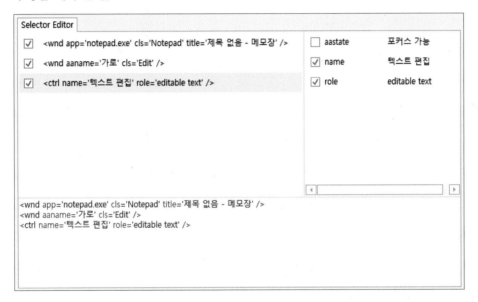

이 패널의 맨 위 부분은 Selector의 모든 노드를 볼 수 있게 하고 노드의 앞에 있는 체크 박스를 해제하여 Selector의 불필요한 노드를 제거할 수 있게 하거나 체크하여 Selector 노드를 추가하여 속성을 활성화할 수 있다. 이렇게 하여 원하는 UI 요소에 대한 정확한 Selector를 생성하고 편집할 수 있다. 결과적으로 패널의 맨 아래 부분에는 프로젝트에서 사용해야하는 실제 XML 조각이 표시되며 원하는 Selector를 찾으면 여기에서 복사하여 액티비티의 속성 패널 Selector 필드에 붙여 넣어 사용할 수 있다.

Selector Attribute 패널

Selector Editor 패널에서 선택된 노드의 사용 가능한 모든 속성을 표시한다.

Selector Editor에서와 같이 각 속성 앞에 있는 체크박스에 체크하거나 해제하면 일부 노드의 속성을 추가하거나 제거할 수 있다.

또한 각 속성의 값을 변경할 수 있지만 새 Selector가 원래 선택된 UI 객체를 가리키는 경우에만 이 수정 사항이 유지된다.

Property Explorer 패널

Selector에 나타나지 않는 속성을 포함하여 지정된 UI 객체가 가질 수 있는 모든 속성을 표시하며 그것들은 바꿀 수 없다. Selector에 포함되지 않은 속성도 많다. 필요에 의해 이 속성값을 얻고 싶을 땐 get Attribute 액티비티를 이용하여 값을 얻을 수 있다.

7 _ Selector의 Editing과 debugging

여기에서는 Selector를 상황에 따라 적합하게 사용자 정의하고 수정하는 방법에 대해 기술한다. 중요하고 많이 활용되는 방법이므로 잘 익혀두기 바란다.

와일드카드(Wild Cards)

앞에서 많이 사용했던 메모장이 자동으로 생성되어 이름에 날짜가 포함되어 있거나 파일 이름이 매일 바뀌어 잘 모른다면 어떻게 해야 할까?

이런 경우 우리는 동적(Dynamic) Selector가 필요하다. 즉 지정하고자 하는 UI 요소가 변경되는 Selector이기 때문이다. 이러한 경우 유용하게 사용할 수 있는 방법이 있는데 바로 와일드 카드이다. 와일드카드는 별표(*)와 물음표(?) 두 가지가 사용된다. 이제 와일드 카드를 사용하는 Selector를 사용해 보자.

> ### Wild Cards (*, ?)
> 와일드카드는 Selector의 변경되는 부분을 대체할 수 있는 문자
> 별표 (*) : 0개 또는 그 이상의 문자를 대체
> 물음표 (?) : 한 문자를 대체

메모장에서 사용되는 파일 이름이 "File-2019-02-10.txt"와 같고 이 파일이 매일 바뀐다고 할 때 Type Into 액티비티를 사용하여 데이터를 입력하기 위해 Selector를 구하면

```
<wnd app='notepad.exe' cls='Notepad' title='File-2019-02-10.txt - 메모장' />
<wnd aaname='가로' cls='Edit' />
<ctrl name='텍스트 편집' role='editable text' />
```

와 같이 나온다.

이 Selector를 사용하는 워크플로가 실행될 때 파일 이름이 Select의 첫 줄 title에 나온 파일 이름과 같을 때는 문제가 없지만 날이 바뀌어 파일 이름이 "File-2019-02-11.txt"가 되면 이 Selector는 제기능을 발휘하지 못할 것이다.

이를 위해 Selector에 사용하는 것이 와일드카드이다. 처음 만들어진 Selector의 첫 줄에서 날이 바뀌어 다른 파일이 만들어진다면 원래 Selector의 첫 줄인 title의 날짜 부분이 매일 바뀐다는 것을 우리는 알 수 있다.

```
title='File-2019-02-10.txt - 메모장
title='File-2019-02-11.txt - 메모장
title='File-2019-02-12.txt - 메모장
```

이때 와일드 카드를 적용하면 매일 파일 이름이 바뀌어도 파일을 잘 찾아 Type Into 액티비티가 오류없이 실행될 수 있다.

```
title='File-*.txt - 메모장
```

위와 같은 상황일 때 한글자만 또는 예측한 글자수만 바뀐다면 물음표(?)를 사용하여 같은 효과를 발휘할 수 있다.

```
title='File-2019-02-??.txt - 메모장 (2월에 한하여 날짜만 매일 바뀌는 경우)
```

Index

UI 요소를 선택할 때 title이나 aaname과 같은 정해진 이름을 사용하지 않고 몇 번째 항목인지를 나타내는 인덱스를 사용하는 방법이 있다. 주로 컨테이너에서 몇 번째 항목인지 나타낼 수 있는 경우인데 항목의 이름을 몰라도 되기 때문에 꽤 편리한 방법이다.

예를 들어 메모장의 '서식 〉 글꼴' 메뉴를 선택하고 팝업된 글꼴 창의 글꼴 스타일 중 굵게를 클릭하는 경우를 살펴보자.

01 메모장의 글꼴창을 띄워 놓는다.

02 가장 간단한 워크플로우를 작성한다. Main Sequence 액티비티 안에 글꼴스타일의 "굵게"를 클릭하는 Click 액티비티를 놓는 것이다.

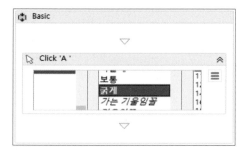

03 Click 액티비티의 속성 패널에서 Select 속성 오른쪽끝 ▦ 버튼을 눌러 Selector Editor 창을 열고 창 하단의 "Open in UI Explorer"를 클릭한다.

04 새로 만들어진 UI Explorer창의 오른쪽 Attribute 패널의 name 체크박스의 체크를 해제한다. 그러면 UI Explorer의 Selector가 변한 것을 확인할 수 있다.

`<ctrl name='굵게' role='list item' />` 가 `<ctrl role='list item' idx='3' />` 로 변한다. 전체의 모습은 다음 그림을 참조한다.

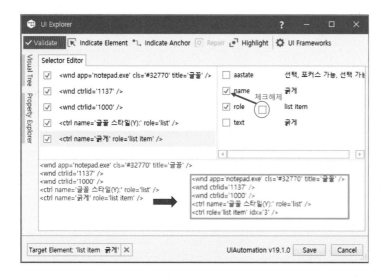

05 Validate 버튼을 눌러 확인을 하면 초록색으로 바뀌어 유효한 selector가 되었음을 알 수 있다.

06 [Save] 버튼을 눌러 변경된 Selector가 기존의 Selector를 대체하게 한다.

위의 순서 04번을 보면 그림에 표시했듯이 name의 attribute 속성을 지우면 인덱스 idx가 생긴다. 이 방법은 이름으로 구분하던 UI 요소 Selector를 위치로 식별하는 Selector로 바꾼 것이다. 따라서 이름과 관계없이 몇 번째 항목인가만 따지기 때문에 오류를 방지하며 사용할 수 있다.

가변 Selector

특정 속성 정보만 가변적일 때 사용하는 방법이다. 예를 들어 메일의 목록에서 각각의 메일을 열고 싶을 때 위의 방법(Index)으로 메일의 selector에 Index를 포함하게 만들면 첫 번째 메일과 두 번째 목록의 Selector는 Index의 값을 제외한 나머지는 동일하다. 때문에 메일을 반복적으로 클릭하여 읽어야 하는 경우 index 값만 수정하여 Selector 값을 넣어주면 쉽게 목록의 메일을 열어 볼 수 있다. 예를 들어 Selector의 값이

`<html title='받은메일함 | Daum 메일' />`
`<webctrl parentid='mailList' tag='STRONG' idx='3' />` 와 같다면 변수 Number에 Index를 담고

메일의 Selector를

"\<html title='받은메일함 ┃ Daum 메일' />\<webctrl parentid='mailList' tag='STRONG' idx='" + Number + "' />" 와 같이 수정하여 사용할 수 있다.

이 단원의 응용에 대한 예가 "9_Selectdor 응용"에 있으니 참고하기 바란다.

8 _ Selector를 지원하는 유용한 액티비티

Find Element

웹이나 응용프로그램에서 UiPath가 상호 작용하려면 지정된 UI 요소를 화면에서 찾아야 한다. 그럴 때 UI 요소가 있는지 없는지 확인해야 할 필요가 있는데 이런 경우에 Find Element를 사용한다.(Element는 포 그라운드에 있어야 한다.) 그리고 결과는 UiElement 타입의 변수로 반환한다.

속성

Output
- FoundElement : 발견된 UI 요소, 이 필드는 UiElement 타입의 변수만 지원한다.

Options
- WaitVisible : 이 체크박스를 선택하면 지정된 UI 요소가 표시될 때까지 대기한다. (기다리는 시간은 기본 30초 또는 속성 Target의 TimeoutMS에 기술된 시간)
- WaitActive : 이 체크박스를 선택하면 지정된 UI 요소가 활성화될 때까지 대기한다.(기다리는 시간은 기본 30초 또는 속성 Target의 TimeoutMS에 기술된 시간)

MISC
- Target.Selector : 액티비티가 실행될 때 특정 UI 요소를 찾는데 사용되는 텍스트 속성이다. 실제로 찾고 있는 UI 요소와 그 상위 요소 중 일부의 특성을 지정하는 (Partial Selector) XML 조각이다.
- Target.TimeoutMS : 액티비티가 실행될 때까지 기다리는 시간으로 기본값은 30,000 밀리초(30초)이며 시간이 지나면 SelectorNotFoundException 오류가 발생한다.
- Target.WaitForReady : 액티비티를 실행하기 전에 대상(UI 요소)이 준비가 완료될 때까지 기다리는 속성으로 다음 옵션을 사용할 수 있다.
  - ▶ None : 액티비티가 실행하기 전에 대상 UI 요소가 존재할 때까지 기다리지 않는다. 예를 들어, 모든 UI 요소가 로드될 때까지 기다리지 않고 웹 페이지에서 텍스트를 검색하거나 특정 버튼을 클릭하려는 경우 이 옵션을 사용할 수 있다. 버튼이 아직 로드되지 않은 요소(예 : 스크립트)에 의존하는 경우 원치 않는 결과가 발생할 수 있다.
  - ▶ Interactive / Complete : 실제로 액티비티를 실행하기 전에 대상 앱의 모든 UI요소가 완전히 활성화될 때까지 대기한다.
- Target.Element : 다른 액티비티에서 반환된 UiElement 변수를 사용한다. 이 속성은 Selector 속성과 함께 사용할 수 없으며 이 필드는 UiElement 변수만 지원한다.
- Target.ClippingRegion : 왼쪽, 위, 아래, 아래쪽 방향으로 UiElement를 기준으로 자르기 직사각형을 픽셀 단위로 정의하며 양수와 음수를 모두 지원한다.

- 워크플로우 생성시 지정하고자 하는 UI 요소가 미리 준비되지 않거나 로드하는 시간을 기다려야 할 때 사용하면 유용하다.
- Target.TimeoutMS에 60000(60초)를 부여하면 찾고자 하는 UI 요소가 없을 때 60초를 기다린다. 만약 빈 채로 두면 기본값은 30000으로 30초를 기다린다.
- WaitActive나 WaitVisible은 필요에 따라 사용한다.
- Output으로 나온 UI Element 타입의 변수는 예제의 Click 액티비티의 속성 Target.Element에 적용하여 사용할 수 있으며 Selector 대신 사용할 수 있다.
- Find Element에서 찾고자 하는 Element를 찾지 못한 경우 오류 메시지가 나오고 프로그램이 종료되기 때문에 프로세스를 계속 진행하려면 ContinueOnError를 True로 하여야 한다.

메모장의 편집 영역을 Find Element로 찾고 결과로 나오는 output을 UI Element 타입의 변수 EditableAreaElement로 받는다. 그리고 결과로 나온 UI Element를 이어지는 Click 액티비트에 적용하여 보자.

01 Find Element를 Sequence 안에 놓는다.

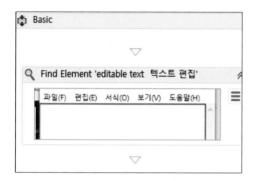

02 찾고자 하는 UI 요소(메모장의 편집 영역)를 지정하기 위해 Find Element의 Indicate on Screen을 클릭하고 마우스를 움직여 찾고자 하는 UI 요소 즉 메모장의 편집 영역을 클릭한다.

03 오른쪽 속성 패널의 하단 Output 〉 Found Element 영역에 Ctrl + K 를 누르고 변수명 EditableAreaElement 를 입력한다.

04 이어서 Click 액티비티를 Find Element 아래 놓는다.

05 Click 액티비티 속성 Target의 Element에 Find Element 액티비티에서 생성한 변수 EditableAreaElement를 입력한다. (이때 Click 액티비티는 별도의 UI 요소를 지정할 필요없이 UI Element 타입의 변수를 대신 사용)

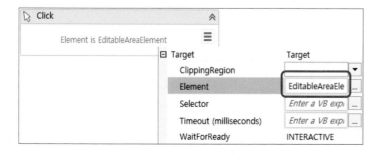

Element Exists

UI 요소의 가용성을 확인하는데 사용되는 액티비티이다. 즉 지정한 UI 요소가 존재하는지 여부를 확인하여 그 결과를 True/False로 반환한다. 이 액티비티를 사용하여 자주 변경되는 UI 요소에 적용하면 오류를 사전에 막을 수 있어 편리하다.

🔷 속성

Output
- Exists : Element가 존재하는지 여부를 나타낸다. 이 필드는 Boolean 변수만 지원한다.

MISC
- Target.Select : 액티비티가 실행될 때 특정 UI 요소를 찾는 데 사용되는 텍스트 속성. 실제로 찾고있는 UI 요소와 그 상위 요소 중 일부의 특성을 지정하는 (Partial Selector) XML 조각이다.
- Target.TimeoutMS : 액티비티가 실행될 때까지 기다리는 시간으로 기본값은 30000 밀리초 (30초)이며 시간이 지나면 SelectorNotFoundException 오류가 발생한다.
- ※ UiPath의 액티비티 안내서에는 위와 같이 나오지만 실제 시간이 지나도 오류는 발생하지 않고 결과값만 False로 된다. UI요소가 완전히 활성화될 때까지 대기한다.
- Target.WaitForReady : 액티비티를 실행하기 전에 대상(UI 요소)이 준비가 완료 될 때까지 기다리는 속성으로 다음 옵션을 사용할 수 있다.
  - ▶ None : 액티비티가 실행하기 전에 대상 UI 요소가 존재할 때까지 기다리지 않는다. 예를 들어, 모든 UI 요소가 로드 될 때까지 기다리지 않고 웹 페이지에서 텍스트를 검색하거나 특정 버튼을 클릭하려는 경우 이 옵션을 사용할 수 있다. 버튼이 아직 로드되지 않은 요소 (예 : 스크립트)에 의존하는 경우 원치 않는 결과가 발생할 수 있다.
  - ▶ Interactive / Complete : 실제로 액티비티를 실행하기 전에 대상 앱의 모든 UI 요소가 대기할 때까지 대기한다.
  - Target..Element : 다른 액티비티에서 반환 된 UiElement 타입의 변수를 사용한다. 이 속성은 Selector 속성과 함께 사용할 수 없으며 이 필드는 UiElement 타입 변수만 지원한다.
- Target.ClippingRegion : 왼쪽, 위, 아래, 아래쪽 방향으로 UiElement를 기준으로 자르기 직사각형을 픽셀 단위로 정의하며 양수와 음수를 모두 지원한다.

프로세스가 연산을 하려할 때 계산기가 실행되어 있는지를 확인하여 True이면 계산을 시작하라는 글을 출력하고, False이면 프로세스를 종료하는 글을 출력하는 예를 작성한다. 이번에는 FlowChart 모드로 진행해보자.

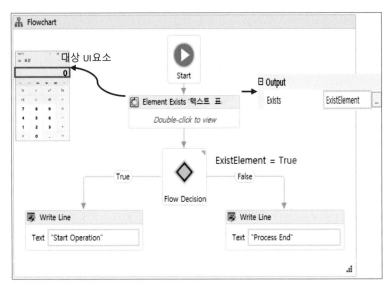

※ 사용 목적은 Find Element와 유사하다. 다만 결과가 Boolean값으로 나와 IF문을 이용하여 조건에 맞는 분기를 할 수 있다.

01 미리 계산기 프로그램을 실행시켜 놓는다.

02 액티비티 패널에서 Element Exists를 검색하여 Start 아래 놓는다. 그리고 액티비티에 마우스 오른쪽 버튼을 클릭하고 맨 마지막에 있는 Set as Start Node를 눌러 Flowchart의 시작과 연결시킨다.

03 액티비티를 더블클릭하고 액티비티에 있는 'Indicate on screen'을 클릭하여 계산기의 화면이 나오는 영역을 클릭한다. 그리고 속성 패널의 Output 아래 Exists의 입력영역에 Ctrl + K 를 누르고 변수명 ExistElement를 입력한다.

04 다시 Main으로 돌아와 Element Exists 액티비티 아래 Flow Decision 액티비티를 놓고 두 액티비티간 화살표를 연결한다. 그리고 액티비티의 속성 중 Condition에 Element Exists에서 받은 결과값을 비교하는 식을 ExistElement = True와 같이 입력한다.

05 그리고 그림과 같이 Condition 결과가 True일 때와 False일 때에 적합한 Write Line을 연결한다.

Get Attribute

UI 요소의 지정된 Attribute 값을 검색한다. Attribute가 활성화되었는지 여부를 확인하려면 이 액티비티 또는 Wait Attribute의 aastate 속성과 함께 사용한다.

> **❝ Attribute란 무엇인가?**
>
> UI 요소(Element)를 식별하는 제어에 대한 중요한 정보를 저장한다. 예를 들어 위치나 제목에 대한 정보를 알려준다. 만약 요소가 목록인 경우 항목을 알 수 있고 또 체크박스라면 해당 항목이 선택되어 있는지 확인할 수 있다.
> 요소의 Attribute 정보는 GetAttribute 액티비티를 사용하여 얻을 수 있으며 UI Explorer의 Property Explorer에서 Attribute의 종류를 확인할 수 있다.

일반적으로 Attribute의 종류는 aaname, aastate, app, AppPath, AutomationId, checked, cls, cookie, ctrlid, ctrName, foreground, hasFocus, hwnd, innerHtml, innerText, IsUiPathJavaBridgeEnabled, IsJavaWindow, items, javaState, labeledBy, name, outerHtml, outerText, parentClass, parentId, parentName, PID, position, readyState, relativeVisibility, role, selectedItem, subsystem, tag, text, tid, title, url, virtualName, visibility 등이 있다.

🔖 속성

Output
- Result : 지정된 Attribute 값

Input
- Attribute : 지정한 Attribute의 이름으로 문자열을 지원한다.

계산기를 실행시켜 놓고 Get Attribute를 이용해서 계산기 프로그램이 존재하는 경로를 얻기 위해 AppPath 값을 구하여 보자.

01 Get Attribute 액티비티를 Main Sequence안에 놓는다. 그리고 Indicate on screen을 누르고 마우스를 옮겨 계산기를 클릭한다.

02 액티비티의 하단 Attribute text may be quoted 옆 삼각형(▼)을 클릭하여 AppPath를 선택한다. 이렇게 하여 속성 Input.Attribute 값은 지정되었다.

03 액티비티의 속성 Output.Result에 문자열 변수 aResult를 입력한다.

04 결과를 확인하기 위해 WriteLine 액티비티를 추가하고 속성 Text에 aResult를 지정한다.

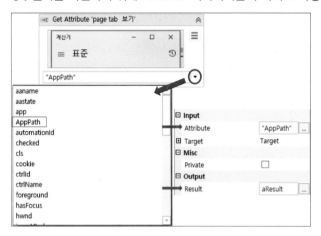

05 실행 후 출력결과는 다음과 같이 나온다.

" C:\ProgramFiles\WindowsApps\Microsoft.WindowsCalculator _10.1811.3241.0_x64__8wekyb3d8bbwe

Find Children

지정된 범위 및 필터 조건에 따라 Child UI 요소의 집합을 검색한다. 예를 들어 UI Explorer로 어느 UI 요소를 선택했을 때 Visual Tree로 보면 다음 그림과 같이 Parent와 Child가 있는 경우가 있다. 이때 Find Child를 이용하여 Child의 UiElement를 얻을 수 있다.

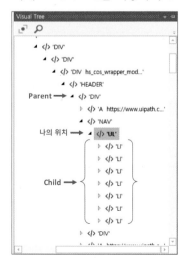

이 액티비티를 사용하기 위해서는 Child 노드가 있는 테이블이나 리스트와 같은 경우가 적합하다.

Input
- Filter : Child 집합의 모든 UI 요소가 만족해야 하는 조건을 지정하는 XML 문자열이다.

Output
- Children : 필터 및 범위 세트에 따라 찾은 모든 하위 UI 요소. 이 필드는 IEnumerable 타입만 지원한다.

Option
- Scope : child 집합에서 UI 요소의 범위를 설정할 수 있다. 사용가능한 옵션은 Children, descendants, top level, process, thread가 있다.

MISC
- Target.Select : 액티비티가 실행될 때 특정 UI 요소를 찾는데 사용되는 텍스트 속성이다. 실제로 찾고 있는 GUI 요소와 그 상위 요소 중 일부의 특성을 지정하는 (Partial Selector) XML 조각이다.
- Target.TimeoutMS : 액티비티가 실행될 때까지 기다리는 시간으로 기본값은 30000 밀리초(30초)이며 시간이 지나면 SelectorNotFoundException 오류가 발생한다.
- Target.WaitForReady : 액티비티를 실행하기 전에 대상(UI 요소)이 준비가 완료 될 때까지 기다리는 속성으로 None, Interactive, Complete를 사용할 수 있다.
- Target.Element : 다른 액티비티에서 반환된 UiElement 타입의 변수를 사용한다. 이 속성은 Selector 속성과 함께 사용할 수 없으며 이 필드는 UiElement 타입 변수만 지원한다.
- Target.ClippingRegion : 왼쪽, 위, 아래, 아래쪽 방향으로 UiElement를 기준으로 자르기 직사각형을 픽셀 단위로 정의하며 양수와 음수를 모두 지원한다.

Find Children 액티비티의 예를 들기 위해 UiPath.com의 탑 메뉴를 순서대로 클릭하는 워크플로를 작성해 보자.

01 Internet Explorer 브라우저를 이용하여 사이트 www.uipath.com를 띄운다.

02 Studio에서 프로젝트를 생성하고 Sequence 안에 Find Children 액티비티를 놓는다.

03 액티비티의 Indicate on screen을 클릭하고, UI 요소를 지정한다. 그리고 속성 Output.Children 필드에서 `Ctrl` + `K` 를 누르고 변수 childUI를 생성되게 한다.

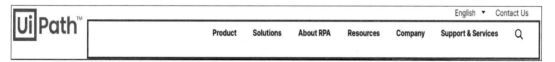

지정할 UI 요소는 메뉴의 상위 요소를 지정하여야 한다.

04 Find Children 아래 Write Line 액티비티를 놓고 child의 개수를 확인하게 한다.

05 다음으로 For each 액티비티를 놓고 속성 TypeArgument를 UiPath.Core.UiElement를 선택한다. 그리고 Values에 Find Children의 output인 childUI를 입력한다.

06 For each의 Body안에 Click 액티비티를 놓고 속성 Target.Element에 For each에서 나온 item을 입력한다.

07 F5 를 눌러 실행을 시킨다. 메인 메뉴가 하나씩 순서대로 클릭되는 것을 볼 수 있다. 즉 지정된 UI 요소의 Child인 메뉴들이 하나씩 클릭되는 것이다.

Find Text Position

UI 요소에서 지정된 문자열을 검색하고 해당 문자열의 화면 위치에 Clipping Region이 설정된 다른 UIElement 타입의 변수를 반환한다.

🔖 속성

Input
- Text : 찾고자 하는 문자열
- Occurrence : 지정된 UI 요소의 텍스트 필드의 찾는 문자열이 두 번 이상 나타나는 경우 여기에서 클릭할 항목 번호를 지정한다. 예를 들어, 문자열이 4번 나타나고 첫 번째 항목을 클릭하려면 이 필드에 1을 쓴다. 기본값은 10이다.

Output
- UiElement : 찾고있는 문자열이 있는 UI 요소이다. 이 필드는 UiElement 타입의 변수만 지원한다.

Options
- FormattedText : 이 체크박스를 선택하면 선택한 텍스트의 화면 레이아웃이 유지된다.
- Target.Element : 다른 액티비티에서 반환 된 UiElement 타입의 변수를 사용한다. 이 속성은 Selector 속성과 함께 사용할 수 없으며 이 필드는 UiElement 타입 변수만 지원한다.
- Target.ClippingRegions : 왼쪽, 위, 아래, 아래쪽 방향으로 UiElement를 기준으로 자르기 직사각형을 픽셀 단위로 정의하며 양수와 음수를 모두 지원한다.
- Target.Selector : 액티비티가 실행될 때 특정 UI 요소를 찾는데 사용되는 텍스트 속성이다. 실제로 찾고 있는 GUI 요소와 그 상위 요소 중 일부의 특성을 지정하는 (Partial Selector) XML 조각이다.

UiPath 홈페이지의 첫 페이지에 Open이라는 문자열이 있다. 그 문자열 중 community라는 단어에 링크가 설정되어 있는데 Find Text Position을 이용하여 community를 클릭해서 이동해 보자.

01 UiPath 사이트에 접속한다.

02 새로운 프로젝트를 만들어 Sequence를 지정하고, Sequence 안에 Find Text Position 액티비티를 놓는다.

03 액티비티의 Indicate on screen을 클릭하고 마우스를 옮겨 Open의 문자열 박스를 클릭한다. 그리고 속성 Text에 찾을 문자열 "community"를 입력하고 속성 Output.UiElement에 Ctrl + K 를 눌러 변수 positionElement를 생성한다.

04 Find Text Position 액티비티 아래 Click 액티비티를 놓는다.

05 Click 액티비티의 속성 target.Element에 Find Text Position에서 받은 UiElement 타입의 변수 positionElement를 입력한다.

06 F5 를 눌러 실행한다. 로봇이 문자열 안의 community를 찾아 클릭하여 페이지 이동되는 것을 확인할 수 있을 것이다.

07 다음은 워크플로우 모습이다.

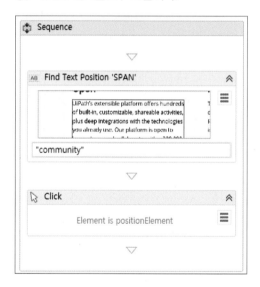

Find Image

UI 요소에 지정한 이미지가 표시될 때까지 기다린 다음 이미지가 발견되면 해당 이미지를 나타내는 UIElement를 반환한다. 이미지가 포함된 페이지 로드를 확인하거나 anchor 관련 액티비티 등에 적용을 한다.

Input

- Image.Image – 검색할 기존 이미지이다. 이 필드는 이미지 변수만 지원한다.
- Image.Accuracy – 검색중인 이미지와 발견된 이미지 간의 최소 유사성을 나타내는 0에서 1까지의 측정 단위로 발견되는 이미지가 검색하려는 이미지와 약간 다른 경우에 유용하다. 기본값은 0.80이다.
- Target.Selector – 액티비티가 실행될 때 특정 UI 요소를 찾는 데 사용되는 텍스트 속성이다. 실제로 찾고 있는 GUI 요소와 그 상위 요소 중 일부의 특성을 지정하는 XML 조각이다.
- Target.TimeoutMS – SelectorNotFoundException 오류가 발생하기 전에 활동이 실행되기를 기다리는 시간 (밀리 초)을 지정한다. 기본값은 30000 밀리 초(30초)이다.
- Target.WaitForReady – 작업을 수행하기 전에 대상 준비가 완료될 때까지 기다린다. INTERATIVE, NONE, COMPLETE 와 같은 옵션을 사용할 수 있다.
- Target.Element : 다른 액티비티에서 반환된 UiElement 타입의 변수를 사용한다. 이 속성은 Selector 속성과 함께 사용할 수 없으며 이 필드는 UiElement 타입 변수만 지원한다.
- Target.ClippingRegions : 왼쪽, 위, 아래, 아래쪽 방향으로 UiElement를 기준으로 자르기 직사각형을 픽셀 단위로 정의하며 양수와 음수를 모두 지원한다.

간단한 예로 UiPath의 홈페이지에서 로고를 찾아서 클릭하는 예를 들어보았다.

상단 그림처럼 UiPath 홈페이지에 있는 로고 이미지를 찾고 해당 이미지를 클릭하는 예이다.

01 UiPath 사이트에 접속한다.

02 새로운 프로젝트를 만들어 Sequence를 놓고 Sequence 안에 Find Image 액티비티를 놓는다.

03 액티비티의 Indicate image on screen을 클릭하고 마우스를 옮겨 위 그림의 로고 이미지를 영역으로 잡는다. 그리고 속성 FoundElement의 영역에 `Ctrl` + `K` 를 눌러 UiElement 타입 변수 foundImage를 생성한다.

04 Find Image 액티비티 아래 Click 액티비티를 놓는다.

05 Click 액티비티의 속성 target.Element 에 Find Image에서 받은 UiElement 타입 변수 foundImage를 입력한다.

06 `F5` 를 눌러 실행한다. 로봇이 페이지에서 지정한 이미지를 찾아 클릭하여 페이지 이동이 되는 것을 확인할 수 있을 것이다. 다음은 워크플로의 모습이다.

9 _ Selector 응용

메일 목록 순서대로 열기

Selector의 응용의 일환으로 다음 포탈의 Mail 목록을 순서대로 열어 보는 예를 들어 설명한다.
Selector를 사용하는 방법을 이해하고 알아두면 프로젝트 개발시에 도움이 될 것이다.

메일 목록의 특징

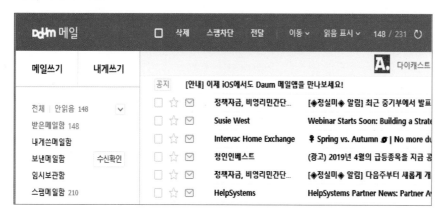

위의 그림에서 메일을 하나씩 열어보려면

- 목록의 메일에 대한 각각의 Selector를 열어야 클릭할 수가 있지만 Selector의 내용이 각각 다르다.
  목록 첫 번째 메일의 Selector :
  〈html title='받은메일함 | Daum 메일' /〉
  〈webctrl aaname='[◆정실미◆ 알림] 최근 중기부에서 발표한 블록체인 기술 관련 2019-2021 중소기업 전략기술로드맵 자료 올려드*' parentid='mailList' tag='STRONG' /〉

목록 두 번째 메일의 Selector :

```
<html title=' 받은메일함 ┊ Daum 메일' />
<webctrl aaname=' Webinar Starts Soon: Building a Strategic Procurement and Finan*'
parentid='mailList' tag='STRONG' />
```

- 한 페이지 안에 몇 개의 Mail이 있는지 목록의 개수를 알아야 페이지 넘김을 할 수 있다. 여기에서는 15개로 설정되어 있다.
- 전체 읽어야 할 메일의 개수는 왼쪽 프레임의 "안읽음" 옆 숫자를 이용하면 된다.

워크플로 구축 방법

워크플로 구축 방법은 여러가지가 있다. 개발자가 선호하는 방법을 이용하면 문제가 되지 않는다. 다만 여기에서는 Selector를 이용하여 해결하는 방법에 대해 학습하고자 한다. 우리가 진행할 해결 방법은 각 Selector를 공통모습으로 만들고 목록의 위치(몇 번째)를 index로 하여 Selector에 포함시키는 것이다.

❶ Selector에 Index를 포함시키기

01 UI Explorer을 열고 Indicate Element를 클릭한 후 마우스를 옮겨 첫 번째 메일 제목을 클릭한다.

02 Explorer의 오른쪽 Attribute 패널에서 aaname의 체크박스를 해제한다. 그러면 Selector의 내용이 다음과 같이 바뀔 것이다. 여기서 중요한 것은 idx='1'의 값으로 첫 번째 항목이라는 의미이다.

```
<html title=' 받은메일함 ┊ Daum 메일' />
<webctrl parentid='mailList' tag='STRONG' idx='1' />
```

즉, 우리는 첫 번째 항목일땐 idx='1'을 포함하는 Selector 그리고 15번째 항목일 땐 idx='15'를 포함하는 Selector를 이용하면 된다는 것을 의미한다.

❷ Click을 반복하기

한페이지의 메일을 읽기 위해서는 총 15개의 메일을 읽어야 함으로 int32 타입의 변수를 하나 만들고 While 액티비티를 이용하여 클릭을 반복한다.

```
Count = 1
While (Count < 16) {
        Click
    Count = Count + 1
}
```

❸ Selector의 idx 값을 변경시키는 방법

변수 String 타입 SelectorValue에 Selector의 표준형 값을 넣고, 위에서 만든 Count 변수의 값을 Replace하는 방법을 적용한다.

```
SelectorValue = <html title='받은메일함 | Daum 메일' /><webctrl parentid='mailList' tag='STRONG'
idx='@@@' />
NewSelector = SelectorValue.Replace("@@@", Count.ToString)
```

워크플로 생성

01 프로젝트를 생성한 후 main Sequence를 놓는다.

02 디자이너 패널 하단에 있는 Variable 탭을 눌러 사용할 변수를 먼저 생성한다.

   • Count   Int32   초기값 1

   • SelectorValue   String

   • NewSelector   String

03 Assign 액티비티를 Sequence 안에 놓는다.

   • To 영역에 SelectorValue를 입력

   • Value 영역에 규격화한 Selector 내용 " <html title='받은메일함 | Daum 메일' /><webctrl paren-tid='mailList' tag='STRONG' idx='@@@' />"를 입력한다.(Value 영역의 값은 위에서 Ui Explorer을 이용해 idx값을 포함한 Selector이며 바뀌는 부분을 "@@@"으로 표시해 두었다.)

04 While 액티비티를 Assign 아래 놓는다. 그리고 Condition에 Count < 16을 입력한다.

05 While 액티비티 Body안에 Assign 액티비티를 놓는다.

   • To 영역에 NewSelector를 입력한다.

   • Value 영역에 SelectorValue.Replace("@@@", Count.ToString)를 입력한다.

06 Assign 액티비티 아래 Click 액티비티를 놓는다. 그리고 Click의 속성 Target.Selector에 변수 NewSelector을 입력한다.

07 Assign 액티비티를 하나 더 놓는다. 그리고 To 영역에 Count, Value 영역에 Count +1을 입력한다.

08 확인을 위하여 Delay 액티비티를 놓고 속성 Duration에 5초(00:00:05)를 부여한다.

09 끝으로 Click 액티비티를 하나 더 놓고 대상 UI는 브라우저의 go back 화살표를 클릭한다.

- 속성 Select를 열고 메일이 바뀔 때마다 속성값이 바뀌는 Title과 idx의 값을 '*'로 바꿔준다.

수정 전

```
<wnd app='iexplore.exe' cls='IEFrame' title='[◆정실미◆ 알림] 최근 중기부에서 발표한 블
록체인 기술 관련 2019-2021 중소기업 전략기술로드맵 자료 올려드*' />
<wnd cls='WorkerW' title='탐색 모음' />
<wnd cls='ToolbarWindow32' idx='1' />
```

수정 후

```
<wnd app='iexplore.exe' cls='IEFrame' title='*' />
<wnd cls='WorkerW' title='탐색 모음' />
```

10 워크플로가 완성되었다. F5 를 눌러 실행시켜 보자. 참고로 생성한 워크플로는 유일한 답이 아니다. 단지 Selector를 응용하는 모습을 보이기 위한 것임을 안내한다. 다음은 워크플로 전체 모습을 놓았으니 참고하길 바란다.

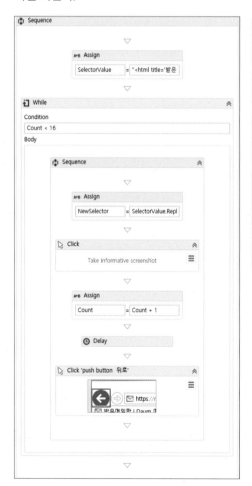

> **" 참고**
>
> 위의 방법에서는 Replace를 이용하였지만 Count 변수를 click 액티비티의 Selcetion에 직접 넣는 방법도 아래와 같이 사용할 수 있으니 참고하기 바란다.
>
> Target.Selector =
> ```
> <html title='받은메일함 ¦ Daum 메일' />
> <webctrl parentid='mailList' tag='STRONG' idx='2' />
> ```
>
> 형태의 Select를
> ```
> <html title='받은메일함 ¦ Daum 메일' />
> <webctrl parentid='mailList' tag='STRONG' idx='"+Count.
> ToString+"' />
> ```
>
> 와 같이 바꿔주면 Replace를 사용하지 않아도 같은 결과를 만들어 낼 수 있다.

Dynamic Selector를 이용하는 계산기

임의의 다섯 개 숫자(56, 72, 39, 16, 95)를 계산기의 키패드를 눌러 합을 구한다.

이 문제는 어떤 숫자가 입력되는지 모르기 때문에 계산기의 번호를 나타내는 키 패드의 Selector를 고정시킬 수 없다. 때문에 임의의 숫자를 나타낼 수 있는 Selector를 만들어 적용하면 간단하게 해결할 수 있다.

Chapter 08

UI 입출력

 단원 목표

UI 요소는 창, 확인란, 텍스트 필드 또는 드롭 다운 목록 등 응용 프로그램을 구성하는 모든 그래픽 사용자 인터페이스 부분을 나타낸다. 그것들과 상호 작용을 하기 위해서는 입력과 출력하는 방법이 있는데 여기에서는 아래 나열된 입력과 출력 활동을 하기 위해 필요한 기술에 대해 소개하고자 한다.

▶ UI 요소에 대한 입력 방법의 특징과 용도에 대해 자세히 학습한다.
▶ UI 요소에 대한 출력 방법의 특징과 용도에 대해 자세히 학습한다.

Input Actions	Output Actions
• Clicks	• Getting text
• Text typing	• Finding elements and Images
• Keyboard shortcuts	• Clipboard actions
• Right–clicks	• Etc.
• Mouse hover	
• Clipboard actions	
• Etc.	

1 _ 입력 작업

인간이나 로봇은 작업을 위하여 응용 프로그램 또는 웹 페이지와 상호작용이 필요하다. 클릭, 또는 데이터 입력, 키보드 단축키 등의 작업을 통해 상호작용을 하는데 이를 위해서 3가지 유형의 입력 방법이 있다. 이 방법들을 잘 이해하고 각각의 특징을 파악한 후 용도에 맞춰 활용하여야 한다.

❶ Default : 마우스 및 키보드 드라이버 등 하드웨어 드라이버를 사용하여 사람의 작업을 대신하도록 한다. 대부분 사용되는 작업 방법으로서 응용 프로그램을 실행하지만 백그라운드 작업이 되지 않고 속도 및 필요한 요구사항을 이행하는데 있어 약간의 부족한 부분이 있다. 때문에 이 방법으로 시작하여 잘 동작하는지 확인한 다음 다른 두 가지 방법 중 하나로 변경하는 것이 좋다.

❷ Simulate Type/Click : 세 가지 방법 중 가장 빠르며 백그라운드에서 작동하지만 키보드 단축키는 지원하지 않고 해당 단축키에 대한 입력지시가 그대로 문자열로 입력되어 버린다. 백그라운드 실행이 가능하며 기존 문자열의 공란 초기화를 할 필요없이 자동으로 공란 초기화한 다음 입력을 해준다. 대상 앱의 기술을 사용하여 입력과 클릭을 대신한다.

❸ Send Window Message : 이 방법은 처리 속도면에서 Default 방식과 큰 차이는 없지만 필드를 작성하기 전에 필드를 비우기 위해서는 EmptyField의 체크박스를 체크해야 하기때문에 빠르지 않다. 지정된 작업을 수행하기 위해 대상 응용 프로그램에 직접 특정 메시지를 전송한다.

입력 방법은 선택한 액티비티의 속성 패널에서 언제든 변경할 수 있으며 SimulateType 또는 SendWindowMessage 확인란을 선택하지 않으면 Default 방법이 적용된다.

다음 그림은 액티비티의 입력 방법을 선택하는 예로서 대부분의 입력작업에 있는 속성이다.

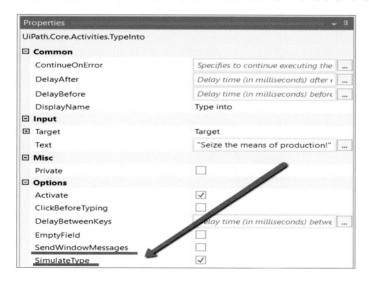

입력 방식의 비교

입력 방식	호환성	백그라운드 실행	처리속도	단축기 지원	공란자동처리
Default	100%	No	50%	Yes	No
SendWindow Message	80%	Yes	50%	Yes	No
SimulateType/Click	99%—Web				
	60%—desktop	Yes	100%	No	Yes

Input Method를 사용한 예

세 가지 입력 방식이 어떻게 작용하는지 명확하게 파악하기 위해 메모장 창에 내용을 쓰고 세 가지 입력 방법을 전환하는 간단한 프로젝트를 만들어 본다.

01 메모장 창을 연다.

02 Studio의 Basic Recording 도구 모음에서 [Record] 버튼을 눌러 시작한다.

03 메모장 창에 시험을 위한 텍스트를 입력한다.

04 창을 최소화하고 다시 복원한다.

05 메모장 창에 다른 내용을 추가 입력한다.

06 ESC 를 누른 후 Save & Exit를 누르면 자동화가 저장되어 Designer 패널에 표시되며 다음과 같은 스크린 샷이 보일 것이다.

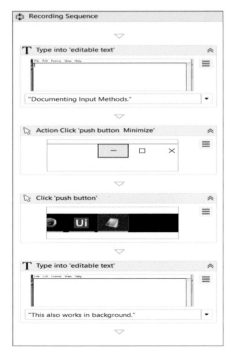

07 위의 그림에서 맨 아래 있는 Type Into 액티비티를 드래그하여 한 동작 앞 Click 액티비티 위로 드롭한다. 선택한 입력 방법이 백그라운드 모드에서 메모창에 쓸 수 있는지 확인하기 위해 이 작업을 수행한다.

08 두 번째 Type Into 액티비티의 입력 맨 마지막에 드롭 다운에서 "Enter"를 선택하여 추가한다. 특수키 문자열은 기존 텍스트의 끝에 표시된다.

09 문장의 시작 부분에 특수 키 문자열을 복사하여 옮긴다. 이렇게 하면 텍스트 편집기에서 새 행을 추가하는 Enter 와 같은 특수 키를 테스트할 수 있다. Upath를 자동화 하는데 필요하다.

10 모든 입력 방법으로(속성 패널의 입력 방법에 체크를 해보면서) 실행해 보고 차이점을 확인해본다.

• Default : 마우스 및 키보드 드라이버를 사용하여 시뮬레이션을 한다.

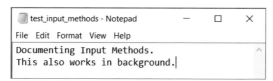

• SendWindowMessages Method : 백그라운드에서 작동하며 특수 키를 지원하지만 기존 텍스트는 지우지 않는다. (속성 패널에서 수동으로 빈 필드 확인란을 선택해야 함)

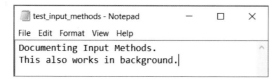

- Simulate Type/Click Method : 백그라운드에서 작동하지만 기존 텍스트를 자동으로 지우고 특수 키는 지원하지 않는다.

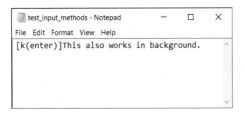

결론적으로 프로젝트의 필요에 가장 잘 맞는 방법을 선택하여야 한다. 특수 키가 필수인 경우 Simulate Type/Click Method를 피하거나 속도가 가장 중요한 경우 Simulate Type/Click이 적합할 수 있다.

2 _ 출력 방식(Screen Scraping)

Screen Scraping이란?

자동화를 할 때 우리는 화면에서 데이터를 읽어야 할 필요성이 많다. PDF 파일과 같은 문서를 읽기도 하고 응용프로그램의 화면이나 이미지에서 데이터를 추출하기도 한다. 이를 위해 UiPath에서는 16 밀리초 미만의 빠른 속도로 데스크탑 응용 프로그램의 화면을 100% 정확도로 실행되는 화면 스크래핑을 제공한다. 기존에는 OCR과 같은 정확도가 떨어지는 기능을 사용하였지만 이젠 그럴 필요가 없어졌다.

화면에서 데이터를 추출하기 위한 방법은 Full Text, Native, OCR의 3가지 방법이 있는데 이 방법에 대해서 사용법을 자세히 알고 이들의 차이점을 효과적으로 이용하도록 하자.

- Full Text : 화면 스크래핑 방법의 하나로 지정된 UI 요소에서 문자열과 그 정보를 추출한다. 이 방법은 기본 방법으로 빠르고 정확하지만 Native 메서드와 달리 텍스트의 화면 좌표를 추출할 수 없다.
- Native : 텍스트를 스크랩하는 것 외에도 텍스트의 위치와 글꼴 스타일 및 색상과 같은 기타 텍스트 속성을 캡처한다. 마치 클립보드가 복사 붙여넣기를 하는 것과 같다.
- OCR : OCR은 100% 정확하지는 않지만 Citrix를 포함한 모든 응용 프로그램에서 작동하므로 FullText나 Native로 추출할 수 없는 텍스트를 추출하는데 유용할 수 있다. Studio는 기본적으로 Google Tesseract 및 Microsoft Modi 두 가지 OCR 엔진을 사용한다.

아래는 세 가지 방법의 차이점을 표로 나타낸 것이다.

방법	속도	정확성	백그라운드 실행	문자 추출위치	숨은 텍스트 추출	Citrix 지원
FullText	10/10	100%	Yes	No	Yes	No
Native	8/10	100%	No	Yes	No	No
OCR	3/10	98%	No	Yes	No	Yes

❝ 참고 – OCR (Optical Character Recognition)

OCR(광학 문자 인식)은 사람이 쓰거나 기계로 인쇄한 문자의 영상을 이미지 스캐너로 획득하여 기계가 읽을 수 있는 문자로 변환하는 것이다. 이미지 스캔으로 얻을 수 있는 문서의 활자 영상을 컴퓨터가 편집 가능한 문자코드 등의 형식으로 변환하는 소프트웨어이다.

Screen Scrape 실행 비교

비교를 위해 메모장 화면을 놓고 3가지 방법으로 Screen Scraping을 하였을 때 나온 결과를 비교해 보았다.

다음은 읽을 메모장 모습이다.

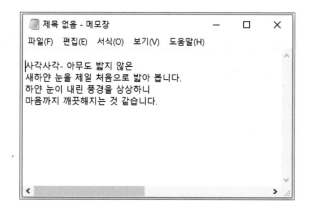

이제 디자인 패널의 메뉴 중 Screen Scraping을 클릭한다.

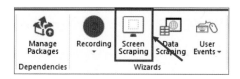

마우스를 움직이면 레코딩할 때 화면의 UI 요소가 색이 변하듯 같은 움직임이 나온다. 이제 마우스를 움직여 스크래핑할 영역을 클릭하면 스크래핑 위자드 창이 뜬다. 그 창을 이용해서 3가지 방법으로 각각 시연해 보고 비교해보자.

먼저 스크래핑 위자드에 대해 간단히 소개를 한다.

- 스크래핑 위자드는 기본적으로 스크래핑한 결과를 왼쪽에 미리보기 형태로 보여준다.
- 오른쪽의 Scraping Method에 나오는 Native는 현재의 스크래핑 방법을 알려준다.
- Scraping Method 오른쪽끝 셀렉트 바를 누르면 스크래핑 방법을 선택할 수 있고 방법에 따라 화면이 조금씩 바뀐다.

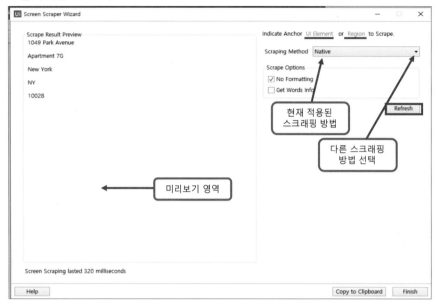

❶ Full Text

Full Text 방법은 숨은 텍스트도 추출하는 특징이 있다. 이 정보 추출을 원하지 않을 경우 Ignore Hidden의 체크박스를 체크한다.

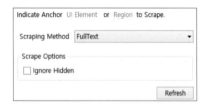

❷ Native

- No Formatting : 이 체크박스를 선택하면 서식 지정 정보를 추출하지 않은 텍스트가 나온다. 만약 No Formatting이 선택되지 않으면 추출된 텍스트의 상대위치가 유지된다.

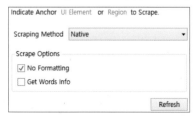

- Get Words Info : 이 체크박스를 선택하면 Studio는 각 단어의 화면 좌표를 추출한다. 또한 사용자가 지정 구분 기호가 표시되어 구분기호로 사용되는 문자를 지정할 수 있다. 필드가 비어 있으면 알려진 모든 텍스트 구분 기호가 사용된다.

❸ OCR

- OCR Engine : 어떤 OCR 엔진을 사용하는지 선택한다. 기본적으로 Google OCR과 마이크로소프트 OCR 두 가지가 사용된다. Google은 작은 규모, 낮은 해상도에 적합하고 Microsoft OCR은 스캔된 문서와 같은 커다란 이미지에 더 적합하다.
- Language : 언어를 선택할 수 있지만 기본적으로 영어로만 되어 있기 때문에 필요한 언어는 직접 설치를 해야 한다.
- Scale : 선택된 UI 요소 또는 이미지의 배율 인수로 숫자가 높을 수록 이미지를 확대할 수 있다. 더 나은 OCR 읽기를 위해 제공되며 작은 이미지의 경우 권장된다.

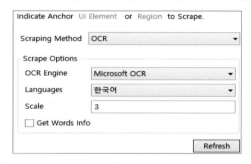

- Get Words Info : 각 스크랩된 단어의 화면상 위치를 얻는다.
  ▶ [Refresh] 버튼을 누르면 지정된 스크래핑 방법으로 다시 스크래핑을 한다.
  ▶ Indicate Anchor와 Region을 이용하여 스크래핑 영역을 지정할 수 있다.
  ▶ Finish를 누르면 워크플로우가 생성되어 변수에 담긴 텍스트를 사용할 수 있다.

이와 같이 세 가지 방식으로 스크래핑을 했을 때 나온 결과는 아래와 같다.

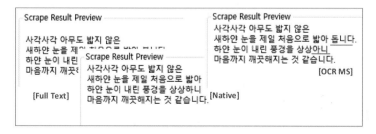

결과를 보면 왼쪽의 Full Text 방식과 Native 방식은 정확하게 스크래핑 된 반면 마이크로소프트의 OCR에서는 두곳에서 오류가 있다는 것을 알 수 있다. 이렇듯 OCR의 정확성은 아직 만족스럽지 못한 부분이 있기 때문에 이용여부를 잘 판단하여야 한다.

Screen Scraping 사용법 요약

01 디자인 패널의 Screen Scraping 메뉴를 클릭한다.

02 마우스를 읽고자 하는 화면의 UI 영역을 클릭한다. (예 : 메모장 편집 영역)

03 팝업된 Screen Scraper Wizard에서 적합한 Scraping 메소드를 선택한 후 [Refresh] 버튼을 눌러 확인한다.

04 [Finish] 버튼을 누른다.

05 Studio에 워크플로가 자동으로 생성되어 나온 것을 확인할 수 있다. 또한 사용된 Scraping 메소드 액티비티의 Output.Text에 변수도 자동으로 생성되어 있어서 바로 사용할 수 있다.

액티비티를 이용한 스크래핑

앞에서 Screen Scraping 작업으로 텍스트를 추출했지만 그것에 해당하는 액티비티를 이용하여 수동으로 작업을 진행할 수 있다. Screen Scraping과 같이 같은 메모장을 가지고 실행을 해보자.

Output Method	Manual Action
Basic Recording	getText
Full Text	getFullText
Native	getVisibleText
OCR	getOCRText

위의 표에 나열되어 있는 네 가지 액티비티를 이용하여 스크린을 스크래핑 할 수 있다. 모두 사용법이 비슷하기 때문에 하나의 워크플로 안에서 동일한 영역을 각 액티비티를 이용해서 스크래핑을 하는 예제를 만들어보자.

01 Sequence 안에 Get Text 액티비티를 놓는다.

02 그 아래 액티비티 Get Full Text, 그 아래 Get Visible Text 그 아래 Get OCR Text를 놓는다.

03 Get Text 액티비티의 Indicate on screen을 클릭하고 스크래핑 영역인 메모장의 Editable 필드를 클릭한다.

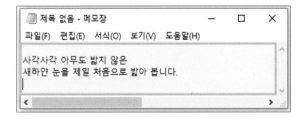

04 Get Text 액티비티의 Selector을 복사하여 나머지 액티비티의 Selector 값에 붙여넣기를 한다(모두 같은 대상 UI를 지정하기 때문에 Selector를 복사한 것이다).

05 각 액티비티의 Output value와 Output.Text에 strGT, strGFT, strGVT, strOT와 같은 String 타입의 변수를 각각 부여한다.

06 마지막으로 WriteLine 액티비티를 이용하여 스크래핑한 모든 변수를 출력시킨다.

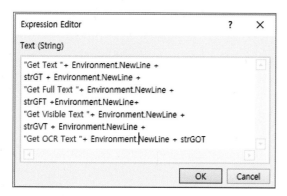

07 출력 결과는 다음과 같다.

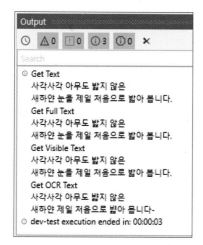

OCR 경우만 정확하지 않은 결과가 나왔다.

08 전체 워크플로우 모습은 다음과 같다.

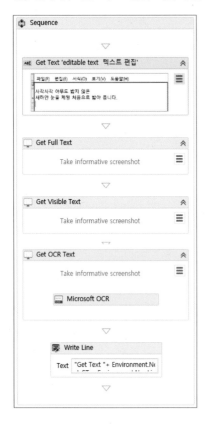

OCR 엔진 언어 실치

OCR 엔진의 기본언어는 영어이다. 아래의 스크린샷에서 볼 수 있듯이 속성 패널 Language 입력란에 언어 이름을 따옴표 안에 추가하면 내장 엔진에서 언어를 변경할 수 있다.

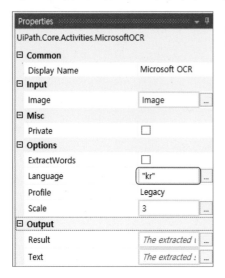

※ Google OCR 엔진의 경우 입력란에는 루마니아의 경우 "ron", 한국어의 경우 "kor", 이탈리아어의 경우 "ita", 일본어의 경우 "jpn", 프랑스어의 경우 "fra"와 같은 언어 파일 접두사가 포함되어야 한다.

스크래핑 방법으로 OCR을 선택할 때 화면 스크래핑 액티비티에서 Microsoft OCR 엔진 또는 Google OCR 엔진의 언어를 변경할 수 있다.

❶ Microsoft : OCR 엔진 설치와 언어 변경(Windows 10)

시스템에 언어를 추가한 다음 워크플로우에서 사용하려면 다음의 순서로 해야 한다.

01 시작 메뉴 〉 설정으로 이동하면 Windows 설정 창이 열린다. 창을 최대화한다.

02 시간 및 언어의 날짜 및 시간 창을 연다.

03 왼쪽 메뉴에서 지역 및 언어를 선택하고 언어에서 언어추가를 클릭한다.

04 원하는 언어를 선택한 후 다음을 클릭한다. 언어 기능설치 창이 열린다.

05 내 윈도우 표시언어로 설정 확인란의 선택을 취소하고 설치를 클릭 그리고 설치가 완료될 때까지 기다린다.

06 새로운 언어를 사용할 수 있게 하려면 UiPath Studio를 다시 시작한다. 이제 Studio에서 이름을 따옴표("ko")로 추가하여 언어를 사용할 수 있다.

❷ Microsoft : OCR 엔진 설치와 언어 변경(Windows 7 과 8)

01 Microsoft OCR 엔진을 수동으로 설치해야 한다.

02 Microsoft SharePoint Designer 2007을 다운로드하여 설치한다. (https://www.microsoft.com/en-us/download/details.aspx?displaylang=en&id=21581)

03 여기에서 Office 버전과 언어를 선택하고 지침에 따라 원하는 언어를 설정한다.

❸ Google : OCR 엔진 설치와 언어 변경

01 https://github.com/tesseract-ocr/tessdata 이 페이지에서 원하는 언어파일을 검색한다.

02 파일을 UiPath 설치 디렉토리(C:\Program Files (x86)\UiPath\Studio\tessdata)의 tessdata 폴더에 저장한다.

Data Scraping

Data scraping 기능은 브라우저, 응용프로그램 또는 문서에서 데이터베이스, CSV 파일 또는 Excel 스프레드시트로 구조화된 데이터를 추출한다. 이 데이터는 예측 가능한 패턴으로 구조화된 특정 정보인데 디자인 탭의 Data scraping 메뉴를 이용하여 사용할 수 있다.

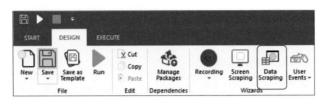

" 참고

Data Saraping 기능은 Internet Explorer 11이상, Mozilla Firefox 50 이상 또는 최신 버전의 Google Chrome에서 앱 자동화를 실행하는 것이 좋다.

Data Scraping의 예를 들기 위해 다음(www.daum.net) 포털 사이트에서 UiPath로 검색을 하고 검색결과 중 블로그를 클릭한다. 결과로 나온 내용중 블로그 제목, 작성일, 링크주소를 스크래핑하여 하나의 표로 만들어 보도록 하자.

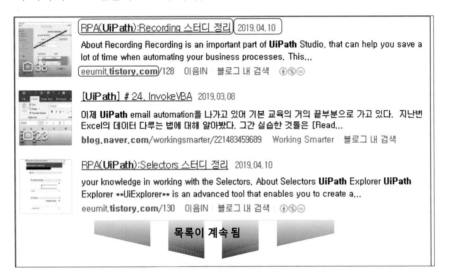

01 Studio에서 Data Scraping 메뉴 버튼을 누르면 스크래핑 위자드가 단계별 작업을 위한 첫 번째 선택화면 'Select Element'를 나타낸다.

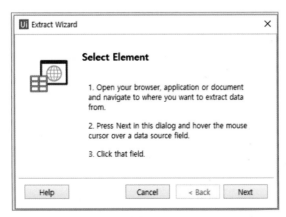

추출하기를 원하는 데이터가 있는 브라우저나 응용프로그램 또는 문서를 열고 [Next] 버튼을 누른다.

02 Studio에서 정보의 패턴을 추론할 수 있도록 추출할 데이터의 첫 번째 필드를 선택한다.

검색화면의 첫 번째 항목 : RPA(UiPath) : Recording 스터디 정리를 선택

다음과 같은 Select Second Element라는 위자드 창이 뜨면 [Next] 버튼을 클릭한다.

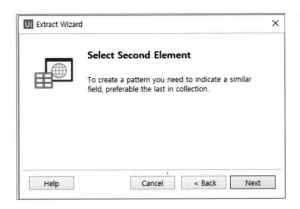

03 마우스를 이동하여 검색화면의 두 번째 항목 : [UiPath] # 24. InvokeVBA를 선택한다. 선택을 마치면 목록 전체 항목의 동일한 패턴에 배경색을 입혀 확인을 하도록 해준다.

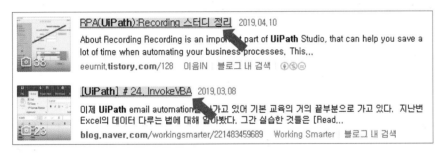

04 이어서 Configure Columns 위자드 창을 띄워주면 Extract Text의 Text Column Name 필드에 추출된 데이터의 이름을 붙여준다. 그리고 [Next] 버튼을 누른다.

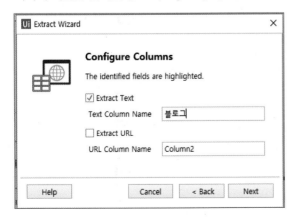

05 이제 한 개의 열이 생성되어 위자드의 Preview Data 창에 나타난다. 참고로 위의 Configure Columns 창에서 Extract URL의 체크박스를 클릭하면 지금 보고 있는 Preview Data 창에 블로그의 각 항목에 해당하는 링크주소(URL)이 있는 열이 하나 더 생성된다(직접 시도해 보기 바란다).

06 이제 두 번째 열을 만들기 위해 [Extract Correlated Data] 버튼을 클릭한다.

07 앞의 02에서 했던 것과 동일하게 반복한다. 추출할 정보의 추론을 위해 두 번째 열의 첫 번째 항목이 되는 검색화면의 생성일(2019.04.10)을 선택한다.

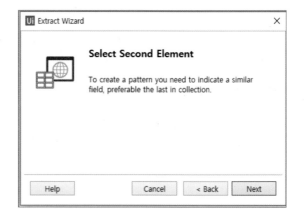

08 위자드의 Select Second Element 창의 [Next] 버튼을 누른 후 두 번째 열의 두 번째 항목인 2019.03.08을 선택한다.

09 위자드 Configure Columns 창 Extract Text의 Text Column Name에 두 번째 열 이름 "생성일"을 입력하고 [Next] 버튼을 누른다.

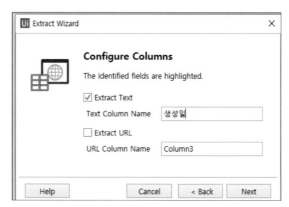

10 이제 오른쪽 그림과 같은 결과가 나왔다.

11 [Finish] 버튼을 누른다. 이어서 팝업된 창은 추출해야 할 페이지가 여러 개 있는 경우 [Yes] 버튼을 클릭하면 뒤에 계속되는 페이지의 데이타를 모두 같이 추출하여 데이터를 제공한다. 단 페이지이면 [No] 버튼을 클릭한다.

12 이제 완성되었다. 디자이너 탭에 Data Sacraping을 위한 워크플로가 생성되었다. 액티비티 Extract Structured Data의 속성을 보면 Output.DataTable에 자동 생성된 변수명이 보일 것이다. 이 변수를 출력해보면 위의 10번 스텝에서 본 Data가 저장 되어있음을 확인할 수 있다.

Screen Scraping과 관련된 액티비티

화면에서 텍스트를 읽을 수 있는 방법은 앞에서 사용한 네 가지 액티비티가 있다. Get Text, Get Full Text, Get Visible Text, 그리고 Get OCR Text이다. 이들 중 Get OCR Text를 제외한 나머지는 사용법과 사용하는 속성이 같다.

Get Text

지정된 UI 요소로부터 텍스트를 추출한다.

Get Full Text

FullText 화면 스크래핑 방법을 사용하여 표시된 UI 요소에서 문자열과 그 정보를 추출한다. 이 액티비티는 컨테이너와 함께 화면 스크래핑을 수행할 때 자동으로 생성될 수도 있다.

Get Visible Text

Native 스크린 스크래핑 방법을 사용하여 표시된 UI 요소에서 문자열과 해당 정보를 추출한다.

Get OCR Text

OCR 스크린 스크래핑 방법을 사용하여 지정된 UI 요소에서 문자열과 해당 정보를 추출한다. 이 액티비티는 컨테이너와 함께 스크린 스크래핑을 수행할 때 자동으로 생성될 수도 있다. 기본적으로 Google OCR 엔진과 Microsoft OCR 엔진이 사용된다.

문제 01

Screen Scraping을 적용해 본다.
자신이 가지고 있는 PDF 파일 하나를 열고 Screen Scraping으로 Full Text, Native, OCR 방법을 적용하여 읽어보고 결과를 비교해 본다. 또한 액티비티 Get Full Text, Get Visible Test, Get OCR Text를 직접 사용해서 읽고 결과를 비교해 본다.

문제 02

Data Table을 적용해 본다.
스포츠 좋아하는 사람은 선수에게 관심이 많다. 포털 다음 스포츠 '해외 야구' 메뉴에서 오늘 대진하는 메이저리그 한 팀을 선택해 출전 선수 명단을 Data Table로 만들고, 다시 '팀/선수' 메뉴를 클릭하여 해당 팀 '기록' 메뉴에서 오늘 출전 선수의 선수기록을 추출하여 Excel 파일로 작성한다.

❶ 사이트 : 해외야구 페이지(https://sports.media.daum.net/sports/worldbaseball/)의 주요경기에서 한 팀을 선택한다. 예를 들면 피츠버그를 선택한다.

❷ 피츠버그를 클릭하면 종료된 게임으로 경기기록 하단에 경기기록 더보기가 나타나는데 이것을 클릭하면 출전했던 피츠버그 출전선수의 명단을 찾을 수 있다. Data Scraping으로 데이터를 추출하여 Data Table에 담는다.

❸ 다시 메뉴 해외야구 〉 팀/선수를 클릭하고 이동한 페이지에서 피츠버그를 찾아 기록을 클릭한다.
❹ 선수기록 페이지가 나오면 타자를 선택하여 목록의 데이터를 Data Table 변수에 담는다.

❺ 오늘의 출전선수에 포함된 선수를 위의 전체선수 명단에서 찾아 해당 선수의 타격 기록을 Excel 파일에 출력한다.

Chapter 09

Image & Text(Citrix) Automation

 단원 목표

Citrix는 Citrix Systems, Inc.의 제품을 일컫는 말로 서버, 응용 프로그램 및 데스크톱 가상화, 네트워킹, SaaS (Software as a Service) 및 클라우드 컴퓨팅 기술이 적용된 시스템을 말하며 이 기술이 적용된 경우 이미지 자동화 기술을 적용하여야 한다.

Citrix(또는 원격 데스크톱)를 통해 응용 프로그램을 자동화할 때 UiPath는 이미지 인식을 사용하여 화면의 요소를 식별하며 이미지를 찾은 후 오프셋을 사용하여 상대적인 위치를 클릭 또는 Screen Scraping을 하는 경우도 있다.

▶ Click Image, click Text를 이용한 여러가지 동작에 대해 학습한다.

▶ 액티비티를 이용하여 프로세싱 타이밍을 제어하는 방법에 대해 이해하고 학습한다.

1 _ Citrix Recording(이미지와 텍스트 자동화)

VM(Virtual Machine)은 주로 서버에서 실행되며 인터페이스의 이미지만이 서버로 스트리밍되기 때문에 UPath는 운영체제를 통한 인터페이스를 할 수 없다. 이는 Basic Recording이나 Web Recording처럼 일련의 작업을 자동으로 레코딩할 수 없기 때문에 특별한 방법이 동원되어야 하는데 그 방법을 설명한다.

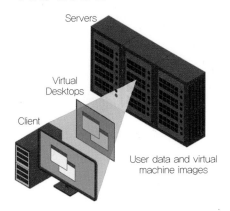

다음 그림과 같은 원격 데스크탑 응용 프로그램(AnyTellerDemo.exe)을 이용하여 라디오 버튼을 클릭하고 몇 개의 텍스트 필드를 채워보자. (AnyTellerDemo.exe는 UiPath의 아카데미에서 제공하는 프로그램으로 예문의 폴더에 저장해 두었다. 실행파일이기 때문에 파일 이름을 바꿔 놓았는데 ~.exe로 바꾸어 사용하면 된다. 하지만 프로그램의 알 수 없는 문제로 인해 오류가 자주 발생하니 이해하기 바란다.)

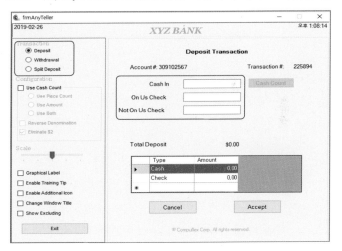

Click Image를 이용한 라디오 버튼 클릭하기

01 자동화의 Image Recording을 누르고 [Click Image] 버튼을 누른다.

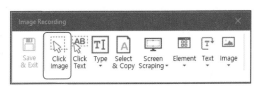

02 라디오 버튼의 클릭이 되는 영역을 지정한다. 다음 그림에서는 Deposit를 클릭하기 위해 노란색 부분의 영역을 설정했다. 이어서 설명상자가 나오는데 이 경우 Deposit의 사각형 박스 아무 곳이나 눌러도 클릭이 됨으로 Set mouse position을 Center로 두고 [OK] 버튼을 누른다.

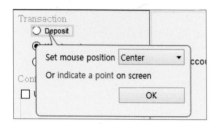

03 Save & Exit를 누르면 Studio에 다음과 같은 워크플로우가 생성된다.

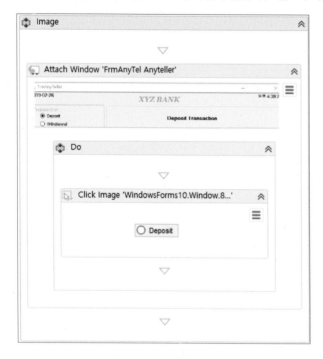

Click Image를 이용하여 Text Field 채우기

시험용 프로그램 FrmAnyTeller의 Cash In 옆 Text Box에 값을 채워 넣기 해보자.

01 자동화의 Image Recording을 누르고 [Click Image] 버튼을 누른다.

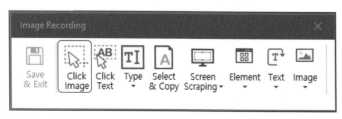

02 입력할 Text Box 옆의 기준이 될 이미지의 영역을 잡는다. 그리고 이번에는 설명 상자의 Indicate a point를 클릭한 후 Text를 채워넣을 영역을 클릭한 후 다시 Text Type을 클릭한다.

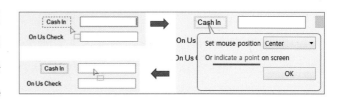

03 도구모음에서 Type 〉 Type을 클릭한다.

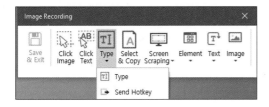

04 Cash In 옆의 텍스트 박스를 클릭하고 필요한 값을 입력한 후 Enter 를 누른다(프로그램 frmAnyTeller은 입력값으로 문자를 넣으면 오류가 발생하므로 숫자를 입력하여야 한다.).

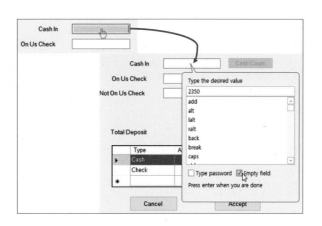

05 완료되었으므로 도구박스의 Save & Exit를 누르면 완성된 워크플로우가 나온다.

여기에서 특이한 사항은 워크플로의 Click Image 액티비티 속성을 보면 Select의 값이 들어있지 않고 CusorPosition의 OffsetX가 92, OffsetY가 8이며 Position은 TopRight로 나온다. 즉 기준점을 중심으로 Offset 값으로 위치를 갖는다는 걸 짐작할 수 있다.

Click Text를 이용하여 Text Field 채우기

FrmAnyTeller의 Not On Us Check 옆의 Text Box에 값을 채워넣기를 해보자.

01 자동화의 Image Recording을 누르고 [Click Text] 버튼을 누른다.

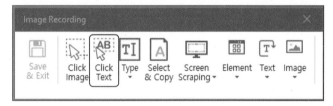

02 클릭할 영역을 지정한다.

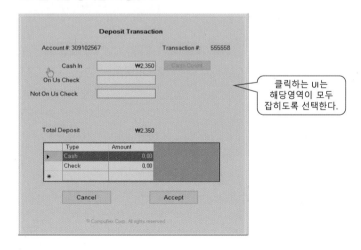

03 스캔된 창이 다음과 같이 나타난다. 여기서 클릭과 관련된 Not On Us Check의 텍스트를 복사하여 하단의 Search Text 영역에 붙여넣기를 한 후 Set Mouse Position을 클릭하면 클릭할 곳을 알려준다.(그 옆의 Occurrence는 찾고자 하는 텍스트가 여러 번 나올 때 찾는 위치가 몇 번째 인지를 지정할 수 있다.)

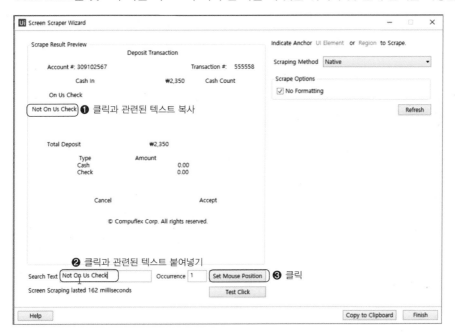

04 지정했던 클릭 문자가 노란색 박스로 나타나고 indicate a point를 클릭한다.

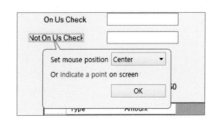

05 Click Image때와 같이 텍스트 입력할 곳을 클릭한다.

06 현재 열려 있는 Screen Scraper Wizard의 오른쪽 하단 [Finish] 버튼을 누른다

07 그리고 앞에 Click Image 사용법에서 보았던 03, 04, 05번을 순서대로 행한다.(Type)

이와 같은 방식으로 위의 응용프로그램에서 하단의 Accept나 Cancel 같은 버튼을 찾아서 누를 수 있다.

Select & Copy를 이용한 정보 얻기

VM(가상머신)에서 정보를 얻는 방법 중 Select & Copy를 이용하는 쉽고 간단한 방법이 있다. 그러나 이 방법은 Selectable Text에만 사용이 가능하다.

FrmAnyTeller 프로그램에서 두 번째 텍스트 박스인 On Us Check의 값을 추출해보자.

01 자동화의 Image Recording을 누르고 [Select & Copy] 버튼을 누른다.

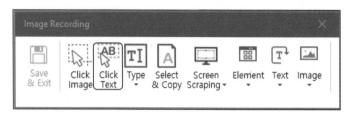

02 Copy할 텍스트 박스를 클릭한다.

03 도구상자의 Save & Exit를 누르면 스튜디오에 워크플로가 나타난다.

04 추가로 WriteLine 액티비티를 이용하여 복사한 Text를 출력하여 확인해 본다.

Screen Scrape - Scrape Relative를 이용한 정보 얻기

Select & Copy는 Selectable Text에서만 가능하다. 그래서 정보를 얻는 또 하나의 방법은 Scrape Releative를 이용하는 방법이다.

Select & Copy에서 수행한 것과 같이 FrmAnyTeller 프로그램에서 두 번째 텍스트 박스인 On Us Check의 값을 추출해보자.

01 도구모음에서 Screen Scraping 〉 Scrape Relative 메뉴를 선택한다.

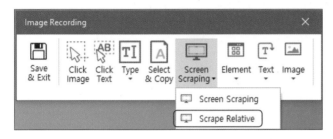

02 이 방법은 앵커를 중심으로 구하고자 하는 정보의 영역을 설정하는 방법이기에 먼저 기준이 되는 영역을 설정하고 이어서 설명상자의 indicate를 클릭한다.

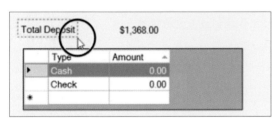
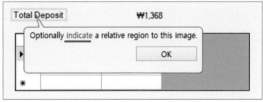

03 이어서 얻고자 하는 정보의 영역을 설정한다.

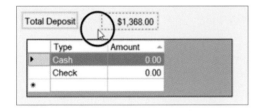

04 결과로 Screen Scrape Wizard 화면이 나온다. 이 단계에서는 Scraping Method를 원하는 방법으로 바꿀 수 있다. OCR 또는 Native, FullText 또 OCR도 엔진을 Google이나 MS로 바꿔 Rescan 할 수 있다. 그리고 끝으로 [Finish] 버튼을 누른다.

05 도구모음의 Save & Exit을 누르면 워크플로우가 완성된다.

06 실제 읽어들인 정보의 결과는 Get OCR Text의 Output에 WindowsformsWindow라는 Generic Value 타입의 변수에 저장 되어있다.

2 _Citrix 자동화(고급)

액티비티를 이용한 타이밍 제어

워크플로를 실행하다 보면 아직 해당 UI 요소가 화면에 나타나지 않은 상황에 다음 액티비티가 실행되어 오류가 발생하는 경우가 종종 있다. 그럴 경우를 막기 위해 사용하는 액티비티에 대해 알아보자.

Find Image

UI 요소에 이미지가 표시될 때까지 기다린 다음 이미지로 설정된 클리핑 영역이 발견되면 UI Element를 반환한다. 이 기능은 이미지를 찾는 것이지만 이미지를 찾을 때까지 시간이 지연되는 특성을 이용하여 다음 액티비티를 실행하는 시간을 지연 시켜주는 효과를 나타내기도 한다.

Input

- Image.Image : 검색할 기존 이미지로 이 필드는 Image 변수만 지원한다.
- Image.Accuracy : 검색 중인 이미지와 발견된 이미지간 최소 유사성을 나타내는 값으로 0에서 1까지의 범위를 갖는다. 기본값은 0.80이다.
- Target.Selector : 액티비티가 실행될 때 특정 UI 요소를 찾는데 사용되는 텍스트 속성의 Selector이다.
- Target.TimeoutMS : SelectNotFoundException 오류가 발생되기 전 활동이 실행되기를 기다리는 시간을 지정한다. 기본값은 30000 밀리 초(30초)이다.
- Target.WaitForReady : 액티비티가 실행하려는 UI 요소의 준비가 완료될 때까지 기다리는 옵션으로 다음과 같은 종류가 있다.
  ▶ None : 액티비티가 지정된 UI 요소의 준비와 상관없이 실행한다. 예를 들어 버튼의 실행인 경우 버튼이 아직 로드되지 않은 상황이라면 오류가 발생할 수 있다.
  ▶ Interactive/Complete : 액티비티가 실행하기전에 지정된 UI 요소가 존재할 때까지 대기한다. 로드가 완료되면 실행한다.
  ▶ Target.ClippingRegion : UI 요소를 기준으로 클리핑한다. 사각형 영역을 픽셀값으로 왼쪽, 위쪽, 오른쪽, 아래쪽 방향으로 정의한다. 양수와 음수를 모두 지원한다.
  ▶ Target.Elemnet : 타 액티비티에서 만들어진 UI 요소의 변수를 사용한다. 이 속성은 Selector 속성과 사용할 수 없다. 이 필드는 UIElement 타입의 변수만 지원한다.

Output

- FoundElement : 발견된 UI Element로 이 필드는 UIElement 타입의 변수만 지원한다.

UiPath의 Academy 과정에서 로그인 후 화면이 바뀌면 새 페이지에 Ui Path 로고가 있다. 이 로고가 정상적으로 발견된다면 페이지 로드가 완료되었다고 가정하고 Find Image를 사용해 보자.

01 새 프로젝트에 Sequence를 놓고 액티비티 패널에서 Find Image를 찾아 드롭 다운한다.

02 액티비티의 Indicate image on screen을 클릭하고 마우스로 찾는 로고 이미지를 클리핑한다.

03 액티비티의 속성 Output.FoundElement 필드에 Ctrl + K 를 눌러 UIElement 타입의 변수를 지정한다.

04 Click 액티비티를 Find Image 아래 놓고 속성 Target.Element에 Find Image에서 반환된 변수 FindImage를 입력한다.

05 이제 실행을 위해 로고가 나오는 화면을 닫고 실행을 하면 30초후 이미지를 발견하지 못하였다는 에러 메시지가 나타난다.

06 이번에는 로고가 있는 화면을 열어놓고 실행을 하면 정상적으로 클릭까지 진행된다.

Wait Image Vanish

Find Image와 반대로 지정한 이미지가 사라질 때까지 기다린다. 팝업 화면을 닫은 후 또는 데이터 다운로드 시 진행중을 나타내는 모래시계 같은 것이 사라질 때를 기다리는 경우 유용하다.

🔖 **속성**

Find Image 액티비티 참조한다.

Find Image에서 했던 UiPath Academy 과정 로그인 후 페이지 로고가 사라지는 것을 기다려 보자.

01 새 프로젝트에 Sequence를 놓고 액티비티 패널에서 Wait Image Vanish를 찾아 드롭 다운한다.

02 액티비티의 Indicate image on screen을 클릭하고 마 우스로 찾는 로고 이미지를 클리핑한다.

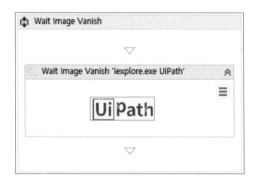

03 간단히 기능을 확인하기 위해 화면을 그대로 두고 실행한다. 결과는 없어져야 할 이미지가 계속 남아 있기 때문에 30초 후 오류 메시지가 나오고 종료된다.

04 이번에는 실행을 시킨 후 10초 후 화면을 닫아 보자. 정상적으로 종료되는 것을 확인할 수 있다.

Image Exists

지정된 UI 요소 내에서 이미지가 발견되는지 확인하고 발견 여부를 Boolean 변수에 True와 False 값을 준다. Find Image 액티비티와 생성되는 결과만 다르다.

🔖 **속성**

• Output.Found : 이미지가 있는지 여부를 나타낸다. 이 필드는 Boolean 변수만 지원한다. 나머지 속성은 Find Image 참고한다.

Exercise

문제 01

Image Recording을 이용한 Click Image, Select 사용해 보자.

테스트하기 알맞은 시험대상을 찾기가 쉽지 않다. 그래서 흔히 사용하는 메모장에서 Image Recording 에 있는 도구 모음만을 이용하여 아래 순서대로 워크플로를 작성해 보자.

❶ 메모장의 로고를 기준으로 서식(O)을 클릭한다.

❷ Send Hot Key 액티비티를 이용하여 글꼴을 클릭한다.

❸ Select를 이용하여 글꼴 스타일을 보통에서 굵은 기울임꼴로 크기를 10에서 20으로 변경한다.

❹ Click Image를 이용하여 [확인] 버튼을 클릭한다.

❺ Type을 이용하여 "Sample Data" 입력한다.

Chapter 10

Excel 자동화

단원 목표

UiPath는 Microsoft Excel을 자동화하는데 도움을 준다. 셀, 열, 행 또는 범위의 정보를 읽고, 다른 스프레드시트나 워크북에 쓰고, 매크로를 실행하고, 수식을 추출할 수 있는 액티비티가 포함되어 있다. 또한 데이터 정렬, 색상 코드 추가 또는 다양한 정보를 추가할 수도 있다. 이 단원에서는 액셀의 사용법을 잘 배우고 익힐 수 있도록 한다.

▶ UiPath에서 제공하는 많은 종류의 Excel 액티비티에 대해 알아본다.

▶ Excel 액티비티를 필요에 따라 잘 사용할 수 있도록 학습한다.

1 _ Excel 자동화

엑셀은 우리의 사무실 업무에서 이미 범용적으로 사용하는 응용프로그램이다. 이러한 프로그램은 많은 유형의 비즈니스 업무나 생활에서 대부분 사람들이 사용하고 있기 때문에 자동화에 있어서 중요한 부분이라고 할 수 있다. 또한 Excel의 데이터를 스프레드시트 형태의 데이터 구조로 된 변수에 담아 처리할 수 있는데 이 변수의 타입을 Data Table이라 한다.

UiPath의 Excel 액티비티 패키지는 Microsoft Excel의 모든 측면을 자동화하는데 도움을 준다. 셀, 열, 행 또는 범위의 정보를 읽고, 다른 스프레드시트나 워크북에 쓰고, 매크로를 실행하고, 수식을 추출할 수 있는 액티비티가 포함되어 있다. 또한 데이터 정렬, 색상 코드 추가 또는 다양한 정보를 추가할 수도 있다.

엑셀 패키지로 제공되는 액티비티는 아래의 두 종류가 있다. 실행하는 환경에 맞게 선택하여 사용하면 된다.

- Available 〉 System 〉 File 〉 Workbook에 그룹화 된 액티비티들은 Microsoft Excel이 컴퓨터에 설치되어 있지 않은 경우에도 실행될 수 있지만
- Available 〉 App Integration 아래의 액티비티가 실행되기 위해서는 컴퓨터에 엑셀 응용 프로그램이 필요하다.

2 _ 엑셀 사용을 위한 액티비티

아래의 액티비티는 UiPath Excel Activities Package에 저장된다. Excel 패키지는 Manages Package에서 다운로드 할 수 있지만 UiPath Studio를 설치할 때 기본적으로 설치된다.

패키지	액티비티	개요
System 〉 File 〉 Workbook	Append Range	DataTable 변수에 저장된 정보를 지정된 Excel 스프레드시트의 끝에 추가한다. 시트가 없으면 새 시트 이름이 SheetName 필드에 표시된 이름으로 작성된다.
	Get Table Range	지정된 스프레드시트에서 Excel 테이블의 범위를 추출한다.
	Read Cell	Excel 셀의 값을 읽고 이를 변수에 저장한다.
	Read Cell Formula	지정한 Excel 셀에서 사용된 수식을 추출한다.
	Read Column	StartingCell 필드에 지정된 셀에서 시작하는 열의 값을 읽어 IEnumerable 〈object〉 변수에 저장한다.

App Integration 〉 Excel	Read Range	Excel 범위의 값을 읽고 DataTable 변수에 저장한다. 범위를 지정하지 않으면 스프레드시트 전체가 읽힌다. 범위가 셀로 지정되면 해당 셀에서 시작하는 전체 스프레드시트가 읽힌다.
	Read Row	StartingCell 필드에 지정된 셀에서 시작하는 Excel 행의 값을 읽고 이를 IEnumerable 〈Object〉 변수에 변수에 저장한다.
	Write Cell	지정된 스프레드시트 셀이나 범위의 값을 Excel 파일에 쓴다. 시트가 없으면 새 시트 이름이 SheetName 값으로 작성되고 값이 있으면 덮어쓴다. 또한 변경 사항은 즉시 저장된다.
	Write Range	Excel 스프레드쉬트의 StartingCell 필드부터 DataTable 변수의 데이터를 쓴다. 시작 셀을 지정하지 않으면 A1 셀에서 시작하여 데이터가 기록되고 시트가 없으면 새 시트 이름이 SheetName 값으로 작성된다. 지정된 범위 내의 모든 셀을 덮어쓰며 변경 사항은 즉시 저장된다.
	Append Range	DataTable 변수에 저장된 정보를 지정된 Excel 스프레드시트의 끝에 추가한다. 시트가 없으면 새 시트 이름이 SheetName 필드에 표시된 이름으로 작성된다.
	Close Workbook	열린 Excel 통합 문서를 닫는다.
	Copy Sheet	지정된 Excel 통합 문서에서 시트를 복사하여 다른 지정된 Excel 통합 문서에 붙여 넣는다. 다른 통합 문서가 지정되어 있지 않으면 원본 파일에 복사된다.
	Delete Range	Excel 통합 문서에서 지정된 범위를 삭제한다. ShiftCells 및 ShiftOption 속성 필드를 사용하여 전체 행이나 열을 이동하는 데에도 사용할 수 있다.
	Excel Application Scope	Excel 통합 문서를 열고 Excel 활동 범위를 제공한다. 이 액티비티의 실행이 끝나면 지정된 통합 문서와 Excel 응용 프로그램이 닫힌다. Output.Workbook 속성 필드에 WorkbookApplication 변수가 제공되면 활동이 끝난 후 스프레드 시트가 닫히지 않는다. 지정한 파일이 없으면 새 Excel 파일이 만들어지고 이 작업은 Microsoft Excel 응용 프로그램이 컴퓨터에 설치된 경우에만 사용할 수 있다.
	Get Cell Color	셀의 배경색을 추출하여 Color 변수로 저장하며 Excel Application Scope 액티비티 에서만 사용할 수 있다.
	Get Selected Range	선택한 범위를 String 변수로 반환한다.
	Get Workbook Sheets	Excel 통합문서의 모든 시트 이름 목록을 인덱스로 정렬 한 문자열 변수로 반환한다.
	Read Cell	Excel 셀의 값을 읽고 이를 변수에 저장한다. Excel Application Scope 액티비티 내에서만 사용할 수 있다.
	Read Cell Formula	지정한 Excel 셀에서 사용된 수식을 추출한다. Excel Application Scope 액티비티 내에서만 사용할 수 있다.
	Read Column	속성 필드의 StartingCell에 지정된 셀로 시작하는 열의 값을 읽고 이를 IEnumerable 〈Object〉 변수에 저장한다. Excel Application Scope 액티비티 내에서만 사용할 수 있다.

	Read Range	Excel 범위의 값을 읽고 DataTable 변수에 저장한다. 범위를 지정하지 않으면 스프레드 시트 전체가 읽힌다. '범위가 셀로 지정되면 해당 셀에서 시작하는 전체 스프레드 시트가 읽힌다. Excel Application Scope 액티비티 내에서만 사용할 수 있다.
	Read Row	StartingCell 필드에 지정된 셀로 시작하는 행에서 값을 읽고 이를 IEnumerable 〈Object〉 변수에 저장한다. Excel Application Scope 액티비티 내에서만 사용할 수 있다.
	Save Workbook	Excel Application Scope의 WorkbookPath 속성에 지정된 통합 문서의 변경 내용을 저장한다. Excel Application Scope 액티비티 내에서만 사용할 수 있다.
	Select Range	추가 작업을 수행하기 위해 Excel 스프레드 시트에서 지정된 범위를 선택한다. Excel Application Scope 액티비티 내에서만 사용할 수 있다.
	Set Range Color	Color 변수를 사용하여 지정된 셀 또는 셀 범위의 색을 변경한다. Excel Application Scope 액티비티 내에서만 사용할 수 있다.
	Write Cell	값 또는 수식을 지정된 스프레드 시트 셀이나 범위에 쓴다. 시트가 없으면 새 이름의 SheetName 특성에 지정된 이름으로 작성되고 값이 있으면 덮어쓴다. 변경 사항도 즉시 저장된다. Excel Application Scope 액티비티 내에서만 사용할 수 있다.
	Write Range	StartingCell 필드에 표시된 셀로 시작하는 스프레드 시트의 DataTable 변수에서 데이터를 쓴다. 시작 셀을 지정하지 않으면 A1 셀에서 시작하여 데이터가 기록되고 시트가 없으면 새 시트 이름의 SheetName 속성에 지정된 값으로 작성된다. 지정된 범위 내의 모든 셀을 덮어쓴다. 변경 사항은 즉시 저장된다. Excel Application Scope 액티비티 내에서만 사용할 수 있다
CSV	Append To CSV	지정된 DataTable을 CSV 파일에 추가하며 파일이 아직 없으면 만든다.
	Read CSV	지정된 CSV 파일에서 모든 항목을 읽는다.
	Write CSV	지정한 DataTable을 CSV 파일로 덮어쓴다.

3 _ 엑셀 액티비티 이용법

엑셀 액티비티 사용을 위한 방법

UiPath에는 액셀 파일을 이용하기 위한 액티비티가 매우 많이 제공된다. 기본적으로 읽기/쓰기를 위해서 두 가지 방법이 존재한다. Excel 액티비티 패키지의 App Integration에 있는 액티비티를 사용하는 것과 System에 있는 액티비티를 사용하는 것이다.

두 가지 모두의 사용법을 익혀야 한다. 여기에서는 빈번하게 사용되는 액티비티의 사용 방법에 대해 하나씩 알아보자.

Excel Application Scope

Excel 통합 문서를 열고 모든 Excel 작업을 처리할 수 있게 해주는 컨테이너로서 작업할 .xlsx 파일을 지정하는 곳이다. 이 액티비티의 실행이 끝나면 지정된 통합 문서와 Excel 응용 프로그램이 닫힌다. Output 〉 Workbook 속성 필드에 WorkbookApplication 변수가 제공되면 액티비티가 끝난 후 스프레드 시트가 닫히지 않는다. (Process가 살아있는 동안)

아울러 지정한 파일이 없으면 새 Excel 파일이 만들어진다. 그리고 이 작업은 Microsoft Excel 응용 프로그램이 컴퓨터에 설치된 경우에만 사용할 수 있다.

이 액티비티를 이용하면
- MS Office가 설치되어야 한다.
- 여러 프로세스를 동일한 파일에 대해 실행할 수 있다.
- 실시간 화면이 변화하는 모습을 볼 수 있다.

속성

File
- EditPassword : 필요한 경우 암호로 보호된 Excel 통합 문서를 편집하는 데 필요한 암호이다. 문자열 변수와 문자열만 지원된다.
- Password : 필요한 경우 암호로 보호된 Excel 통합 문서를 여는데 필요한 암호이며 문자열 변수와 문자열만 지원된다.
- WorkbookPath : 사용할 Excel 스프레드 시트의 전체 경로이며 사용되는 Excel 파일이 프로젝트 폴더에 있으면 상대 경로를 사용할 수 있다. 문자열 변수와 문자열만 지원된다.

Options
- AutoSave : 액티비티에 의해 발생하는 각 변경 사항에 대한 통합 문서를 자동 저장한다. 비활성화 된 경우 Excel Application Scope 액티비티 실행이 끝나면 변경 내용이 저장되지 않는다. 기본적으로 이 체크박스는 체크되어 있다.
- Create New File : 이 옵션을 선택하면 지정된 경로에서 통합 문서를 찾을 수 없으면 WorkbookPath 속성 필드에 지정된 이름으로 새 Excel 통합 문서가 만들어진다. 이 체크박스가 선택되어 있지 않으면 지정된 경로에서 통합 문서를 찾을 수 없을 때 사용자에게 이를 알리는 오류 메시지가 발생한다. 기본적으로 이 확인란은 선택되어 있다.
- Read Only : 지정된 통합 문서를 읽기 전용 모드로 연다. 이 확인란을 선택하면 편집을 위해 잠겨 있거나 암호를 편집한 Excel 파일에서 데이터 추출 작업을 수행할 수 있다. 기본적으로 이 확인란은 선택되어 있지 않다.
- Visible : 이 옵션을 선택하면 Excel 파일이 작업을 수행하는 동안 포 그라운드에서 열린다. 이를 지우면 모든 작업이 백 그라운드에서 수행된다.

Output
- Workbook : WorkbookApplication 변수에 저장된 Excel 스프레드 시트의 전체 정보이다. 이 변수는 다른 Excel Application Scope 액티비티에서 사용할 수 있다. WorkbookApplication 변수만 지원된다.

Use Existing Workbook
- ExistingWorkbook : 이전에 WorkbookApplication 변수에 저장된 Excel 파일의 데이터를 사용한다. WorkbookApplication 변수만 지원된다.

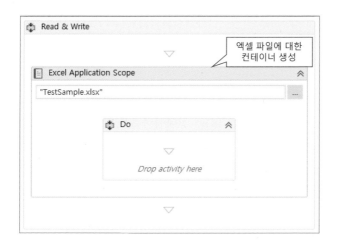

이 액티비티를 사용하여 컨테이너를 생성하고 엑셀과 관련된 작업을 Do문 안에서 실행하게 된다. 또한 Output.Workbook의 변수는 Workbook Applicaion 타입으로 생성되는데 다른 Excel Application Scope에서 이 엑셀 파일의 컨테이너를 사용할 때 Use Existing Workbook에 사용함으로서 파일 선택 작업없이 사용할 수 있다.

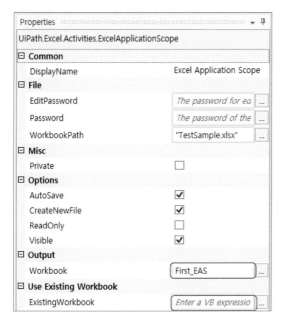

Read Range (App Integration 패키지)

Excel Application Scope의 Excel 파일의 값을 읽고 DataTable 변수에 저장한다. 범위를 지정하지 않으면 스프레드 시트 전체가 읽히며 범위가 셀로 지정되면 해당 셀에서 시작하는 전체 스프레드 시트가 읽힌다. Excel Application Scope 액티비티에서만 사용할 수 있다.

• 소프트웨어 제한으로 인해 통화 형식의 셀을 읽는 경우 소수점 이하 4 자리까지만 검색한다.

Input
- Range : 읽을 범위. 범위를 지정하지 않으면 스프레드 시트 전체가 읽힌다. 범위가 셀로 지정되면 해당 셀에서 시작하는 전체 스프레드 시트가 읽힌다. 문자열 변수와 문자열만 지원된다.
- SheetName : 읽으려는 시트의 이름. 기본적으로 "Sheet1"로 채워진다. 문자열 변수와 문자열만 지원된다.

Options
- AddHeaders : 이 옵션을 선택하면 지정된 스프레드 시트 범위의 열 이름도 추출된다. 기본적으로 이 확인란은 선택되어 있다(True로 설정).
- PreserveFormat (slower) : 이 확인란을 선택하면 읽을 범위의 서식이 유지된다. 기본적으로 이 확인란은 선택되어 있지 않다(기본적으로 이 확인란을 선택하면 셀을 일괄적으로 읽지 않고 하나씩 읽으므로 성능문제가 발생한다).
- UseFilter : 이 옵션을 선택하면 지정된 범위에서 필터링 된 내용을 읽지 않는다. 기본적으로 이 확인란은 선택되어 있지 않으므로 일부 정보가 걸러 지더라도 전체 범위가 읽혀진다.

Output
- DataTable : 지정된 Excel 범위에서 추출된 데이터를 DataTable 변수에 저장한다. DataTable 변수만 지원된다.

다음 단원의 Write Range [따라하기]를 참조한다.

Write Range (App Integration 패키지)

Data Table에 있는 값을 엑셀 파일에 적는 액티비티이다. StartingCell 필드에 표시된 셀로 시작하는 스프레드 시트에 데이터를 쓴다. 시작 셀을 지정하지 않으면 A1 셀에서 시작하여 데이터가 기록된다. 시트가 없으면 새 시트 이름이 SheetName 속성에 지정된 값으로 작성되고 지정된 범위 내의 모든 셀을 덮어쓴다. 변경 사항은 즉시 저장된다. Excel Application Scope 액티비티에서만 사용할 수 있다.

Destination
- SheetName : 데이터를 적을 시트의 이름이다. 기본적으로 "Sheet1"로 채워져 있다. 문자열 변수와 문자열만 지원된다.
- StartingCell : 데이터 쓰기를 시작할 셀. 문자열 변수와 문자열만 지원된다.

Input
- DataTable : 엑셀 파일에 저장할 데이터를 보유한 DataTable 변수로 DataTable 변수만 지원된다.

Options
- AddHeaders : 이 옵션을 선택하면 열 이름이 지정된 범위에 기록된다. 기본적으로 이 확인란은 선택되어 있지 않다.

Microsoft Excel 95와 관련된 이전 Excel Binary File Format (.XLS)은 Excel Activities Pack에서 지원하지 않는다.

다음과 같은 내용을 담은 엑셀 파일 TestSample.xlsx를 읽고, 읽은 데이터를 다시 NewTestSample.xlsx로 쓰기를 하는 예제를 구현한다.

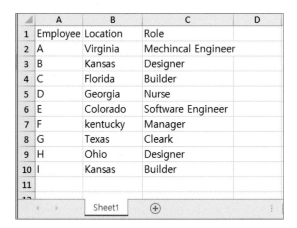

01 Main Sequence 안에 Excel Application Scope를 놓고 속성의 WorkbookPath의 ⋯ 를 누르거나 액티비티의 Workbook path Text must be quoted 영역에 읽으려는 파일경로를 직접 입력하거나 액티비티의 ⋯ 를 눌러 파일을 지정한다.

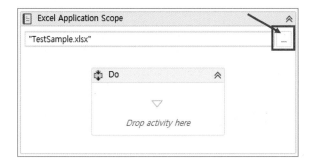

02 Excel Application Scope의 Do 안에 Read Range(패키지 App Integration에 포함된) 액티비티를 놓는다. 그리고 속성 Output.DataTable에 읽어들인 데이터를 저장할 변수 이름을 부여한다.
(DataTable type : dt_ReadFile)

03 이제 TestSample.xlsx 파일을 읽어서 DataTable에 저장하였기 때문에 Output Data Table 액티비티를 이용해 문자열로 변환한 다음 Write Line 액티비티로 출력하여 읽은 데이터를 확인해 보자.

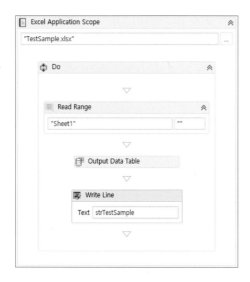

Output Data Table의 속성 input.DataTable에 dt_ReadFile, 그리고 Output.Text에 str_ReadFile(String type)을 입력한다. 이때 Output Data Table의 위치가 Excel Application Scope 의 Do문밖에 위치한다면 Input.DataTable에 넣는 변수 dt_ReadFile의 Scope을 더 넓혀줘야 한다.

04 이제 Data Table에 저장되어 있는 데이터를 Excel 파일에 쓰기 위해 Excel Application Scope 아래 새로운 Excel Application Scope 액티비티를 놓는다. 그리고 WorkbookPath에 새로 만들 파일 이름 "NewTestSample.xls"를 입력한다.

05 Excel Application Scope 액티비티의 Do 안에 Write Range(패키지 App Integration에 포함된) 액티비티를 놓는다. 그리고 속성Input에 데이터가 담겨있는 dt_ReadFile을 입력하고 Options 〉 AddHeaders의 체크박스를 체크한다.
파일의 쉬트는 "Sheet1"으로 하고 데이터가 적히는 위치는 "A1"으로 두고 다른 속성값은 바꾸지 않는다.

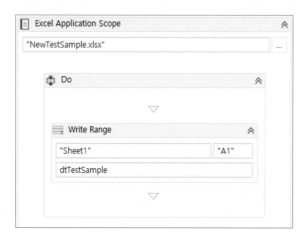

06 실행을 하고 새 파일 NewTestSample.xlsx가 만들어졌는지 확인한다.

Append Range

Excel 파일에 데이터를 더하기위해서 Append Range 액티비티를 사용한다. 이 액티비티는 Write Range와 유사하지만 다만 파일에 현재 존재하는 데이터에 덮어쓰기를 하지 않고 끝에 이어서 적는다는 차이만 있다.

DataTable 변수에 저장된 정보를 지정된 Excel 스프레드 시트의 끝에 추가한다. 시트가 없으면 새 시트 이름이 SheetName 필드에 표시된 이름으로 작성된다.

속성

- DataTable : 추가할 데이터가 담긴 변수. 이 필드는 DataTable 변수만 지원한다.
- SheetName : 지정된 범위를 추가할 시트의 이름. 기본적으로 "Sheet1"로 채워지며 문자열 변수와 문자열만 지원된다.

다음과 같은 내용이 담긴 엑셀 파일이 Build Data Table에서 만들어진 Data Table 내용을 추가한다.

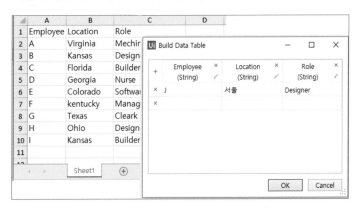

다음은 워크플로 예이다.

다음은 출력 결과이다.

Build Data Table을 이용해 생성한 한 행이 추가되었다.

	A	B	C	D
1	Employee	Location	Role	
2	A	Virginia	Mechincal Engineer	
3	B	Kansas	Designer	
4	C	Florida	Builder	
5	D	Georgia	Nurse	
6	E	Colorado	Software Engineer	
7	F	kentucky	Manager	
8	G	Texas	Cleark	
9	H	Ohio	Designer	
10	I	Kansas	Builder	
11	J	서울	Designer	
12				

Sheet1 ⊕

Sort Table

Sort Table 액티비티는 엑셀의 열(Column) 중심으로 정렬(Sort)하는 기능이다.

열 값을 기반으로 스프레드 시트에서 표를 정렬하는 것으로 표는 오름차순 또는 내림차순으로만 정렬할 수 있다. 그리고 Excel Application Scope 액티비티에서만 사용할 수 있다.

🔍 속성

Input
- TableName : 정렬할 테이블의 이름. 문자열 변수와 문자열만 지원된다.
- ColumnName : 정렬할 열의 이름. 문자열 변수와 문자열만 지원된다.
- Order – 지정된 열을 정렬하는 순서. 다음 옵션을 사용할 수 있다.
  - ▶ 오름차순 – 작은 순서에서 큰 순서 (숫자) 또는 A에서 Z (영문자) 순서.
  - ▶ 내림차순 – 큰 숫자에서 작은 숫자 (숫자) 또는 Z부터 A (알파벳 문자)까지의 순서.
- SheetName : 정렬할 테이블이 있는 시트의 이름. 기본적으로 "Sheet1"로 채워지며 문자열 변수와 문자열만 지원된다.

엑셀 파일의 한 열을 중심으로 Sort를 하는 예를 Sort Table 액티비티를 이용해서 실행해본다.

아래의 데이터를 갖는 Excel_SortSample.xlsx 파일의 Year 열을 정렬한다.

	A	B	C
1	**Year**	**Location**	**Role**
2	1987	Virginia	Mechincal Engineer
3	2015	Kansas	Designer
4	1993	Florida	Builder
5	2011	Georgia	Nurse
6	2002	Colorado	Software Engineer

01 액티비티 Sort Table로 정렬할 대상 파일인 Excel_SortSample.xlsx 파일을 Excel Application Scope로 지정한다.

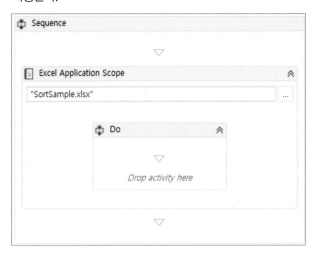

02 액티비티 패널에서 Sort Table을 찾아 Excel Application Scope의 Do 안에 놓는다.

· 속성 SheetName= "Sheet1", Column Name="Year", 그리고 Order= Ascending을 채워 넣는다.

03 액티비티의 속성 중 TableName이 있는데 다음 순서에 의해 Table Name을 구한다.

· SortSample엑셀 파일을 연다.

04 TableName을 얻기 위해 아래 작업을 진행한다.

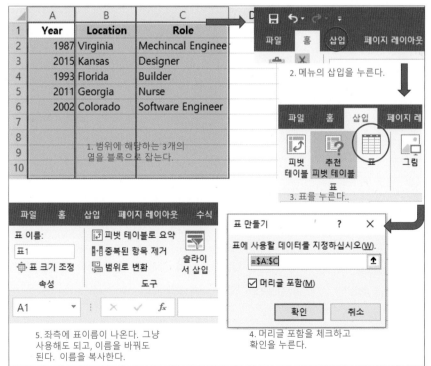

※ 주의할 점은 그림 속 4번 글이 나오는 표 만들기에서 머리글을 체크하면 "Year"와 같은 열이름을 적용할 수 있고 만약 열이름이 없으면 "열1", "열2"와 같은 값이 Column Name으로 지정해야 한다.

05 위에서 얻은 표 이름을 액티비티의 TableName에 입력하면 완성된 아래의 모습이 된다. [F5]를 눌러 실행하면 원하는 순서대로 정렬된 결과를 확인할 수 있다.

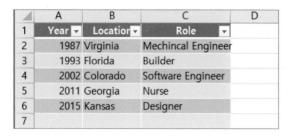

Get Selected Range 액티비티

Excel Application Scope에 설정된 Excel 파일의 Data가 있는 범위를 String 변수로 반환한다. 위의 SortSample 파일에 Get Selected Range를 적용하면 "A1C6"가 나온다.

여기서 중요한 점은 Range를 얻고 싶은 범위를 지정해 주어야 한다. 지정하지않으면 현재 선택된 셀의 범위 값을 반환하게 된다.

만약 어느 셀을 마우스로 클릭한채 프로그램을 수행하면 셀 위치 값이 나오고 마우스로 영역을 지정하면 영역에 해당하는 Range값이 나온다.

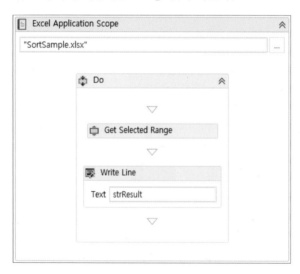

다음은 결과에 대한 예이다.

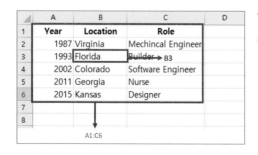

영역을 설정한 두 개의 경우에 대해 결과가 A1:C6 그리고 B3와 같이 나온다.

Read Cell Fomula 액티비티 (App Integration)

지정한 Excel 셀에서 사용된 수식을 추출한다. Excel Application Scope 액티비티에서만 사용할 수
있다.

속성

Input
- Cell – 수식을 추출할 셀. 문자열 변수와 문자열만 지원된다.
- SheetName – 수식을 추출할 시트의 이름. 기본적으로 "Sheet1"로 채워지고 문자열 변수와 문자열만 지원된다.

Output
- Formula – 추출된 수식을 문자열 변수로 나타낸다. 수식이 셀에 포함되어 있지 않으면 빈 문자열이 반환된다.

	A	B	C
1	국어	수학	합계
2	94	89	183
3	89	95	184
4			

위의 그림에서 C2의 수식은 A2 + B2 이다. 또 C3의 수식은 A3 + B3가 된다. 하지만 A2 같은 셀은
수식이 없으므로 빈 문자열이 반환된다.

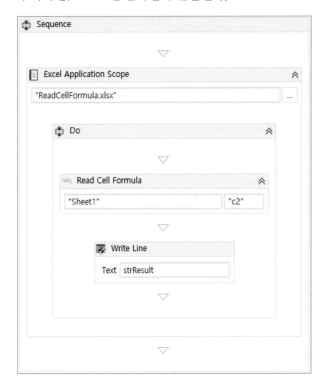

Insert/Delete Columns

엑셀의 특정위치에서 지정된 수의 열을 추가하거나 제거한다.

Destination
- NoColumns : 추가하거나 제거할 열의 수이다. 이 필드는 정수 또는 Int32 변수만 지원한다.
- Position : 추가하거나 제거가 시작되는 열이다. 정수 또는 Int32 변수만 지원한다.

Input
- ChangeMode : 열을 추가하는지 또는 제거하는지 여부를 선택한다. Add 또는 Remove를 선택한다.
- SheetName : 변경해야 할 통합문서의 시트 이름이다. 기본적으로 "Sheet1"으로 채워진다. String 변수만 지원한다.

01 Excel Application Scope를 이용하여 아래 그림의 좌측과 같은 엑셀 파일의 컨테이너를 만든다.

02 Insert/Delete Columns 액티비티를 Do 문 안에 놓는다. 그리고 속성에서 NoColumns에 2를 넣고, Position에 4를 넣는다. 그리고 Insert 또는 Delete를 지정하기 위해 속성 Change Mode의 Add를 선택한다. (세 번째 컬럼 뒤에 두 개의 컬럼을 추가하는 것)

03 Insert/Delete Columns 액티비티 아래 Write Cell 액티비티를 놓고 Header의 이름을 써준다. 두 개의 열이 추가되므로 두 번을 반복한다.

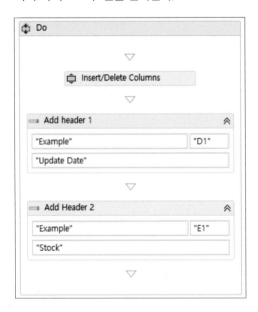

04 결과는 다음과 같다.

	A	B	C	D
1	Item	Value	Tax Rate	Value With
2	eraser	500	10.00%	550
3	mirror	250	15.00%	287.5
4	chocolate	425	20.00%	510
5	window	500	5.00%	525

▲ 처음 Column 구조

	A	B	C	D	E	F
1	Item	Value	Tax Rate	Update Dat	Stock	Value With
2	eraser	500	10.00%			550
3	mirror	250	15.00%			287.5
4	chocolate	425	20.00%			510
5	window	500	5.00%			525

▲ 결과 Column 구조

Filter Table

열에 저장되어 있는 스프레드 시트의 값을 필터링하는 액티비티로 Excel Application Scope 액티비티 내에서만 사용할 수 있다.

속성

Input
- TableName : 필터링 할 테이블의 이름, 문자열 변수와 문자열만 지원된다.
- ColumnName : 필터링 할 열의 이름, 문자열 변수와 문자열만 지원된다.
- FilterOptions : 지정된 문자열을 스프레드 시트 열에서 필터링 할 수 있다. 문자열 및 문자열 배열변수만 지원된다.
  예 {"abc"} ← 지정된 열에서 "abc"가 들어있는 행을 필터링
- SheetName : 필터링할 열이 있는 시트의 이름, 기본적으로 "Sheet1"로 채워진다. 문자열 변수와 문자열만 지원된다.

앞에서 사용한 TestSample.xlsx를 FilterSample라는 이름으로 복사하여 필터링하는 작업을 진행한다. 그리고 B열의 Location에서 "Kansas"가 들어있는 행을 필터링 해보자.

	A	B	C
1	Employee	Location	Role
2	A	Virginia	Mechincal Enginee
3	B	Kansas	Designer
4	C	Florida	Builder
5	D	Georgia	Nurse
6	E	Colorado	Software Engineer
7	F	kentucky	Manager
8	G	Texas	Cleark
9	H	Ohio	Designer
10	I	Kansas	Builder
11	J	Los Angeles	Manager

01 Sequence를 디자이너 패널에 놓는다.

02 Sequence안에 Excel Application Scope를 놓고 미리 준비한FilterSample.xlsx라는 파일을 선택한다.

03 Excel Application Scope의 Do 안에 Filter Table 액티비티를 갖다 놓는다.

04 Filter Table의 속성 정보를 채운다.

- ColumnName : "Location"
- FilterOptions : {"Kansas"}
- SheetName : "Sheet1"
- TableName : "표1"

❝ 참고 – TableName를 구하는 법

해당 엑셀 파일을 열고 데이터를 블록으로 잡은 후 '삽입 〉 표' 메뉴를 누른다. 이어서 표 만들기 라는 팝업창이 나오며 [확인] 버튼을 누르면 도구바 왼쪽에 표이름이 나온다. 이후 파일을 저장한다. 만약 먼저 표가 만들어져 있다면 디자인 창 메뉴에서 확인할 수 있다. (Sort Table 참조)

05 실행하면 엑셀 파일이 필터링 되어 있음을 확인할 수 있다.

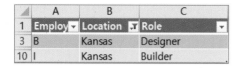

	A	B	C
1	Employ▼	Location ⊥▼	Role ▼
3	B	Kansas	Designer
10	I	Kansas	Builder

Get Table Range

지정된 스프레드 시트에서 Excel 테이블의 범위를 추출한다. Excel Application Scope안에서만 사용할 수 있다.

🔍 속성

Input
- TableName : 범위를 가져올 테이블의 이름으로 문자열 변수와 문자열만 지원된다.
- SheetName : 범위를 가져올 시트의 이름, 기본적으로 "Sheet1"로 채워진다. 문자열 변수와 문자열만 지원된다.

Options
- IsPivot : 이 옵션을 선택하면 지정된 테이블이 피벗 테이블임을 나타낸다. 기본값은 선택되지 않는다.

Output
- Range : 지정된 테이블의 범위로 문자열 변수와 문자열만 지원된다.

01 TestSample.xlsx에 있는 데이터의 범위를 구한다. 옵션의 TableName를 넣기 위해서는 바로 이전의 "Filter Table"에서와 같은 방법으로 TableName을 구해야 한다.

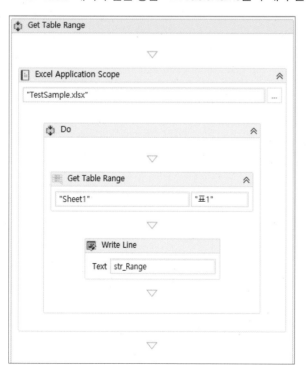

Get Table Range 액티비티의 속성 중 Range 값을 받을 변수는 str_Range로 하였다.

02 결과는 다음과 같다.

A1:C11과 같이 나온다.

Create Pivot Table

지정된 범위로부터 피벗테이블을 생성한다.

Destination
- Range : 피벗 테이블을 만들려는 범위이다. 이 필드는 문자열 및 문자열 변수만 지원한다.
- Rable Name : 만들 피벗 테이블의 이름이다. 이 필드는 문자열 및 문자열 변수만 지원한다.

Input
- SheetName : 통합문서를 만들려는 시트의 이름. 이 필드는 문자열 및 문자열 변수만 지원한다.
- Source TableName : 피벗 테이블을 만들 원본 테이블의 이름. 문자열 및 문자열 변수만 지원한다.

❝ **참고**

피벗 테이블은 기존 데이터 필드를 재구성해 데이터에 대한 통계를 한 눈에 파악할 수 있도록 정리된 표로 만드는 것이다.

01 아래의 Pivot.xlsx 파일의 내용을 피벗테이블로 생성하는 예이다.(데이터를 모두 나타내지 않았음).

	A	B	C
1	Name	Age	Adress
2	Inge Reinbold	35	817 Selby Court
3	Nicholas Mora	32	Westbury, NY 11590
4	Jan Asberry	78	24 W. Military St.
5	Lauralee Kreider	39	Hamilton, OH 45011

위의 파일을 피벗처리하면 오른쪽의 피벗테이블을 생성하는 일이다.

E	F
행 레이블	합계 : Age
⊟ **Adelaida Motter**	**71**
Tualatin, OR 97062	71
⊟ **Amie Mahi**	**18**
Garden City, NY 11530	18
⊟ **Breann Hiltz**	**17**
Hampton, VA 23666	17
⊟ **Brianne Lejeune**	**58**

다음은 워크플로 예이다.

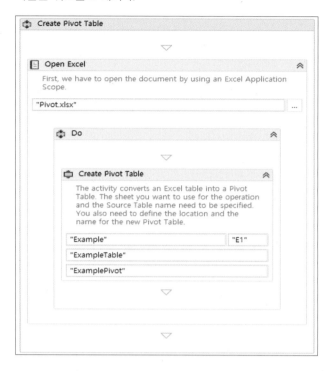

참고 – Excel의 키보드 자동화에서 Ctrl + f 와 Ctrl + F 의 차이

Excel 자동화과정에서 Send Hotkey를 이용하는 경우가 빈번하다. 하지만 예상과 다른 결과가 나온 경우가 있는데 바로 Ctrl + f 와 Ctrl + F 를 사용할 때이다. 이 경우 excel에서 해석의 차이가 발생하는데 Ctrl + f 는 찾기 및 바꾸기로 인식하고, Ctrl + F 는 셀 서식으로 해석하기 때문이다. 엑셀 파일을 열어놓고 직접 Ctrl + f 와 Ctrl + F 를 타이핑해보면 이해가 될 것이다.
Excel Application Scope로 통합문서를 열고, Send Hotkey 액티비티로 Ctrl + F 를 입력해 보고 다음은 Ctrl + f 를 입력해 보자.

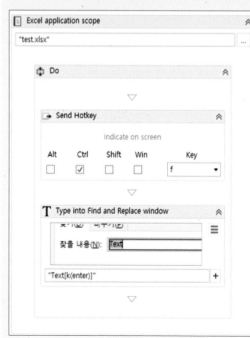

문제 01

Excel을 이용하여 반 학생의 성적 총점과 평균 구하기

다음과 같은 엑셀 파일이 있다.고 할 때 F열에 총점 그리고 G열에 평균을 구한다.

	A	B	C	D	E
1	이름	국어	수학	영여	물리
2	김삿갓	95	72	83	69
3	홍길동	90	83	85	77
4	이순신	94	98	89	93
5	박진사	88	79	81	90

문제 02

Excel의 특정 열을 기준으로 Sort

지정한 웹 페이지에서 목록을 Data Scraping하여 엑셀 파일에 적은 다음 타율을 기준으로 순서대로 정렬(Sort)한다.

❶ 웹 페이지 : https://sports.media.daum.net/sports/team/mlb/431/record
❷ 수집 데이터 : 타자의 선수기록
❸ 정렬방법 : 타율이 높은 선수부터 낮은 순으로

문제 03

Excel 행과 열 생성

Excel 파일에 데이터를 만들어 1열과 2열을 채우고 만약 한 행의 두열 데이터가 같다면 해당 행을 삭제하여 최종적인 Excel 파일을 생성한다.

(여러가지 방법으로 진행할 수 있으니 처리속도, 편리성 등을 비교해 보기 바란다.)

❶ 50개의 1부터 99 사이의 랜덤숫자를 만들어 1열에 저장한다.
❷) 50개의 1부터 99 사이의 랜덤숫자를 만들어 2열에 저장한다.
❸ 1열과 2열에 1부터 99 사이의 랜덤 숫자가 있는 행 50개를 만들어 파일에 추가한다.
❹ 1열과 2열의 숫자를 비교하여 동일한 경우 해당 행을 삭제한다.

Chapter 11

PDF 데이터 추출과 자동화

단원 목표

업무에서 보편적으로 많이 사용하는 문서의 한 종류가 PDF이다. 우리는 여러 종류의 문서작성기 (MS Office, 아래 한글 등)로 생성된 문서를 PDF로 변환해서 사용한다. PDF 문서는 텍스트와 이미지 등이 포함되어 있는데 UiPath는 PDF로부터 다양하게 데이터를 추출하는 방법을 제공하고 있다. 이를 이용하는 방법에 대해서 학습한다.

▶ PDF 패키지를 Studio에 설치하는 방법에 대해 배운다.
▶ PDF 파일을 읽는 여러가지 방법에 대해 학습한다.

1 _ PDF 액티비티 패키지 설치

UiPath에서 제공하는 액티비티를 사용하기 위해서는 PDF 관련 패키지가 설치되어 있어야한다.

01 먼저 액티비티가 있는지 확인하기 위해 액티비티 패널에서 "PDF"로 검색을 해본다.

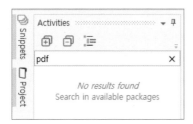

다음 그림과 같이 결과가 없다고 나온다면 패키지가 설치되어 있지 않다는 의미이므로 디자인 패널의 메뉴 Manage Packages에서 해당 패키지를 찾아 설치하여야 한다.

02 Manage Packages 창이 열리면 마우스를 왼쪽의 All Packages에 두고 오른쪽 검색창에 "pdf"를 입력하여 조회한다. 많은 검색결과가 나오는 것을 확인할 수 있는데 각각의 용도가 있으니 눈 여겨 보아 둘 필요가 있다. 그리고 결과 중 UiPath.PDF.Activities를 선택하여 설치를 한다.

03 설치가 끝나면 스튜디오의 액티비티 패널에서 액티비티가 조회된다.

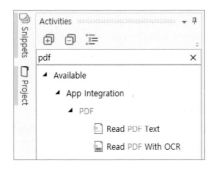

2 _ PDF 문서 자동화

PDF 문서는 텍스트와 이미지가 혼재해 있다. PDF 파일을 열고 마우스로 드래그를 해보면 텍스트인 경우 원하는 지점부터 드래그할 수 있는 반면 이미지는 문자단위의 드래그가 되지 않고 블럭으로 잡힌다. 따라서 PDF 문서를 목적에 맞게 읽기 위해서는 문서 전체를 페이지 단위로 읽거나 이름, 번호, 제품명 등과 같은 특정 부분을 읽을 수 있는데 이를 위해 Read PDF Text 액티비티와 Read PDF With OCR 액티비티 그리고 Screen Scraping을 상황에 맞게 사용하여야 한다.

Read PDF Text를 사용한 PDF 문서 읽기

Read PDF Text

지정된 PDF 파일에서 모든 문자를 읽고 문자열 변수에 저장하는 액티비티. 만약 페이지 안에 이미지 타입의 내용이 있다면 그 부분은 읽지 않는다.

속성

File
- FileName : 읽을 PDF 파일의 전체 경로. 문자열 변수와 문자열만 지원된다.
- Password : 필요한 경우 PDF 파일의 비밀번호이다. 문자열 변수와 문자열만 지원된다.

Input
- Range : 읽으려는 페이지 범위. 범위를 지정하지 않으면 전체 파일을 읽는다. 읽히는 단일 페이지 (예 : "7") 또는 페이지 범위 (예 "2–9")를 지정할 수 있다. 기본값은 "All"이다.

Output
- Text : 추출 된 문자열. 이 필드는 문자열 변수만 지원한다.

위의 PDF 페이지를 읽는 예제를 구현해보자.

01 먼저 Read PDF Text 액티비티를 Sequence 안에 놓는다. 그리고 속성을 채워 넣는다.

❶ File Name에 읽으려 하는 PDF 파일의 경로와 이름을 넣는다.

❷ Range에 읽기를 원하는 Page를 넣는다. "1", "1-3", "All" 등
과 같이 적을 수 있는데 여기에선 "1"로 한다.

❸ Output.Text에 String 변수를 PDFText와 같이 지정한다.

02 이제 변수에 읽은 텍스트가 저장되었으므로 WriteLine 액티비티를 이용하여 출력해 보자.

03 간단하게 워크플로우가 완성된다.

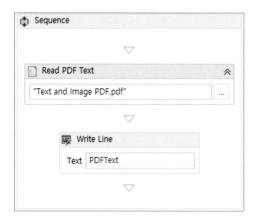

04 결과를 확인하면 텍스트는 읽었지만
이미지는 읽지 않았다.
읽은 결과는 하나의 String으로 구성되어
있다.

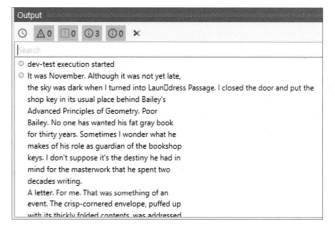

Read PDF With OCR을 사용한 PDF 문서 읽기

Read PDF with OCR

지정된 PDF 파일에서 OCR 기술을 사용하여 모든 문자를 읽고 이를 문자열 변수에 저장한다.

속성

File
- FileName : 읽을 PDF 파일의 전체 경로. 문자열 변수와 문자열만 지원된다.
- Password : 필요한 경우에 사용되는 PDF파일의 비밀번호. 문자열 변수와 문자열만 지원된다.

Input
- Range : 읽으려는 페이지 범위. 범위를 지정하지 않으면 전체 파일을 읽는다. 읽히는 단일 페이지 (예 : "7") 또는 페이지 범위 (📷 "2-9")를 지정할 수 있으며 기본값은 "All"이다. 문자열 변수와 문자열만 지원된다.

Output
- Text : 추출 된 문자열. 이 필드는 문자열 변수만 지원한다.

앞에서 진행한 워크플로우에 연결하여 Read PDF With OCR 액티비티를 사용하여 예제를 구현해보자.

01 Read PDF With OCR 액티비티를 Sequence 안에 놓는다. 그리고 속성을 채워 넣는다.

- File Name에 읽으려하는 PDF 파일의 경로와 이름을 넣는다.
- Range에 읽기를 원하는 Page를 넣는다. "1", "1-3", "All" 등과 같이 적을 수 있는데 여기에선 "1"로 한다.
- Output.Text에 String 변수를 PDFText와 같이 지정한다.

02 액티비티 안에 Drop OCR Engine Activity Here이라고 적힌 부분에 액티비티에서 Google 또는 Microsoft OCR 엔진 중 원하는 것을 놓고 속성의 Language와 Scale을 맞추어 입력해준다.

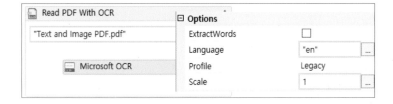

03 읽은 데이터를 출력하기 위해 Message Box를 놓고 PDFText를 출력한다.

완성된 워크플로우를 실행하면 PDF 문서의 텍스트뿐만 아니라 이미지 부분까지 읽었음을 알 수 있다. 그러나 2개의 문서열이 한데 얽혀 있다. 이는 OCR이 두 개의 열을 구분할 만큼 현명하지 않기 때문이다. 또한 이미지 부분도 정확하지 않은 부분이 발견될 것이다. 이는 글꼴 크기, 글꼴 모양, 이미지 해상도와 같은 부분을 잘 제어하지 못하기 때문이다. 따라서 가능한 Read PDF with OCR 액티비티 보다는 Read PDF Text 액티비티를 이용하는 것이 정확성을 높일 수 있다.

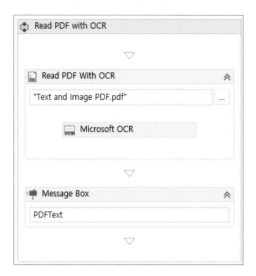

Screen Scraping 액티비티를 이용한 작은 텍스트 블록 읽기

특정 텍스트 영역을 지정하여 읽고자 할 때 사용할 수 있는 방법으로 Screen Scraping이 있다. 디자인 패널의 Screen Scraping 메뉴 또는 Recording – Image 도구 모음에서의 Screen Scraping을 이용하여 Full Text, Native 또는 OCR을 이용하여 원하는 영역의 텍스트를 읽을 수 있다.

01 디자인 패널의 Screen Scraping 메뉴를 선택한다.

02 읽기 위한 영역을 지정한다.

03 Scraping 방법을 바꾸고 싶다면 Screen Scraping Wizard의 Scraping Method를 바꾸고 [Refresh] 버튼을 누른다.

04 Scraping이 끝나면 Wizard의 [Finish] 버튼을 눌러 종료한다.

Anchor Base 액티비티를 이용한 텍스트 읽기

PDF 문서의 일정 영역에 대해 Anchor를 기준으로 한 영역의 데이터 값을 읽을 수 있다. 간단한 방법으로 쉽게 따라 할 수 있다.

Anchor Base 액티비티를 이용하여 다음 그림의 Grand Total 옆 값을 읽어보자.

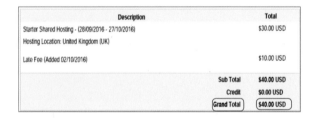

Anchor Base 액티비티

특정 UI 요소를 앵커로 사용하여 목적하는 UI 요소를 검색하는 컨테이너이다. 신뢰할 수 있는 Selector를 사용할 수 없는 경우 이 옵션을 사용해야 한다.

🔍 **속성**

Input

- AnchorPosition : 컨테이너의 한쪽에 UI 요소가 고정되도록 지정하는 것으로 다음 옵션을 사용할 수 있다.
  - ▶ Left – 컨테이너 왼쪽의 UI 요소를 검색
  - ▶ Top – 컨테이너 상단의 UI 요소를 검색
  - ▶ Right – 컨테이너 오른쪽의 UI 요소를 검색
  - ▶ Bottom – 컨테이너의 맨 아래에서 UI 요소를 검색
  - ▶ 자동 – 이 옵션을 선택하면 하단 케이스가 고려되지 않는다. 컨테이너의 왼쪽과 오른쪽, 아래쪽 UI 요소를 검색한다. 가장 가까운 것이 선택되며 여러 요소가 앵커에서 같은 거리에 있는 경우 대상이 오른쪽, 왼쪽, 아래쪽 순서로 선택된다.

PDF 문서의 내용을 읽기 위해서 Sample Invoice A.pdf 파일을 열어놓고 Anchor Base 액티비티를 사용해 보자.(PDF파일은 예문 참조)

01 액티비티 패널에서 Anchor Base 액티비티를 Sequence안에 놓는다.

" 참고
꼭 Find Element 만 가능한 건 아니다. Find Image 같은 액티비티를 사용해도 된다.

02 Find Element 액티비티를 Anchor Base 액티비티의 Anchor 영역에 놓고 Indicate On Screen을 클릭한 후 PDF 문서에서 Grand Total 요소를 지정한다. 그리고 실제 읽기를 원하는 데이터는 오른쪽에 있으므로 Anchor Base의 속성 Input.AnchorPosition에 Left를 선택한다.

03 이번에는 Anchor Base 액티비티의 Drop Action Activity Here 영역에 Get Text 액티비티를 놓고 Indicate on Screen을 클릭한 후 PDF문서의 Grand Total 옆 얻고자 하는 값을 지정한다. 그리고 속성 Output.Value에 String 변수 PDFText를 입력한다.

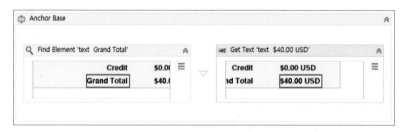

04 이제 변수에 저장된 값을 Write Line 액티비티를 이용하여 출력하여 보자. 워크플로우를 실행시키면 원하는 값을 얻었음을 확인할 수 있다.

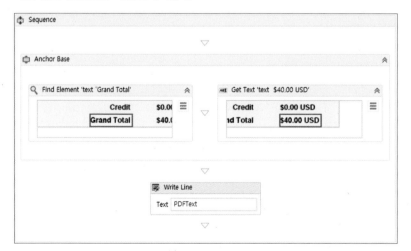

Extract PDF Page Range 액티비티

이 액티비티는 PDF 파일에서 원하는 범위의 페이지를 분리하여 새로운 PDF 파일로 만들어주는 액
티비티이다.

위의 그림은 PDF 파일 input.pdf로부터 원하는 페이지를 분리하여 output.pdf 파일로 만드는 예로
속성 Input.Range에 페이지 번호를 "1-3"와 같이 입력해주면 된다.

❖ 속성

File
- FileName : 페이지 범위를 추출하려는 원본 pdf 파일의 경로이다. 이 필드는 문자열 및 문자열 변수만 지원한다.
- OutputFileName : 추출된 페이지의 내용을 저장할 파일의 이름이다. 이 필드는 문자열 및 문자열 변수만 지원한다.
- Password : 필요한 경우 사용하는 pdf 파일의 비밀번호이다.

Input
- Range : 검색할 페이지 범위, 단일 페이지는 "7"과 같이 지정하고 여러 페이지인 경우 "3-7"와 같이 지정할 수 있으며
  "2-5, 7, 15-End"와 같이 복잡한 범위도 지정할 수 있다.

문제 01

PDF 파일 내 테이블 데이터 추출하기

MS word를 이용하여 그림과 같은 테이블을 만든 후 PDF 파일로 저장한다.

이름	주소	주민등록번호
김병만	서울시 영등포구 의사당대로 1길	123456–2345678
유재석	서울시 종로구 그대로 좋은길	23456–3845011

만들어진 PDF 파일을 Read PDF Text 액티비티로 읽은 후 두 가지 과정의 작업을 진행한다.

❶ 각 행 단위로 String을 쪼갠다. (Split 이용)

❷ 주민등록 번호만 추출하여 출력한다.(Matches 액티비티 이용)

문제 02

Read PDF with OCR

문제 1에서 사용했던 PDF 파일을 Read PDF with OCR 액티비티를 사용해서 읽고 Read PDF Text를 사용해서 읽은 것과 차이점을 확인해 본다.

Chapter **12**

Mail 자동화

 단원 목표

전자 메일은 디지털시대에 들어서면서 사람들 사이에 빠질 수 없이
중요한 디지털 통신이며 오늘날에도 비즈니스를 비롯한 일상에 많이
사용하고 있다. 때문에 자동화에 없어서는 안될 중요한 부분이다. 이
단원에서는 UiPath에서 제공하는 여러가지 기능을 사용하는 법에 대
해 학습하도록 하자.

▶ 프로토콜에 따른 여러가지 액티비티의 속성에 대해 학습한다.
▶ 메일을 작성하여 보내기 및 수신에 필요한 기능을 사용하여 익힌다.

1 _ Mail 자동화

전자 메일은 디지털시대에 들어서면서 사람들 사이에 빠질 수 없이 중요한 디지털 통신이며 오늘날에도 비즈니스를 비롯한 일상에 많이 사용하고 있다. 때문에 자동화에 없어서는 안될 중요한 부분이며 UiPath에서는 사람들의 귀중한 시간을 절약할 수 있도록 여러가지 기능을 제공하고 있다.

RPA 관점에서 메일은 상호작용하는 두 가지 상황의 자동화로 나타난다. 들어오는 메일 자동화와 밖으로 보내는 메일 자동화, 이제부터 두 방향에 대해서 알아본다.

2 _ Mail 액티비티

메일 관련 IMAP, POP3 또는 SMTP와 같은 다양한 프로토콜을 다루는 작업을 자동화할 수 있도록 여러가지 액티비티를 제공하고 있으며 Outlook 및 Exchange 작업을 위한 액티비티도 제공하고 있다. 이 액티비티들은 Mail Activity Pack을 통해 제공된다.

프로토콜/플렛폼	액티비티	내용
	Save Mail Message	지정된 폴더에 전자메일 메시지를 저장한다. 폴더가 없으면 폴더가 생성되고, 폴더를 지정하지 않으면 프로젝트 폴더에 다운로드한다. 메시지와 같은 이름의 지정된 폴더에 파일을 덮어쓴다.
SMTP	Send SMTP Mail Messag	SMTP 프로토콜을 사용하여 전자 메일 메시지를 보낸다.
POP3	Get POP3 Mail Message	지정된 서버에서 POP3 전자 메일 메시지를 검색한다.
Outlook	Get Outlook Mail Message	Outlook에서 전자 메일 메시지를 검색한다.
	Move Outlook Mail Message	Outlook 메일 메시지를 지정된 폴더로 옮긴다.
	Send Outlook Mail Message	Outlook으로부터 메일 메시지를 보낸다.
IMAP	Get IMAP Mail Message	지정된 서버에서 IMAP 전자 메일 메시지를 검색한다.
	Move IMAP Mail Messag	IMAP 메일 메시지를 지정된 폴더로 옮긴다.
Exchange	Save Attachments	메일의 첨부 파일을 지정된 폴더에 저장한다. 폴더가 없으면 폴더가 생성되며 폴더를 지정하지않으면 프로젝트 폴더에 저장된다.
	Exchange Scope	Exchange에 연결하고 다른 Exchange 작업 범위를 제공한다.
	Get Exchange Mail Message	Exchange로부터 메일 메시지를 검색한다.
	Move Exchange Mail Message	Exchange로부터 메일 메시지를 다른 폴더로 이동한다.
	Delete Exchange Mail Message	Exchange 메일 메시지 하나를 지운다.
	Send Exchange Mail Message	Exchange로부터 하나의 메일 메시지를 보낸다.

▲ 메일 관련 액티비티 요약

Mail 읽기

메일 읽기는 POP3, Outlook, IMAP, Exchange 등 네 가지가 있다. 이들 모두 메일 메시지를 제공하는 기능을 공통으로 가지고 있으며 여러가지 옵션도 공유하고 있다.

- Mail Folder : 특정 사서함 폴더에서 전자 메일을 검색한다.
- Mark As Read : 읽지않은 메시지를 가져온 후 읽음으로 표시하여 재처리를 방지한다.
- Top : 서버로부터 읽어오는 메일 메시지 수를 제한한다.
- Password / User : 서버에 접속하기 위한 사용자의 이메일 주소와 비밀번호를 입력한다.

IMAP Mail 읽기

Get IMAP Mail Messages 액티비티를 이용하여 메일을 읽을 수 있다.

❶ Get IMAP Mail Messages

지정된 메일 서버로부터 IMAP 메일 메시지를 가져온다.

> **속성**
>
> **Logon**
> - EMail : 메시지를 받는 데 사용되는 전자 메일 계정을 입력한다.
> - Password : 메시지를 받는 데 사용되는 전자 메일 계정의 비밀번호를 입력한다.
>
> **Host**
> - Server : 사용할 전자 메일 서버 호스트 이름을 입력한다.
> - Port : 전자 메일 메시지를 가져오는 데 사용되는 포트를 입력한다.
> - MailFolder : 메시지를 검색할 메일 폴더를 지정한다.
>
> **Options**
> - DeleteMessages : 읽은 메시지를 삭제 대상으로 표시할지 여부를 지정한다.
> - OnlyUnreadMessages : 읽지 않은 메시지 만 검색할지 여부를 지정한다. 기본적으로 이 확인란은 선택되어 있다.
> - MarkAsRead : 검색된 메시지를 읽음으로 표시할지 여부를 지정한다. 기본적으로 이 확인란은 선택되어 있지 않다.
> - SecureConnection : 연결에 사용할 SSL 및 / 또는 TLS 암호화를 지정한다.
> - Top : 목록의 맨 위에서부터 검색할 메시지 수이다.

실습을 위해 Daum mail을 읽어보자.

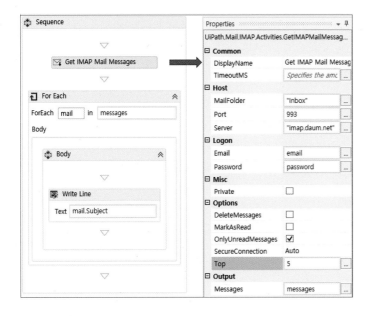

01 위의 그림을 참고하여 Get IMAP Mail Messages 액티비티를 Sequence안에 놓는다.

02 액티비티의 속성을 지정한다.

- Mail Folder : "inbox"
- Port : (Daum Imap 서버의 포트) 993
- Server : "imap.daum.net"
- Logon : id와 password를 각각 string 변수 email과 password에 담아 변수명을 기술한다. 직접 id와 password를 입력하여도 되지만 보안을 고려하여 처리하는 것이 좋다.
- MarkAsRead : 메일을 가져온 후 읽은 메일로 표시할 때 체크한다.
- OnlyUnReadMessage : 메일 중 읽지 않은 메일만 가져오기를 위해 체크한다.
- Top : 한 번에 가져오는 메일의 수를 5로 지정한다.
- Messages : 읽어온 메일을 저장할 변수를 설정 "messages"

03 이제 읽어 들인 메일을 확인하기 위해 For Each 액티비티를 이용한다.

04 For Each 액티비티의 For Each 필드에 Item 대신 mail을 지정하고 그리고 in 필드에 Get IMAP mail Messages 액티비티에서 읽은 mail을 담은 변수 messages를 지정한다.

05 For Each 속성의 Type Argument의 Browse for type…을 눌러 MailMessage를 검색하여 System.Net. MailMessage를 선택한다.

06 For Each문 Body 영역에 Write Line을 놓고 mail.Subject를 출력하도록 한다.

> **TIP**
>
> Write Line에서 "mail."을 입력하면 선택창이 뜬다. Body, To, CC, Subject 등 메일의 구성요소에 대해 필요한 것을 선택하여 사용할 수 있다.

07 완성되었으므로 [F5]를 눌러 실행시킨다. Id와 password가 정확하다면 정상적으로 읽은 결과를 확인할 수 있다.

첨부파일 다운로드 하기

위의 Get IMAP Mail Message 액티비티와 연결하여 첨부파일을 다운로드 하기 위한 Save Attachment 액티비티 사용법을 알아보자.

❶ Save Attachments

메일 메시지 첨부 파일을 지정된 폴더에 저장하는 액티비티이다. 지정된 위치에 해당 폴더가 없으면 폴더가 생성되고 폴더를 지정하지 않으면 프로젝트 폴더에 다운로드하여 저장된다. 첨부 파일과 이름이 같은 경우 지정된 폴더의 파일을 덮어쓴다.

앞의 Get IMAP Mail Message 액티비티로 메일을 가져오고, 그리고 For Each문의 mail에 저장된 하나의 메일에서 첨부된 파일을 가져오는 예문이다.

01 첨부파일이 있는지를 확인하기 위해 if 액티비티를 사용하여 mail.Attachments.Count 〉 0인 경우에 Save Attachments 액티비티를 적용하였다.

02 Save Attachments 액티비티의 속성은 "Mail Message"라고 적힌 곳에 메일이 들어있는 변수 mail을 입력한다. 그리고 Text must be quote라고 적힌 영역에 첨부파일을 다운 받을 경로를 입력하거나 속성의 FolderPath에 입력한다.

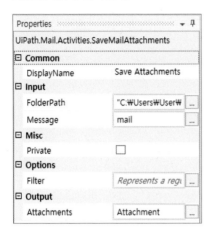

03 속성의 Output.Attachments에 변수를 IEnumerable 〈String〉 타입의 변수를 지정한다.

이 속성은 사용하지 않아도 괜찮지만 다운로드한 첨부파일의 경로와 이름 목록을 제공하는 변수이기 때문에 유용하게 사용할 수 있다.

Get Outlook Mail Message

Get Outlook Mail Message 액티비티는 Outlook을 이용하여 메일을 읽을 수 있게 하는 액티비티이다. 속성은 앞에서 소개한 Get IMAP Mail Message와 동일하다. 다만 Options의 속성 중 Filter가 추가되어 있다.

Mail의 Method를 이용하여 메시지 개수와 수신일을 얻는 예를 진행해 본다. 참고로 이 액티비티를 이용하기 위해서는 Outlook Mail이 설치되고 로그인되어 있어야 한다.

Outlook으로부터 가져온 메일을 취급하는 Get Outlook Mail Message데 대해 알아본다.

◀ 속성

Input
• MailFolder : 메시지를 검색할 메일 폴더이다.
• Account : 검색할 메시지에 액세스하는데 사용되는 계정이다.

Options
• Filter : 메시지를 검색하기 위한 필터로 사용되는 문자열이다.
• OnlyUnreadMessages : 읽지않은 메시지만 검색할지 여부를 지정한다.
• MarkAsRead : 검색된 메시지를 읽음으로 표시할지 여부를 지정한다.
• Top : 목록의 맨 위에서부터 검색할 메시지 수이다.

Get Outlook Mail Messages 액티비티를 이용하여 메일을 읽고 읽은 메일의 개수를 확인한 후 메일의 수신 시간을 확인하는 예문이다.

01 Get Outlook Mail Messages 액티비티를 sequence안에 놓고 MailFolder, Top, Messages를 채워 넣는다.
02 Mail의 개수를 확인하기 위해 message Box에 messages.Count.ToString을 넣는다.
03 이어서 For Each 액티비티를 가져다 놓고 For Each와 In 필드에 변수를 넣은 후 속성의 TypeArgument 는 System.Net.Mail.MailMessage를 선택한다.
04 For Each의 Body에 Date를 출력하기 위해 message Box에 Mail.Header("Date")를 입력한다.

Get Outlook Mail Messages 액티비티의 메일 메시지를 가져오는 시간을 줄이고자 한다면 속성의 Filter를 사용한다. Subject, SenderEmailAddress 또는 ReceivedTime과 같은 다양한 기준에 따라 조건을 부여할 수 있다. 만약 가져온 메일 중 24시간 이내에 들어온 메일만 취하고자 한다면 "[ReceivedTime] > '03/01/2019 12:38 PM'과 같이 필터링 할 수 있다. 그러나 날짜를 하드코 딩하면 불편하기 때문에 "[ReceivedTime] >= '" + Now.AddDays(-1).ToString("MM/dd/yyyy hh:mm tt") +"'"와 같이 작성한다.

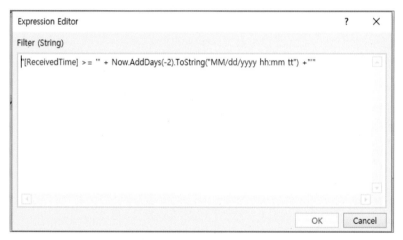

UiPath에 의해 사용된 Outlook 필터는 Microsoft 기본 구성요소를 사용하므로 필터의 자세한 사용법은 https://docs.microsoft.com/en-us/office/vba/api/outlook.items.find를 참조한다.

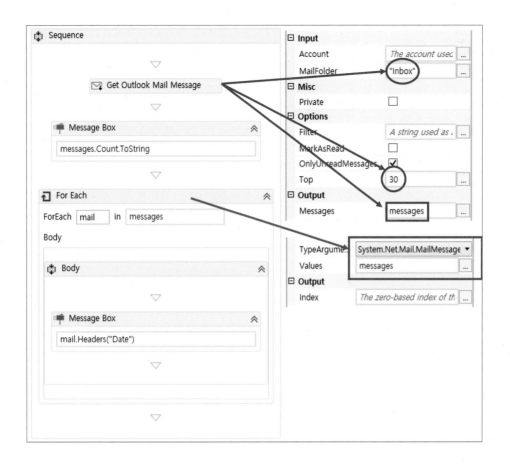

Mail 보내기

Mail 보내기는 SMTP를 이용하여 보내기, Outlook을 이용하여 보내기가 있지만 액티비티 사용하는 방법이 유사하다. 이제 전자 메일을 비즈니스 프로세스의 결과물을 송신하는 것으로 표준 알림을 보내는 워크플로우를 SMTP Mail Message를 이용하여 만들어 본다.

비즈니스 프로세스에서 예외사항이나 오류가 표시될 때 수행한 데스크톱 스크린 샷과 메시지를 포함하는 용도로 많이 사용되기도 한다.

Send SMTP Mail Message

SMTP 프로토콜을 사용하여 전자 메일 메시지를 보내는 액티비티이다.

Logon
- Email : 메시지를 보내는 데 사용되는 전자 메일 계정이다.
- Password : 메시지를 보내는 데 사용 된 전자 메일 계정의 비밀번호이다.

Host
- Server : 전자 메일 서버 호스트이다.
- Port : 메일 메시지를 보낼 포트이다.

Sender
- Name : 보낸 사람의 표시 이름이다.
- From : 보낸 사람의 메일 주소이다.

Options
- SecureConnection : 연결에 사용할 SSL / TLS 암호화를 지정한다.
- IsBodyHtml : 메시지 본문을 HTML 형식으로 작성할지 여부를 지정한다.

Receiver
- To : 메일 메시지의 주 수신자이다.
- Cc : 메일 메시지의 보조 수신자이다.
- Bcc – 메일 메시지의 숨겨진 수신자이다.

Email
- Subject : 전자 메일 메시지의 제목이다.
- Body : 전자 메일 메시지의 본문이다.

Attachments
- File : 메일 메시지에 첨부할 첨부 파일이다.

Forward.
- MailMessage : 전달할 메시지이다. 이 필드는 MailMessage 개체만 지원한다.

메일 송신과 관련한 여러가지 속성을 이용하여 사용하는 예를 작성한다.

포털 다음의 SMTP 메일을 이용하여 메일을 보내는 예제를 만들어 본다.

01 Send SMTP Mail Message의 속성을 입력한다.

Send SMTP Mail Message	
To	"guest@example.com"
Subject	"Test Email Message"
Body	"Test Body"
	Attach Files

- Host.Server : "smtp.daum.net"
- Host.Port : 465
- Logon.Email : email, (변수에 ID가 초기화 되어있다.)
- Logon.Password : password (변수에 Password가 초기화 되어있다.)

- Reciever.To : recipient@example.com (메일 수신자 Email 계정)
- Email.Subject : "Test Email message"
- Email.Body : "Test Body"

Sender와 Reciever의 메일 주소를 정확히 입력한 후 실행하여 결과를 확인한다.

02 메일의 Body를 템플릿 파일(HTML 또는 텍스트)을 이용하여 쉽게 작성하기를 해보자.

Send SMTP Mail Message 액티비티 위에 Read text file 액티비티를 놓는다.

- 속성 File.Filename에 템플릿파일 emailTemplate.txt를 선택한다.
- 속성 Output.Content에 **Ctrl** + **K** 를 누르고 변수명을 입력한다.
- 그리고 이 변수를 Send SMTP Mail Message의 Body에 입력한다.

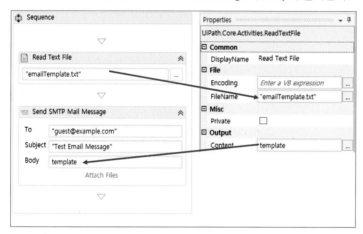

이 방법에서 String Format 함수를 사용하면 보다 더 큰 효과를 볼 수 있다.

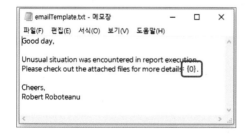

위의 템플릿에서 시간이 들어갈 자리를 {0}와 같이 미리 지정해 놓으면 Send SMTP Mail Message의 속성 Body에 "String.Format(template, Now)"와 같이하여 시간과 날짜를 함께 표시할 수 있다.

03 다음으로 메시지에 스크린샷을 추가하여 보자.

이렇게 하기 위해서는 몇 가지 절차가 필요하다.

- 액티비티 Take Screenshot으로 화면 이미지를 만든다.
  속성 Screenshot에 이미지를 담을 변수 이름 screenshot을 지정한다.
- 액티비티 Save Image를 이용하여 파일 이름과 저장 장소를 지정한다.
- Send SMTP Mail Message 액티비티의 Attach Files를 눌러 파일을 첨부한다.

생성된 File 창 Create Argument를 눌러서 새로운 첨부할 파일 이름을 입력한다.

이렇게 함으로서 메시지에 스크린샷을 추가하였다. 실제 오류가 발생하였을 때 오류가 발생한 화면을 첨부하여 메일로 보고를 하면 유용하다.

문제
01

자신의 Outlook Mail에서 5개의 메일을 읽고 메일이 발송된 날을 기준으로 발송 년월일의 이름을 갖는 폴더에 옮긴다. 이때 Folder는 자동으로 생성되도록 한다.

문제
02

받은 메일에 대해 자동으로 수신을 알리는 메일을 송신하는 워크플로를 작성한다.

❶ 메일의 본문은 "보내주신 메일은 ○년 ○월 ○일 부로 수신되었음을 알려드립니다"라고 템플릿을 이용한다.

❷ 수신자는 메일을 보낸 사람 1명으로 한다.

Chapter 13

디버깅

 단원 목표

워크플로 개발 중 발생하는 문제를 해결하기 위해 많은 노력을 하는데
보다 쉽게 해결하기 위해 디버깅하는 법에 대해 학습한다.

▶ 디버깅 관련 기능 사용법에 대해 익힌다.

▶ 프로세스 수행과정을 기록하기 위한 로그 액티비티에 대해 익힌다.

▶ Error 처리와 관련 Try Catch와 Throw에 대해 학습한다.

1 _ Debugging이란?

지정된 프로젝트에서 오류를 식별하고 해결하기 위해 사용하는 프로세스로서 로깅과 결합하여 단계별 진행정보를 제공하는 강력한 기능으로 프로젝트의 정확한 개발을 위한 유용한 기능이다.

스튜디오의 EXECUTE 탭에서 사용할 수 있으며 Debug, Break, Step Into, Step Over, Validate, BreakPoints, Slow Step, Options, Open Logs와 같은 기능을 이용하여 디버깅을 진행할 수 있다.

2 _ 메뉴 소개

Break

이 기능은 Debugging이 실행되는 동안에만 사용할 수 있다. (Debug 모드에서 실행할 때 Break 메뉴가 나타남)

Debugging이 실행되는 동안에 Break를 클릭하면 그 순간에 Debugging 프로세스를 일시 중지할 수 있다. 정지되는 순간 디버깅중인 액티비티가 노란색 박스로 강조 표시된다. Continue 버튼을 누름으로써 디버깅을 다시 계속할 수 있으며 Step Into, Step Over, Slow Step 또는 Stop과 같은 버튼을 누를 수 있다.

Slow Step을 누르고 Debug을 진행하는 중에 Break를 누르면 진행중인 액티비티가 노란색으로 강조되기 때문에 디버깅을 일시 중지해야 할 때를 정확히 알 수 있다.

Step Into

스텝 단위로 디버깅하면서 액티비티를 면밀히 분석할 수 있도록 해주는 기능이다.

Step Over

Step Into 기능과 달리 현재 컨테이너(플로차트, 시퀀스, 또는 워크플로 파일 호출 액티비티)를 열지 않고 다음 액티비티로 디버깅 한다.

Validate

워크플로를 실행하기 전에 수행해야 할 첫 번째 단계 중 하나로 모든 변수, 인수 및 Import가 올바르게 구성되고 사용되도록 한다.

Breakpoints

실행 시 문제가 유발될 수 있는 액티비티에 대해 중단점을 설정함으로써 의도적으로 디버깅 프로세스를 중지하는 기능이다. 실행이 특정 액티비티에서 멈추기를 원할 때는 DEBUG 탭의 [Breakpoints] 버튼을 클릭하거나 [F9]를 눌러 중단점을 설정하고 역시 [Breakpoints] 버튼이나 [F9]를 누름으로써 중단점을 해제할 수 있다.

Slow Step

Slow Step을 사용하면 디버깅 중에 모든 액티비티를 자세히 볼 수 있다. 이 기능을 사용하는 동안 디버깅 프로세스에서 액티비티가 강조 표시된다. 또한 흐름도, 시퀀스 또는 Invoke Workflow File 액티비티와 같은 컨테이너가 열린다. 이것은 Step Into를 사용하는 것과 비슷하지만 디버깅 프로세스를 일시 중지하지 않아도 된다.

이 기능은 4가지 속도로 제공된다. 선택한 속도 단계는 이전 단계보다 느린 디버깅 프로세스를 실행하는데 예를 들어 Slow Step으로 1x에서 디버깅하면 가장 느린 속도로 실행되고 4x에서는 가장 빠르다. 즉, 속도는 디버거가 한 액티비티에서 다른 액티비티로 얼마나 빨리 이동하는지를 나타낸다. 속도를 변경하는 방법은 Slow Step 버튼을 누를 때 마다 속도가 변경된다.

Options

Options을 사용하면 워크플로의 취약한 부분에 집중할 수 있다. 또한 디버깅 중 강조 표시된 UI 요소와 디버그될 때 출력 패널에 기록된 다음 세 가지의 활동을 볼 수 있다.

- High Light Elements
- Log Activities
- Break on Exceptions

이러한 옵션은 디버깅 전에만 바꿀 수(Toggle) 있다.

Highlight(요소 강조 표시)

사용하도록 설정하면 디버깅 중에 UI 요소가 강조 표시된다. 이 옵션은 일반 및 단계별 디버깅과 함께 사용할 수 있다(slow step 모드에서 표시된다).

Log Activities(활동 기록)

debug 액티비티가 활성화된 경우 출력 패널에 추적 로그를 표시한다. 이 옵션은 기본적으로 사용하도록 설정되어 있고 Orchestrator에 연결된 경우 로그가 자동으로 Orchestrator에 전송되지만 로봇 추가 또는 편집 창의 설정 탭에서 개발 로깅 허용 옵션을 비활성화하여 로그를 로컬로 저장할 수 있다. 또한 로그 활동을 비활성화하면 더 작은 로그 파일을 Orchestrator로 전송할 수 있다. 기본적으로 디버거는 활동을 기록하여 각 단계가 출력 패널에 표시되기 때문에 프로젝트의 실행을 쉽게 추적할 수 있도록 설정하는 것이 좋다.

Break on Exceptions(예외 발생 중단)

이 옵션은 기본적으로 활성화되어 있으며 디버깅 중에 예외가 감지될 때마다 런타임 실행 오류 창을 트리거한다. 실행이 중지되고 오류를 던진 액티비티가 강조 표시된다.

- Break : 프로젝트가 일시 중지된 상태로 유지된다. 예외를 발생시킨 액티비티가 강조 표시되고 인수, 변수 및 예외 세부 사항이 지역 패널에 표시된다. 출력 패널은 디버깅 중 전체 실행을 표시하고 오류가 발생한 액티비티를 설명한다.
- Retry : 오류가 난 액티비티를 다시 실행하려고 시도하고 오류가 다시 발생하면 런타임 실행 오류 팝업 메시지가 다시 표시된다.
- Ignore : 실행 오류를 무시하고 다음 활동에서 계속된다.
- Continue : 실행 오류를 발생시키고 디버깅을 중지하고 예외를 발생시킨 활동을 강조 표시한 다음 예외를 출력 패널에 기록한다. Global Exception Handler가 프로젝트에서 이전에 설정된 경우 예외가 처리기로 전달된다.

Open Logs

Open Logs를 클릭하면 로그가 로컬에 저장되는 "C : ₩Users₩Your_User₩AppData₩Local ₩UiPath₩Logs" 폴더가 나타난다. 로그 파일의 이름 지정 형식은 YYYY-DD-MM_Component. log이다(예 : 2019-05-12_Execution.log 또는 2019-05-12_Studio.log).

3 _ 로그와 관련된 액티비티

Log Message

진단 메시지를 지정된 레벨에 기록한다. 이 메시지는 Orchestrator로 전송되어 Logs 페이지에 표시된다. 기본으로 시스템에서 제공하는 로그 메시지에 추가로 로그를 남기고 싶을 때 사용한다.

속성

Log
- Message : 로그로 남길 메시지이다. 레벨 드롭 다운 목록에서 선택한 옵션에 따라 메시지는 해당 심각도 수준에서만 표시된다. 문자열과 문자열 변수만 지원된다.
- Level : 기록할 메시지의 심각도 수준으로 Trace, Info, Warn, Error and Fatal 등의 옵션을 사용할 수 있다.

따라하기

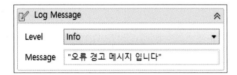

Add Log Fields

로봇을 실행 시 로그에 사용자 정의 로그 필드를 추가한다. 로그 데이터를 효과적으로 가공하여 사용하고자 할 때 기본적으로 제공되는 로그필드에 원하는 내용이 추가되도록 필드를 추가하여 로그 메시지를 작성하도록 하는 것으로 아래 설명한 로그 필드에 추가로 필요한 필드를 생성할 수 있다.

속성

Input
- Fields : 모든 후속 로그 행에 추가할 문자열 인수의 집합이다.

간단한 워크플로를 만들어서 Add Log Fields와 Remove Log Fields를 실행시켜 보자.

01 프로젝트를 생성하여 Sequence를 놓는다.

02 Sequence안에 Write Line 액티비티를 놓고 속성 Text에 "Add Log Fields And Remove Log Fields !!"를
입력한다.

03 아래에 Add Log Fields 액티비티를 놓는다. 그리고 속성 Fields 옆버튼을 클릭한다.

04 Fields 창에 Argument를 그림과 같이 입력한다.

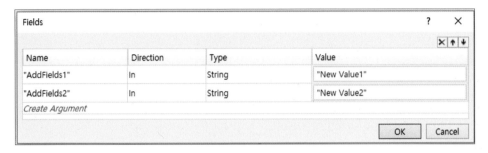

05 이어서 이번에는 Remove Log Fields 액티비티를 놓고 속성 Fields옆버튼을 클릭한다.

06 Fields 창에 Argument를 그림과 같이 입력한다.

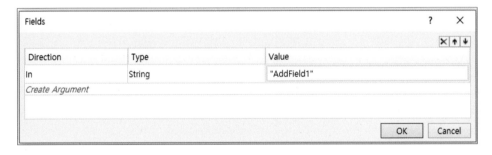

07 이제 실행하기전 먼저 Remove Log Fields 액티비티를 disable 시킨 후 [F5]를 눌러 실행하고 종료되면
Add Log Fields를 disable 시키고 Remove Log Fields를 Enable 시킨 후 [F5]를 눌러 실행시킨다.

08 결과 확인을 위해 Studio의 DEBUG 탭의 Open Logs 메뉴를 클릭한다. 목록의 맨 마지막에 오늘 날짜의
Execution.log 파일을 열어서 확인하면 Field가 추가된 상황과 다시 제거된 상황을 확인할 수 있다.

09 완성된 워크플로는 아래와 같다.

로그 특성 분류

로그는 사용자에 의해 설계된 것과 시스템에 의해 자동으로 생성된 것으로 분류된다.

❶ 기본 로그

프로젝트가 실행되고 끝날 때, 시스템 오류가 발생하고 실행이 중지될 때 또는 모든 액티비티의 실행을 기록하도록 설정되었을 경우 기본적으로 로그가 생성된다.

- 실행 시작은 프로세스가 시작될 때마다 생성(레벨 = Info)된다.
- 실행 종료는 프로세스가 완료될 때마다 생성(레벨 = Info)된다.
- 트랜잭션 시작은 프로세스 내의 트랜잭션이 시작될 때마다 생성(레벨 = Info)된다.
- 트랜잭션 끝은 프로세스 내의 트랜잭션이 완료될 때마다 생성(레벨 = Info)된다.
- 오류 로그는 실행 시 오류가 발생하여 중지될 때마다 생성(레벨 = Error)된다.
- 디버깅 로그는 Robot Logging Setting이 Verbose로 설정되고 액티비티 이름, 유형, 변수값, 인수 등을 포함하면 디버깅 로그가 생성(레벨 = Trace)된다.

❷ User-Defined Logs

사용자가 Log Message나 Write Line 액티비티를 사용하여 Studio에서 설계한 프로세스에 따라 로그 메시지가 생성된다.

Log Fields

❶ Default Fields

- Message : 로그 메시지
- Level : 로그의 심각도
- Timestamp : 작업이 수행된 정확한 날짜와 시간
- FileName : "실행중"인 .xaml 파일의 이름
- Jobid : 프로세스를 실행하는 작업의 키
- processName : 로깅을 트리거 한 프로세스의 이름
- processVersion : 프로세스의 버전 번호
- windowsIdentify : 기록된 작업을 수행한 사용자의 이름
- robotName : 로봇의 이름 (Orchestrator에서 정의된)

❷ Type-specific Fields

- 실행 끝을 나타내는 totalExecutionTimeInSeconds
- 실행 끝을 나타내는 totalExecutionTime
- 트랜잭션 시작 및 트랜잭션 끝의 queueName
- 트랜잭션 시작 및 트랜잭션 종료에 대한 transactionID
- 트랜잭션 시작 및 트랜잭션 끝을 위한 transactionState
- 트랜잭션 시작 및 트랜잭션 끝을 위한 transactionStatus
- 트랜잭션 종료에 대한 transactionExecutionTime
- 디버깅 로그를 위한 ActivityInfo
  DisplayName, State, Activity, Variables, Arguments 등

❸ User-defined fields

이 필드는 Studio에서 (Add log fields 액티비티를 사용하여) 정의되고 Remove log fields 액티비티에 의해 제거되지 않는 한 로그 활동은 계속된다.

Remove Log Fields

사용자 지정 로그 필드를 각 로그 메시지로 제거한다. 이 액티비티는 바로 이전의 Add Log Fields 액티비티와 동일하다. 다만 Add와 Remove의 차이가 있을 뿐이다.

🔍 속성

Input
- Fields : 모든 후속 로그 행에 삭제할 문자열 인수의 집합이다.

Add Log Fields 액티비티의 [따라하기]를 참고한다.

Comment Out

워크플로 실행 시 지정된 액티비티가 실행되지 않도록 하는 컨테이너로 복수개의 액티비티를 포함할 수 있다. 사용법은 실행되지 않기를 원하는 액티비티를 마우스 오른쪽 버튼을 클릭하고 나타난 창에서 "Disable Activity (Ctrl + D)"를 선택하면 된다. 반대로 Comment Out을 해제하려면 Enable Activity를 클릭한다.

4 _ Error와 관련된 액티비티

자동화를 진행하는 과정에서 다양한 오류가 발생하곤 한다. 보통 오류가 발생하면 프로세스가 중단되고 종료된다. 이런 경우 계획된 프로세스 진행을 하지 못할 뿐 아니라 다음 작업에도 영향을 미칠 수 있기 때문에 오류를 잘 처리해야 한다. 이 단원에서는 그러한 문제를 중심으로 관련 액티비티 사용법에 대해 알아보도록 하자

Try Catch

Sequence 또는 액티비티에서 지정된 예외 유형을 캐치하고 오류 알림을 표시하거나 해당 알림을 닫고 실행을 계속한다. 이 액티비티는 오류발생이 예상되는 곳에 적용하면 유용하다.

액티비티에 있는 세 가지 필드 설명이다.

- Try : 오류가 발생할 가능성이 있는 작업을 수행한다.
  참고로 Try 섹션에 액티비티가 포함되어 있고 continueOrError 속성의 값이 True이면 프로젝트를 실행할 때 오류가 발생하지 않는다.
- Catch : 오류가 발생할 때 수행할 액티비티 또는 액티비티의 모음이다.
  - Exception : 나타날 수 있는 예외 유형으로 여러 개를 추가할 수 있다. 예를 들면 System. ArgumnetException, System.NullReferenceException, System.IO.IOException, System. InvalidOperationException, System.Exception 등 많은 유형을 처리할 수 있다.
- Finally : Try Catch 블록 이후에 수행할 액티비티 또는 액티비티의 모음이다. 이 섹션은 예외가 발생하지 않거나 오류가 발생하여 Catch 섹션에 걸린 경우에 관계없이 실행된다.

Try Catch 활동의 중요성을 더 잘 이해하기 위해 웹 사이트에서 임의의 이름 생성기에서 여러 이름을 수집하고 이를 Excel 스프레드 시트에 기록하는 자동화 기능을 만들었다.

Build Data Table 액티비티는 수집된 이름을 저장할 테이블을 작성하는 데 사용된다. 다른 워크플로가 호출되어 웹 데이터를 읽고 마지막으로 Excel Application Scope 액티비티를 사용하여 수집된 정보를 Excel 파일에 작성한다.

앞의 그림과 같은 개념의 워크플로가 있을 때 오른쪽의 사이트를 열어놓지 않고 실행시켰을 때 다음과 같은 에러 메시지가 발생하는데 이 메시지의 Exception Type을 통해 오류의 원인을 알 수 있다. Exception Type은 UiPath.Core.SelectorNotFoundException이다.

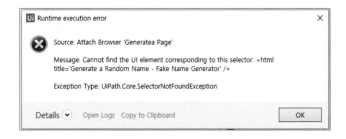

메시지를 통해 워크플로를 실행할 때 브라우저 첨부 컨테이너 Selector에 문제가 있는 것을 알 수 있다. 이 오류를 잡으려면 Try Catch를 사용하여 다음과 같은 작업을 해야 한다.

이제부터 Try Catch 액티비티를 적용하여 워크플로가 예외사항에 대해 대처하는 것을 보고 이해하도록 하자.

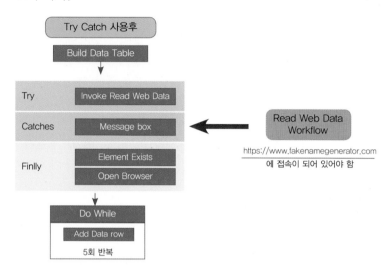

문제의 중심이 되는 부분을 먼저 그림을 통해 보자.

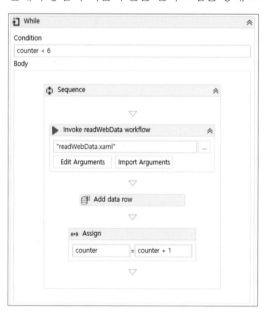

While 문 안의 Invoke ReadWebData Workflow에서 브라우저를 Attach하여 데이터를 읽어오는데 브라우저가 열려있지 않아서 생기는 문제임을 알고 있기 때문에 이제부터 보완을 하는 것이다.

01 액티비티 패널에서 Try Catch 액티비티를 찾아 Invoke 워크플로 액티비티 위에 놓는다.

02 Try Catch 액티비티 아래 있는 Invoke 액티비티를 Try Catch 액티비티의 Try 섹션으로 옮긴다. Try 안에 놓인 이 액티비티는 오류가 발생하는지 주시하게 된다.

03 Catches 섹션의 Add new catch를 클릭하고 Exception 드롭 다운 버튼을 누르고 UiPath.Core. SelectorFoundException 예외를 선택한다. 표시되지 않으면 Browse for Types를 눌러 선택창에서 찾을 수 있다.

04 선택적으로 Catches 섹션에 Message Box 액티비티를 추가할 수 있다. "Internet Explorer가 닫혔습니

다. 이제 브라우저를 열고 워크플로 실행을
계속합니다."라고 도움이 되는 정보를 제공
할 수 있다. 즉 예외가 발견될 때마다 이 메
시지 상자가 표시되어 브라우저가 열리고 워
크플로가 성공적으로 실행되고 있음을 사용
자에게 알리는 것이다.

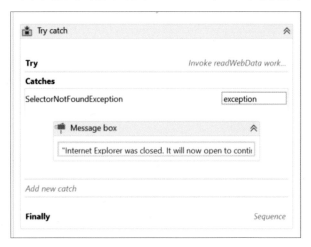

05 Finally 섹션에 Element Exists 액티비티를 가져다 놓는다. 이것은 프로세스에 필요한 브라우저 Https:// www.fakenamegenerator.com이 열려 있는지 확인하는데 사용된다.

06 Internet Explorer를 열고 앞에서 언급한 페이지를 열어놓는다.

07 Element Exists의 Indicate on screen을 클릭하고 위에 열어놓은 브라우저 창을 선택한다. 즉, 이 액티비티는 활성화된 사이트 fatenamegenerator가 열려 있는지 확인하는 것이다. 그리고 속성 Output.Exists에 결과를 받을 Boolean 타입의 변수 browser를 만든다.

08 Element Exists 액티비티 아래에 if 액티비티를 추가한다. Condition 필드에 browser = False를 입력한다. 이 조건은 브라우저가 열려 있는지 여부를 확인하고 해당 값을 기반으로 작업을 수행하는데 사용된다.

09 이어서 If 액티비티의 Then 영역에 Open Browser 액티비티를 가져다 놓는다. 브라우저가 열려 있지 않은 경우 워크플로에 영향을 주지 않으면서 Open Browser 액티비티를 사용하여 열려는 것이다. URL 필드에 Https://www.fakenamegenerator.com를 입력한다.

10 브라우저의 지정된 웹 사이트가 이미 열려있는 경우 워크플로가 예상대로 계속되도록 if 액티비티의 Else 영역은 비워둔다.

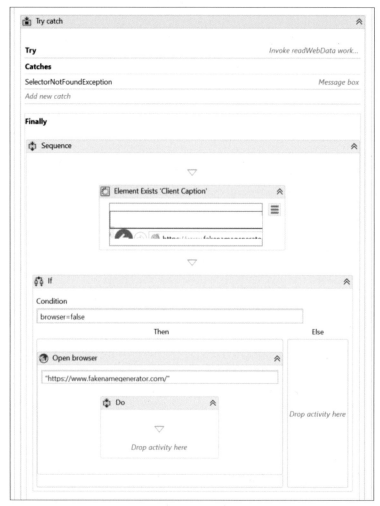

11 워크플로를 실행하면 다음과 같은 두 가지 중 하나의 결과를 얻을 수 있다.

- Internet Explorer가 닫힌 경우 : 사용자에게 Internet Explorer가 열리고 워크플로를 계속할 수 있음을 알린다. 브라우저가 열리고 목적한 데이터가 수집되어 Excel 파일에 기록된다.
- Internet Explorer가 열려 있으면 워크플로가 예상대로 실행된다.

Throw

이 액티비티는 실행 중 발생한 오류를 전달하는 역할을 한다. 먼저 이해하는데 도움이 되도록 예를 하나 참고하자.

위의 그림은 변수 filePath에 파일 하나를 지정하고 if 액티비티를 놓은 다음 Condition에 File Exists 액티비티를 적용하여 파일의 존재 유무를 확인했다. 결과는 Boolean으로 나오기 때문에 True가 나오면 Then 영역을 실행하고, False가 나오면 Else 영역을 실행할 것이다. 그렇지만 개발자는 Else가 나온 경우 오류는 아니지만 Exception 처리를 하고 싶기 때문에 Throw 액티비티를 사용하여 오류를 Catches로 보낸 것이다. 만약 Throw를 사용하지 않았다면 워크플로는 오류없이 정상적으로 실행될 것이다.

Throw는 속성으로 Exception 하나를 갖는다. 이 예에서는 다음과 같이 메시지를 지정했다.

New FileNotFoundException(filePath + "does not exist in the folder")

조금 더 추가한다면 이 메시지를 Log Message에 담아 다음 그림과 같이 Catches 영역에 놓는다.
그러면 친절한 로그를 남길 수 있게 된다.

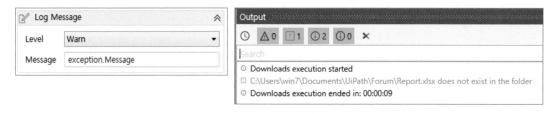

위와 같은 결과를 얻게 된다.

Rethrow

Rethrow는 다층 구조의 Try Catch에서 Exception을 상위 Try Catch로 전달하는 역할을 한다.

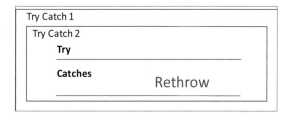

즉, 위의 그림 Try Catch2의 Try 영역에서 Exception 상황이 발생되었을 때 Catches 영역에 Rethrow를 놓으면 Exception 정보가 Try Catch1으로 전달되어 Try Catch1의 Catches에서 오류를 통제할 수 있게 하는 액티비티이다.

01 프로세스를 만들고 Sequence를 놓는다.

02 Sequence안에 Try Catch 액티비티를 놓는다(이 액티비티를 Try Catch1이라 한다.).

03 Try Catche1의 Try 영역안에 새로운 Try Catch를 놓는다(이 액티비티를 Try Catch2이라 한다.).

04 Try catch2의 Try 영역안에 Click 액티비티를 놓는다. 그리고 www.uipath.com 사이트를 연다.

05 Click 액티비티의 Indicate on screen을 클릭하고 마우스로 앞에 열어 둔 브라우저의 uipath의 메뉴하나를 클릭한다.

06 브라우저를 닫는다.

07 Try Catch 2의 Catches 영역에 Add new catch를 누르고 Exception 옆의 드롭 다운 버튼을 누른 후 SelectorNotFoundException을 선택한다. 그리고 SelectorNotfoundException 을 클릭한다.

08 Drop Activity here에 Write Line 액티비티를 놓고 속성 Text에 exeception.message + "Try Catch 2 ===" 라고 입력한다.

09 Write Line 액티비티 아래 Rethrow 액티비티를 놓는다.

10 Try Catch 1의 Catches 영역에 Add new catch 를 클릭하여 07번과 같이 한다.

11 이어서 08번과 같이 Drop Activity here에 Write Line 액티비티를 놓고 속성 Text에 exception.message + "Try Catch 1 !!!" 이라 입력한다.

12 이제 실행시켜 보자. UiPath 사이트가 열려있던 브라우저를 닫아 버렸기 때문에 오류가 발생하는 장소는 Try Catch 2의 클릭부분이다. 그리고 Try Catch 2의 Catches 영역에서 Rethrow를 하였다.

13 위 그림에서 보듯이 Write Line 결과가 Try catch 2와 Try Catch 1 두 개가 있는 것으로 보아 Try Catch 2의 Exception이 Try Catch 1으로 전달되었음을 알 수 있다.

UiPath Orchestrator는 UiPath의 중요한 부분을 차지하는 구성요소의 하나이다. 반복적인 비즈니스 프로세스를 실행하면서 UiPath Robot을 조율할 수 있게 해주는 웹 기반 응용 프로그램이다. 많은 수의 로봇을 사용하는 경우 한곳에서 전체 로봇을 모니터링하고 관리해야 하는 필요성이 있는데 Orchestrator는 Attended 및 Unattened Robot 리소스를 통합하고 중앙 집중식 로봇 로그 제공, 원격 실행, 모니터링, 스케줄링 및 작업 대기열을 제공한다.

Orchestrator를 사용하면 타사 솔루션 및 응용 프로그램과 동일한 방식으로 통합할 수 있으며 사용자 환경의 리소스 생성, 모니터링 및 배포를 관리할 수 있다.

PART 04

Orchestrator 사용하기

Chapter 14

Orchestrator 구성과 사용법

단원 목표

Orchestrator는 Robot을 관리하고 운영하는 역할을 담당하는 중요한 구성요소로서

▶ Orchestrator의 기능에 대해 학습한다.
▶ Orchestrator에서 제공하는 Queue와 Asset의 사용법을 익힌다.

1 _ Orchestrator 란?

UiPath Orchestrator는 UiPath의 중요한 부분을 차지하는 구성요소의 하나이다. 반복적인 비즈니스 프로세스를 실행하면서 UiPath Robot을 조율할 수 있게 해주는 웹 기반 응용 프로그램이다. 많은 수의 로봇을 사용하는 경우 한곳에서 전체 로봇을 모니터링하고 관리해야 하는 필요성이 있는데 Attended 및 Unattened Robot 리소스를 통합하고 중앙 집중식 로봇 로그 제공, 원격 실행, 모니터링, 스케줄링 및 Queue를 제공한다.

Orchestrator를 사용하면 타사 솔루션 및 응용 프로그램과 동일한 방식으로 통합할 수 있으며 사용자 환경의 리소스 생성, 모니터링 및 배포를 관리할 수 있다.

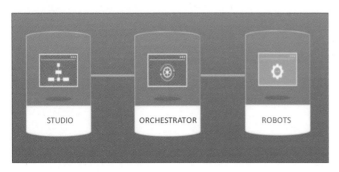

2 _ Orchestrator와 Robot의 구성

Orchestrator는 Studio 개발자와 Robot 사이의 연결자 역할을 한다. 개발자가 프로젝트 워크플로우를 작성해서 Orchestrator에 배포(Deploy)하면 스케줄에 의해 로봇에 일을 실행시키고 작업내용에 대해 모니터링하여 결과와 로그 및 작업상태를 관리자가 쉽게 확인할 수 있게 한다.

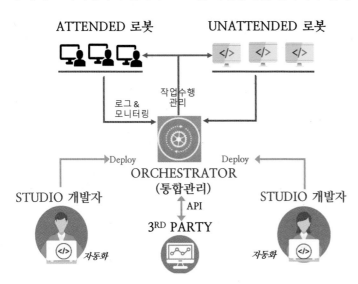

Orchestrator와 관련한 용어

위의 그림과 관련하여 나오는 용어 중 일부는 이미 익숙하고 또한 일부는 낯설 것이다. 간단히 아래의 용어에 대해 다시 한번 정리하여 본다.

- Attended 로봇과 Unattended 로봇
- Deploy
- Process
- Job
- Tenant

로봇의 분류

❶ Attended 로봇

사용자와 동일한 워크스테이션에서 작동하며 대개 사용자의 조치(사용자 이벤트)를 통해 사용자에 의해 트리거된다. 이 유형의 로봇은 Orchestrator를 통해 프로세스를 시작할 수 없으며 잠긴 화면에서 실행할 수 없다.

❷ Unattended 로봇

Orchestrator와 연계해서 무인으로 실행되며 여러 프로세스를 자동화할 수 있다. Unattended 로봇은 원격실행, 모니터링, 스케줄링 및 Queue 등의 작업을 지원한다.

Deploy

개발자가 작성한 워크플로를 Orchestrator로 올려서 로봇이 실행할 수 있도록 하는 과정의 하나로 Studio의 Design 탭 도구 모음 중 Publish를 통해 진행된다.

Processes

프로세스는 Package와 Environment 간의 연결을 나타내며 Package가 Environment와 링크될 때마다 해당 Environment에 속한 모든 로봇 머신에 자동으로 배포된다.

Job

Job은 하나 또는 여러 로봇에서 프로세스를 실행하는 것이다. Processes를 작성한 후 하나의 Job을 완성하기 위해서 Package와 Environment를 연결하여 Process를 만들고 최종적으로 로봇에 작업을 실행시키기 위한 준비된 객체를 Job이라 한다.

Tenant

하나의 Orchestrator안에서 목적에 따라 데이터를 격리하여 사용하기 위해 Tenant를 사용한다. 예를 들면 각 부서단위로 Tenant를 지정하여 각각 독립적으로 한 대의 Orchestrator를 운영하듯이 부서내의 리소스를 별도 관리하게 한다. 하지만 모든 데이터는 동일한 데이터베이스에 저장된다. 즉, 각 Tenant 단위로 Processes, Package, Assets, Queues, Schedules, Robots, Environments, Jobs, Users 등과 같은 자원이 각각 관리된다.

3 _ Orchestrator 주요 기능

Orchestrator는 로봇의 작업을 지시하고 작업 현황 모니터링 기능을 수행하는 Enterprise Platform으로서의 가장 핵심적인 요소로, Bot Load Balancing, Multi-tenancy 등의 강력한 기능을 제공하고 있다.

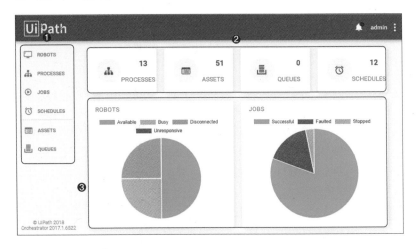

❶ Menu Bar : 로봇, 프로세스, Jobs, Asset 등 제어/모니터링을 수행하는 상세 메뉴에 접근하는 메뉴이다.
❷ Job Status : 현재 Orchestrator에 등록되어 통합적으로 관리되고 있는 구성 요소들의 현황을 표시한다.
❸ Dash Board : 로봇과 Job의 운영현황을 인식하기 쉬운 Graphic 형태로 한눈에 확인하는 화면이다.

다음은 Orchestrator의 주요 기능에 대한 간단한 소개이다.

1) 사용자 관리
• Orchestrator에는 최초 1개의 Admin 계정이 있으며, Admin을 통해 하위의 Admin 및 유지계정을 생성할 수 있다.
• Active Directory 그룹에서 사용자 정보를 가져올 수 있으며 계정은 언제든 삭제 가능하다.

2) 권한관리

- 사용자 및 로봇은 기본적으로 16개의 모듈에 대한 CRUD(생성/읽기/갱신/삭제) 접근권한을 설정할 수 있다.
- 사용자 정의 역할을 신규 생성할 수 있고 역할 별 사용자 및 로봇을 자유롭게 할당 가능하다.

3) 로봇관리 및 로드밸런싱

- Attended, UnAttended, Test 로봇을 등록하고 각 로봇의 상태를 확인할 수 있다.
- High Density 로봇 : UiPath는 하나의 로봇을 다수 사용자에게 할당 가능하며 업무 실행 시 유휴 로봇에 자동 할당할 수 있는 로드밸런싱 기능을 제공하여 로봇 활용율을 크게 향상한다.

4) 그룹관리

- 로봇은 기본적으로 가동계, 테스트계 등 작동환경에 대한 설정이 가능하다 (예: 가동계에 속한 로봇은 가동계 환경에서 실행).
- 이와 별도로 사용자가 조직에 속한 것과 마찬가지로 사용자 편의에 맞게 다양한 그룹(Unit)을 생성하고 로봇을 각 그룹에 할당시킬 수 있다.

5) 로그관리

- 로그는 .txt 형식으로 로컬에 저장되며 로컬에서 적절한 권한을 가진 사용자가 로그 확인 가능하다.
- 서버에서 Orchestrator가 중앙화 한 메시지는 DB, ElasticSearch, Splunk, Eventlog 등으로 전송된다.
- 워크플로우에서 실행되는 각 활동을 추적할 수 있는 플래그 생성이 가능하다.
- 로봇이 예외를 보고하면 서버는 동일한 트랜잭션을 다른 로봇에 할당하여 재시도 할 수 있다.

6) Audit

- 활동 감시 방법에는 여러가지가 있으며 그 중 하나는 클라이언트의 로깅 수준을 설정하고 특정활동 로그를 수집하는 방법이 있다.
- 예로 각 액티비티가 시작되고 끝날 때마다 로봇이 서버에 메시지를 보내게 하면 액티비티를 완료하는데 가장 많은 시간이 소요된 작업을 발견할 수 있다.

7) 모니터링 및 리포팅

- 대형 엔터프라이즈급 로봇 운영을 위해서는 모니터링 및 리포팅 기능이 중요하며 이는 로그관리 성능에 좌우된다.

- UiPath는 임베디드된 엘라스틱 서치(kibana)를 통해 파워풀하고 개인화된 시각화 정보를 제공한다.
- DB에 메시지를 저장할 경우 SQL, Server Reporting을 이용해 복잡한 보고서 작성이 가능하다.

8) 경고 및 알림

- 로봇, 비즈니스 또는 응용 프로그램 예외로 실패한 대기열 항목, 상태를 변경하는 작업 또는 스케줄에 의한 작업 할당 실패에 대한 경고가 생성한다.
- Workflow 작성 시 다음과 같은 유형의 알림을 수행하도록 설계 가능하다.
    ❶ 서버에 로그 메시지 보내기
    ❷ 상태 추적기 업데이트
    ❸ 스크린 샷 찍기
    ❹ 사용자 입력을 위한 대화 상자 팝업
    ❺ 메시지 상자 표시
    ❻ 중요한 문제가 발생한 경우 이메일 알림
- 매일 로봇의 가동상태를 일일 보고 형태로 이메일을 통해 수신한다.

9) 스케줄 관리 / 생성

- UnAttended 로봇에 대해서 Trigger, 반복주기, 일정 등 작업 스케줄을 설정 가능하다.
- 스케줄에 의해 실행된 Job이 중복되는 경우는 후순위 Job은 자동 대기 상태가 되며 이전 Job이 완료되면 다시 실행 상태로 전환된다.
- Trigger 탭에서는 실행 주기(분, 시간, 매일, 매주, 매월 등)을 설정할 수 있다.
- 실행 로봇에서는 Job을 특정 로봇에 할당하거나 복수 로봇에 실행을 지정할 수 있다.
- 스케줄은 언제든 활성/비활성화 전환 가능하다.

10) Queues 관리

- Queue는 무제한 항목을 보유할 수 있는 컨테이너로서 송장 정보, 고객 세부 정보와 같은 다양한 유형의 데이터를 저장할 수 있다. 숫자에 제한 없이 Queue를 생성 및 보관할 수 있고 저장된 정보는 다른 시스템(SAP, Salesforce)에서 처리 가능하다.
- Queue가 생성되는 즉시 로봇에 Job을 할당할 수 있으며 서로 다른 Job을 연계 활용하는 등 대형 자동화 업무에 적합한 엔터프라이즈 특화 기능이다.

11) Transaction 관리

- 트랜잭션에서는 Queue의 할당 및 상태, 처리한 로봇 등 상세 정보와 히스토리를 표시한다.
- 트랜잭션은 다른 어플리케이션과 연결하는데도 사용될 수 있다.

4 _ Orchestrator 접속부터 Job 실행까지

UiPath에서는 사용법을 배우고 있는 Studio 개발자를 위하여 학습용 Orchestrator 플렛폼을 제공하고 있다. 여기에서는 Orchestrator를 사용하기위해 최초 사용자 등록부터 Job 실행까지의 전체 프로세스를 단계별로 학습해 보자.

Orchestrator 계정 만들기

Orchestrator를 사용하기 위해 먼저 사용권한을 가져야 하는데 UiPath에서 교육용으로 사용하게 해주는 Orchestrator 주소(https://platform.uipath.com)에 접속하여 계정을 가져야 한다.

01 https://platform.uipath.com에 접속한다.

접속하는 방법은 다음 그림과 같이 여러 가지 방법이 제공되고 있는데 그 중 원하는 방법을 선택하여 계정을 사용하면 된다. 여기에서는 Email을 이용해 계정을 생성하는 방법을 예로 들어보겠다. 다음 그림에서 하단의 Sign Up을 클릭하면 계정을 생성하는 페이지가 나온다.

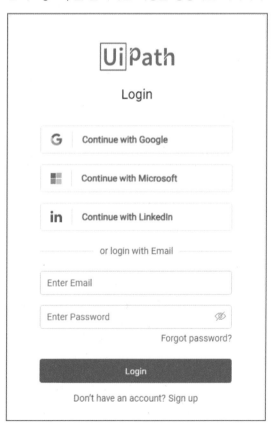

02 화면의 하단에 있는 [Sign up with Email] 버튼을 클릭하면 계정정보를 입력하는 페이지가 나온다. 이름과 국가, 소속회사, 이메일 주소 그리고 비밀번호를 입력하고 개인정보를 동의해주면 계정 만들기가 끝난다. 이제 정상적인 로그인을 UiPath 대시보드 화면이 나타난다.

03 UiPath 대시보드 메인화면에서 Services 메뉴를 클릭한다. 아무것도 나타나지 않는다. 우측 끝에 있는 [Add Service] 버튼을 클릭한다.

04 Add Service 창이 나타나면 Name을 등록하고 [Add] 버튼을 클릭한다. Name은 MyServices로 등록한다.

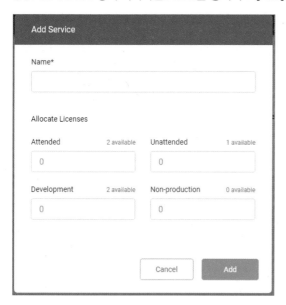

05 이제 등록된 Service가 나타난다.

06 MyServices를 클릭하면 Orchestrator의 Main Menu가 나타난다.

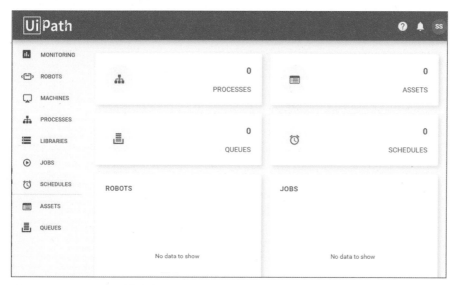

Orchestrator와 연동하여 JOB 실행하기

Studio 개발자가 비즈니스 프로젝트를 생성하면 Orchestrator를 통해 자동으로 실행되도록 하여야한다. 즉 개발자가 자신의 프로젝트를 Orchestrator와 연계하여 실행까지 쉽게 진행할 수 있도록 알려주고자 한다. 이를 위해 몇 가지 준비해야할 사항이 있는데, 쉽게 Orchestrator를 이용할 수 있도록 아래의 순서로 작업을 준비하자.

- 로봇 등록하기 : Orchestrators에 Robot을 등록하여 작업을 할 수 있도록 준비한다.
- Environments 만들기 : 환경변수(Environments)를 만들어 로봇을 배정한다.
- Process 만들기 : 실행할 Package와 로봇이 설정된 환경변수를 통합한 Process를 만든다.
- Job 실행하기 : 작업 실행을 위해 한 셀이 된 프로세스를 실행시키는 명령을 내린다.

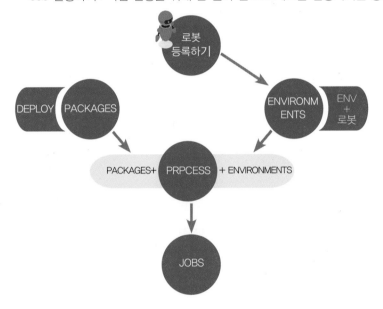

Studio와 연결된 로봇을 Orchestrator에 접속하기

먼저 화면 하단의 작업표시줄에 UiPath Robot의 아이콘이 있는지 확인한다.

위의 그림 중 두 번째는 로봇 아이콘이 있고, 첫 번째는 아이콘이 없다. 로봇 아이콘이 없는 경우는 Robot 프로그램을 찾아서 실행시키면 아이콘이 나타난다.

1) 아이콘이 있는 경우

아이콘을 클릭하여 나오는 창에서 설정(Settings) 아이콘을 누르면 나오는 서브 메뉴 중 Orchestrator Settings…를 클릭한다.

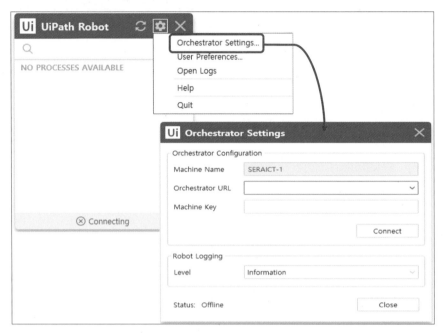

Machine Name에 있는 이름은 시스템(PC 이름)의 이름이다. 두 번째 항목의 Orchestrator URL에는 우리가 사용하는 Orchestrator의 주소 htpps://platform.uipath.com을 입력하고 세 번째 항목 (Machin Key)은 다음 과정인 로봇 등록 작업을 마친 후 Machine Key 값을 구해서 입력하고 [Connect] 버튼을 클릭하면 Orchestrator와 접속된다.

2) 아이콘이 없는 경우

• UiPath 설치 후 시작 메뉴에 그림과 같이 바로가기 아이콘이 있는 경우
  UiPath Robot 아이콘을 클릭하여 실행시키면 작업표시줄에 아이콘이 나타난다.

• UIRobot.exe가 있는 폴더를 직접 찾아서 실행을 시키는 경우

UiPath는 C:₩사용자₩User(이용자)₩AppData₩Local₩UiPath₩에 프로그램을 설치한다. 따라서 탐색기를 이용하여 이 폴더에서 UIStudio.exe를 찾아 마우스 오른쪽 버튼을 클릭한 후 속성을 선택한다. 속성 창의 탭 중 '자세히'를 선택하면 제품 버전이 나온다. 이 폴더의 서브 디렉토리 app−[제품 버전]를 클릭하여 찾아 들어가면 UIRobot.exe가 있다. 이 파일을 실행시키면 된다. 만약 이 제품번호에 해당하는 App− 폴더가 복수개가 있다면 높은 버전의 폴더를 열어 UIRobot.exe를 찾아서 클릭하면 된다.

로봇 등록

01 로봇을 등록하기 위해 Orchestrator의 Home 좌측 메뉴 중 Robots를 선택한다. 그리고 화면의 우측 상단에 더하기 버튼을 누른다.

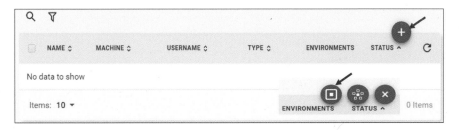

02 바뀐 화면의 우측 상단의 3개 아이콘 중 첫 번째 아이콘(Standard Robot)을 누른다.

TIP

Standard Robot은 하나의 표준 시스템(Machine)에서만 작동한다. 이는 사용자가 항상 동일한 시스템에서 작동하는 시나리오에 이상적이다.

03 이제 각각의 필드를 채우고 CREATE를 눌러야 한다. 각 필드에 대해서 아래의 설명을 보고 정확한 값을 입력한 후 [CREATE] 버튼을 클릭한다.

❶ Machine : 3.2.1의 Robot의 서브창인 Orchestrator Settings 창에 나오는 Machine Name에 있는 값을 입력한다. **예** SERAICT-1

❷ Name : 로봇을 위한 이름을 부여해준다(Song을 입력하였다.).

❸ Domain/Username : 여기에 지정한 컴퓨터에 로그인을 위한 사용자 이름을 입력한다. 사용자가 도메인에 있는 경우 사용자를 Domain\사용자 이름 형식으로 지정한다.

저자의 경우 쉬운 방법으로 탐색기의 C:\사용자\User(실 사용자 이름) 폴더의 속성 중 보안 탭의 SERAICT-1\User를 적었다(이용자가 User이다).

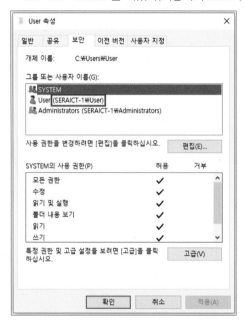

❹ Password : 비밀번호를 입력하는 곳으로 Attended Robot에는 이 필드가 표시되지 않는다. 기본인증으로 지정된 사용자 이름의 윈도우 비밀번호를 입력한다.

❺ Type : 원하는 로봇 타입을 지정한다.

❻ Description : 이 로봇과 관련된 소개, 용도 등과 같은 필요한 글을 적는다.

1) Machine Key 구하여 Orchestrator Settings에 입력하기

Robot 등록이 끝나면 메뉴 Machines를 누른다. 로봇에서 등록했던 Machine Name이 이미 등록되어 있다(만약 등록되어 있지 않다면 우측 상단의 더하기 버튼을 눌러 등록하여도 된다.). 목록의 Machine Name인 SERAICT-1의 우측에 ⋮ 를 클릭한 후 ⓘ를 클릭하면 View Machine SERAICT-1 창이 뜬다. Machine Key가 생성되어 있으므로 복사를 한다.

이제 1) 아이콘이 있는 경우 항목에 있는 Orchestrator Settings에 Machine Key 값을 입력하고 [Connect] 버튼을 누른다.

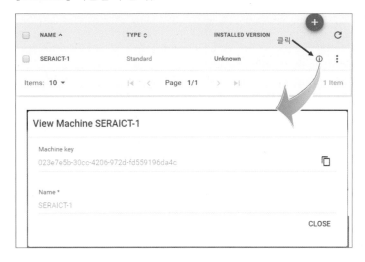

Environments 만들기(로봇 페이지 두 번째 탭)

Environments는 Orchestrator가 실행되는데 필요한 환경을 미리 설정하는 것이다. 즉 하나의 환경 변수 이름을 만들고 특정 로봇들과 미리 짝을 맺는 것으로 Processes 단계에 패키지와 연결시키기 위한 준비 작업이다. 그렇게 함으로서 로봇들을 관리할 수 있다.

01 더하기 기호를 클릭하여 새로운 Environments를 만든다.

Create Environment 창의 Name 필드에 새로운 이름을 만들어 입력하고, [CREATE] 버튼을 누르면 된다.

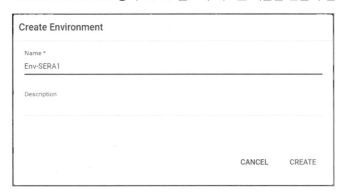

02 등록이 끝나면 만들었던 Env-SERA1이 목록에 나타나는데 마우스를 해당 항목에 위치시키면 우측에 Edit, Manage, Remove를 할 수 있는 아이콘이 생성되고 그 중 Manage를 클릭한다.

03 이어서 Manage Environment Env-SERA1의 창이 뜨고 목록에 우리가 이미 만들었던 Robot 'Song'이 나온다. 우측 체크박스를 클릭하여 선택하고 UPDATE를 누른다.

이렇게 함으로서 Environment Env-SERA1에 로봇 Song를 연결시킨 환경을 만든 것이다. 만약 다른 로봇이 있다면 선택이 가능하고, 복수개의 로봇을 선택할 수도 있다.

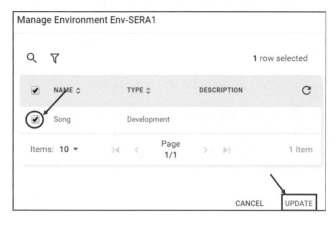

프로젝트 Deploy하기

Processes 단계를 진행하기 전 먼저 실행시킬 프로젝트를 Orchestrator에 올려야(Deploy) 한다. 프로젝트를 올리면 Orchestrator에서 Package라 불리운다. 로봇이 정상적으로 Orchestrator와 연결이 되었다면 Deploy 작업이 간단하게 될 것이다. 이제 진행해보자.

01 UiPath Studio를 열고 실행할 프로그램을 연다.

02 Design 패널 리본의 끝에 있는 [Publish] 버튼을 클릭한다.

03 이어서 Publish Project 창이 뜬다. 맨 아래 [Publish] 버튼을 클릭하면 메시지 창이 나타나는데 [OK] 버튼을 클릭하는 것으로 끝난다.

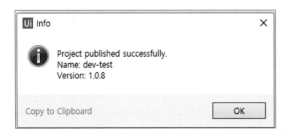

04 Orchestrator에서 정상적인 Deploy 결과를 확인한다.

Orchestrator의 Processes 메뉴를 선택하고 서브 메뉴로 있는 Packages 탭을 클릭한다.

Deploy했던 프로젝트 dev-test가 보인다. (패키지의 이름은 프로젝트 생성할 때 사용한 이름이 적용된다.)

마우스를 올리면 우측에 아이콘이 나타난다. 이번에는 아이콘을 클릭하여 보자.

결과가 정상적으로 잘 나타났다. 프로젝트 dev-test는 정상적으로 올라갔다. 그러나 아직 Inactive 상태라는 것을 알 수 있다. 다음 단계인 Processes를 거치면 정상화될 것이다.

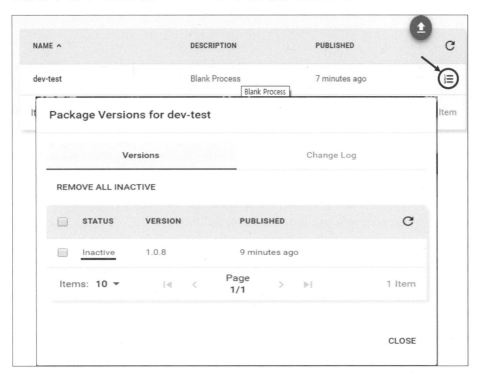

PROCESSES 만들기

이번에는 Processes를 만들 차례다. 역시 여기에서도 Processes 메뉴를 클릭한 후 빈 목록 우측의 더하기 기호를 누른다.

01 Deploy Process 창이 뜬다. Package Name 필드 우측에 ∨ 표시를 클릭하면 deploy한 Package 이름 이 나오고 바로 이전 Deploy했던 패키지를 클릭하면 자동으로 Package Versions과 Environments가 나타 난다. 그리고 Environment의 경우 현재 한 개만 등록되어 있으므로 자동으로 선택이 되었지만 역시 여러 개 있을 경우 원하는 Environment로 선택한다.

이제 CREATE를 클릭하면 Package와 Environment가 하나의 프로세스가 된다.

02 모두 잘 진행되었다고 Process의 목록 dev-test 왼쪽 초록색 원이 나왔다.

만약 Package dev-test가 처음 Deploy가 아니라면 버전관리가 된다. 위의 그림처럼 dev-test에 마우스를 올리면 우측에 View Process 아이콘이 나타난다.

View Process 아이콘을 클릭하면 위의 그림처럼 버전이 여러 개가 있는 경우 버전 1.0.8 옆에 Current라고 표시된다. 이 의미는 이 프로세스가 실행되면 Package 버전 1.0.8이 실행된다는 뜻이다. Package 버전 1.0.9가 실행되게 하기 위해서 마우스를 1.0.9에 올리면 위 그림 우측 빨간 사각형처럼 아이콘이 나타나며 'Use'라고 나타나는데 여기를 클릭하면 Current가 1.0.9 옆에 나타나며 이 프로세스가 실행될 때 새 버전을 실행시키게 된다.

JOB 실행시키기

이제 마지막 단계이다. Deploy한 프로젝트를 Orchestrator를 통해 등록한 Robot에 일을 시키는 단계이다. 보통 SCHEDULES 기능을 이용해 예약된 시간에 자동으로 실행되도록 하지만 이번에는 수동으로 직접 실행을 시켜본다.

01 JOBS 메뉴를 선택한 후 우측의 실행 버튼을 누른다.

02 팝업된 Start Job 창 Process 필드 우측 ∨ 표시를 클릭하면 다음 그림과 같이 만들어진 Process Name 이 나타난다. 바로 이전에 생성했던 등록된 PROCESS 이름을 선택하면 하단의 로봇 목록이 나타난다. 로봇 이름 좌측의 초록색 체크박스를 클릭한 후 하단의 START 버튼을 누르면 프로세스가 실행된다. 이때 로봇이 다수인 경우 작업이 실행되기를 원하는 로봇을 선택하며 만약 복수개의 로봇이 동시에 일하기를 원하면 복수개의 로봇을 선택한다. 선택된 로봇은 모두 동일한 일을 실행하게 된다.

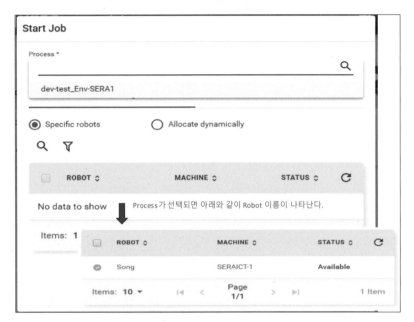

그리고 JOBS의 목록에 프로세스 이름, 로봇이름, Environment 이름, 상태, 작업 시작시간, 작업 종료시간, 그리고 수동으로 실행되었는지 자동으로 실행되었는지에 대한 내역이 나타난다. 또한 마우스를 목록에 위치시키면 우측 끝에 More Action이 나타나는데 로그정보를 볼수 있고 프로세스가 진행중인 경우 프로세스를 STOP 또는 KILL로 멈출 수 있다.

❝ 참고

• View Logs : 특정작업에 대한 로그를 볼 수 있다. 로그 페이지가 나타나고 표시된 작업과 관련된 데이터를 포함한다.
• Stop : 해당 작업의 실행이 중지되고 작업의 최종 상태는 성공으로 나타난다.
• Kill : 프로젝트가 강제로 중지되고 최종상태에는 작업이 중지됨으로 나타난다.

SCHEDULES

Schedule을 사용하면 미리 계획된 방법으로 JOBS을 실행할 수 있다. 메뉴의 SCHEDULES를 클릭하고 Schedules Page로 들어가서 페이지 우측 상단에 있는 더하기 버튼을 누르면 Schedule을 등록할 수 있다.

UiPath는 다양한 방법으로 작업을 실행할 수 있도록 SCHEDULE에 기능을 부여해 놓았다. 주로 빈번하게 사용하는 방법은 주기적 단위(월, 주, 일, 시간, 분)으로 일정을 계획하는 것과 Cron Expression을 이용한 Advanced 모드가 있다.

Schedule을 등록하기 위해서

- Schedule Name을 입력한다.
- 대상이 되는 Process의 이름을 선택한다.
- Timezone은 (UTC+09:00) Seoul로 선택한다. 그리고 방법을 선택한다.

1) 주기적인 방법으로 하기

창의 왼쪽에 라디오 버튼이 있는데 Minutes, Hourly, Daily, Weekly, Monthly 중 하나를 선택하고 희망하는 요소를 채우면 된다.

2) Cron Expression으로 하기

Cron은 본래 유닉스 계열의 운영체제에서 시간 기반으로 잡 스케줄링을 하는 프로세스의 명칭이다. 이때 잡 스케줄링의 매개변수로 사용되는 표현식을 Cron Expression이라 한다.

Cron Expression은 7개로 구분된 단위 표현식으로 이루어진 String 문자열인데 각각의 단위는 초/분/시 등으로 세분화되어 사용되며 각각의 단위는 공백(" ")으로 구분된다. 년은 생략 가능하다.

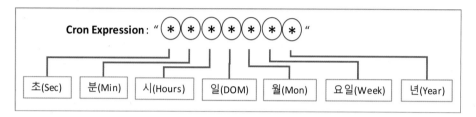

❶ 관례

- 와일드카드(*) 문자는 All을 의미한다.
- 물음표(?)는 특정 값이 없을 때, 어떤 값이든 상관없다는 의미이며 날짜와 요일에만 사용 가능하다.
- 하이픈(−)은 범위값을 지정할 때
- 콤마(,)는 여러값을 지정할 때
- 슬래쉬(/)는 값 증가표현에 사용, 분(Min) 항목에 "10/15"라고 쓴다면 10분부터 시작해서 매 15분마다를 의미한다.
- #은 몇 번째 특정 요일을 설정할 때 요일 항목에 "5#2"라고 적는다면 이 달의 두 번째 목요일을 뜻한다.
- 문자 "L"은 마지막(Last)를 의미한다. L은 일(DOM)과 요일에만 사용할 수 있다.
- 문자 "W"은 해당날로부터 가장 가까운 평일(Weekday)을 의미한다.

❷ Cron의 예

- 0 0 12 * * ?" : 매월 매일 아무런 요일 12:00
- 0 15 10 ? * *" : 모든 요일, 매월, 아무 날이나 10:15:00
- 0 15 10 ? * 6#3" : 매월 3번째 금요일 아무 날이나 10:15
- 0 0/5 9,18 * * *" : 매일 오후 9시00분 ～ 9시 55분, 18:00 ～ 18:55분 사이에 5분 간격으로 실행한다.

※ 참고 : https://www.baeldung.com/cron−expressions

5 _ Orchestrator Assets 이용하기

Assets은 Orchestrator를 이용하는 자동화 프로젝트에서 사용할 수 있는 공유 변수 또는 인증을 나타낸다. 빈번하게 사용하는 URL 또는 상수와 같은 정보나 보안의 필요성을 갖는 로그인 아이디/비밀번호와 같은 정보를 오케스트레이터의 Assets에 저장해 놓고 필요할 때 불러내어 사용할 수 있게 한다. 또한 비밀번호와 같이 보안이 필요한 정보는 Assets에 저장하면 AES 256 알고리즘으로 암호화되어 안심하고 사용할 수 있다.

Assets은 4개 유형의 데이터 타입이 있는데 아래와 같다.

- Text : 문자열만 저장 (따옴표를 추가 할 필요는 없다)
- Bool : True 또는 False 값을 지원
- Integer : 정수만 저장
- Credential : 특정 프로세스를 실행하는데 Robot이 필요로 하는 사용자 이름과 암호를 포함한다.

Assets의 값을 지정하는 방법은 두 가지가 있다. 용도에 맞게 선택하여 사용하면 된다.

- Single Value : 모든 로봇이 접속하여 사용할 수 있다.
- Value Per Robot : 표시된 로봇에서만 접속하여 사용할 수 있다.

Assets을 사용하기 위해서 Orchestrator에 Asset을 설정하고 수정, 삭제와 같은 관리하는 방법과 워크플로우 작성 시 Studio에서 Asset을 사용하는 방법을 알아야 한다. 이제부터 각각에 대해서 자세히 알아보자.

Orchestrator에서의 Assets 관리

Assets 만들기(Single Value)

01 Orchestrator의 Assets 메뉴를 선택한 후 우측 상단의 더하기 기호를 클릭하면 Add Asset 창이 나타난다.

02 Asset Name 필드에 Asset의 이름을 입력한다.

03 Type 목록에서 작성할 Asset의 유형을 선택한다.

04 Value 필드에 Asset에 등록할 내용을 입력한다.

- Type이 Bool이면 True 또는 False 중 하나를 선택한다.
- Type이 Credential이면 Username과 Password를 입력한다.

05 CREATE를 클릭한다.

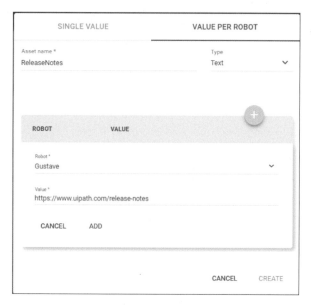

Assets 만들기(Value Per Robot)

바로 이전의 Assets 만들기(Single Value) 항목의 Single Value에서 행한 것과 동일하다. 다만 Robot을 지정해주는 부분이 더 있으므로 Asset을 사용하기를 원하는 Robot을 선택해 주면 된다. Robot을 한 개 이상 추가하고 싶을 때는 [ADD] 버튼을 누르고 로봇을 선택한다.

Assets 편집

Asset을 편집하려면 Assets 창의 목록에서 편집하고자 하는 Asset의 우측 끝 ⋮(More Actions)을 클릭하면 연필 아이콘이 나온다. 이것을 누르고 필요한 변경을 수행한 후 UPDATE를 클릭한다. Asset의 이름과 Value만 변경할 수 있으며 모든 변경사항은 Audit 페이지에서 기록된다.

Asset 삭제

Asset을 삭제하려면 해당 Asset을 선택한 후 우측 끝 ⋮(More Actions)을 클릭한 후 Remove 버튼을 누르거나 위의 휴지통 아이콘을 클릭한다.

Studio에서의 Assets 관리

Studio에는 로봇이 Orchestrator 데이터베이스에 저장된 Asset의 정보를 추출하는 데 사용할 수 있는 Get Asset 및 Get Credential의 두 가지 액티비티가 있다. Get Asset 액티비티는 String, Bool, Integer 타입의 Asset 값을 가져오는데 사용되고 Get Credential은 Credential Type Asset의 값을 가져오는데 사용된다. 이 액티비티들은 Studio 액티비티 패널의 UiPath Core activities package의 일부로 Orchestrator 〉 Assets 아래에 표시된다.

Get Asset 액티비티 사용

01 Orchestrator에서 String, 유형의 Asset을 만들어 저장되어 있고 AssetName이 "amazon_website"라고 하자.

02 Studio에서 Orchestrator로부터 가져오기를 원하는 Asset의 타입에 맞는 변수를 만든다(예를 들어 문자열 Asset을 가져오려면 String 타입의 변수를 만든다).

03 액티비티 패널에서 Get Asset 액티비티를 디자인 패널로 드래그한다.

04 액티비티의 속성 패널 AssetName 필드에 가져올 Asset의 AssetName을 따옴표 사이에 입력한다. 예를 들어 Orchestrator에서 Asset의 이름이 amazon_website인 경우 속성 패널 AssetName에 "amazon_website"라고 입력한다.

05 속성 패널의 Output.Value 필드에 02번 과정에서 만든 변수를 입력한다. 이 변수는 AssetName이 Orchestrator 데이터베이스에 저장된 Asset 이름과 일치하고 사용권한에 있는 로봇인 경우 지정된 Orchestrator Asset 정보를 저장한다.

Get Credential 액티비티 사용

01 Orchestrator에서 Credential Asset을 만든다.

02 Studio에서 String 타입의 변수를 만든다. 이것은 Credential의 사용자 이름 부분을 저장하는 데 사용된다.

03 SecureString 타입의 변수를 만든다. 이것은 비밀번호를 저장하는 데 사용된다. SecureString은 프레임워크 내에서 암호화되는 특수 .NET Framework 변수 유형이다.

04 속성 패널의 AssetName 필드에 Orchestrator의 Credentail Asset을 입력하고 따옴표로 묶는다.

예 "amazon_login"

05 속성 패널의 Passwotd 필드에 SecureString 변수를 입력한다.

06 속성 패널의 Username 필드에 variable 문자열을 입력한다. AssetName이 Orchestrator 데이터베이스에 저장된 Asset 이름과 일치하고 Robot에 필요한 권한이 있는 경우 Orchestrator에 저장된 Credential Asset을 로봇에서 사용할 수 있다.

6 _ Orchestrator Queue 이용하기

Queue는 많은 양의 데이터를 처리하기 위해 여러 로봇이 병렬로 데이터 처리를 하기에 유용한 Orchestrator의 기능이다. 무제한으로 데이터를 보관하며 처리할 수 있는 컨테이너로 여러 유형의 데이터를 저장할 수 있다.

예를 들어 모든 송장 정보를 수집하여 특정 프로세스에 의해 각 데이터를 Queue에 저장하면 다른 응용프로세스들에 의해 Orchestrator의 Queue로부터 Queue Item을 하나씩 가져와 송장지불, 지불연기 또는 송장처리를 위한 여러가지 작업을 수행하게 한다.

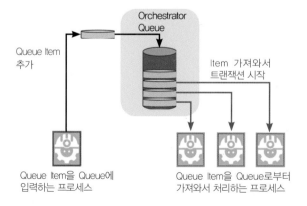

이제 Queue를 적용하여 시험해보기 위해 다음의 순서로 작업을 진행해 보자.

- Queue 생성하기
- Studio에서 Queue Item 추가하기
- Queue로부터 Item 가져오기와 STATUS 변화

Queue 생성하기

01 Orchestrator의 Queues페이지에서 Add(더하기 버튼)을 클릭하면 Create Queues 창이 나타난다.

02 다른 Queue와 구별할 수 있도록 Queue의 이름을 입력한다. Description은 선택사항으로 Queue에 대한 설명을 적으면 좋다(대소문자는 구분하지 않는다).

03 Unique Reference 필드에 트랜잭션 참조(Transaction References)가 고유한지 여부를 나타내는 Yes 또는 No를 선택한다.

04 Auto Retry 필드에 자동 재 시도 메커니즘을 사용할지 여부를 나타내는 Yes 또는 No를 선택한다. Yes를 선택한 경우 Max # of retries 필드에 재 시도 할 횟수를 입력한다.

05 CREATE를 클릭한다.

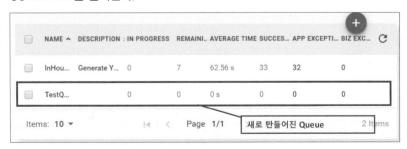

Queue가 작성되어 Queue 페이지에 표시되지만 현재는 비어있다.

Queue를 채우고 Queue Item을 처리하려면 Studio를 이용하는 다음 단계를 진행해야 한다.

Studio에서 Queue Item 추가하기

예를 들어 Excel 파일의 데이터를 읽어서 변수에 저장하는 워크플로를 만들어 보자. 이 작업을 하기 전에 먼저 Orchestrator에 Queue를 생성하여야 한다.

01 액티비티 패널에서 Add Queue Item을 디자이너 패널에 드래그한다.

02 Add Queue Item의 속성 QueueName 필드에 Queue 이름을 따옴표를 씌워 입력한다.

03 속성 ItemInformation 필드 옆에 있는 찾아보기 단추를 클릭하면 Queue Item 항목에 데이터를 추가할 수 있는 창이 나타난다.

- Create Argument를 클릭하면 빈라인이 하나 생성되는데 Argument Name의 이름을 입력한다.
- Type 필드에는 데이터 유형에 따라 Int32, String과 같은 변수 타입을
- Value 필드엔 Queue Item에 추가할 값이나 값을 저장한 변수를 입력한다.

04 속성의 Priority 필드에 Queue Item의 중요성과 처리 속도를 Low, Normal, High 중 원하는 것을 선택한다.

05 속성의 Reference 필드는 선택사항으로 Queue Item이나 그 그룹의 식별자 역할을 하는 String 또는 String변수를 입력할 수 있다.

06 기타 선택사항으로 선택된 Queue Item이 처리되어야 하는 시간 한계를 나타내는 날(Date)과 처리되는 날을 지정할 수 있는 Postpone 필드가 있다.

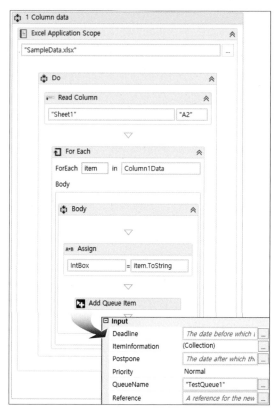

> **TIP**
>
> 위의 단계별 순서와 같이 같이 Add Queue Item을 사용하면 단 1회만 데이터가 입력된다. 따라서 그림과 같이 반복문을 사용하여 원하는 횟수만큼 반복해야 한다.

07 Queue에 저장되면 Orchestrator의 Queue 페이지에서 저장된 데이타를 확인할 수 있다.
해당 Queue 이름(TestQueue1)의 More Actions의 View Transactions를 클릭하면 저장된 내용을 확인할 수
있다.

	STATUS	REFERENCE	REVISION	PRIORITY
☐	New		None	Normal
☐	New		None	Normal

08 각각의 Queue Item은 STATUS가 New로 나온다. 그리고 목록에 마우스를 위치하면 우측에 ⓘ가 나오고
클릭하면 Queue Item의 상세한 내용을 확인할 수 있다.

만약에 Excel의 내용이 두 열의 데이터여서 Queue Item 한 건에 두 개의 Data를 저장하고 싶다면
위의 3)번 단계에서 속성 ItemInformation에서 Argument를 추가할 수 있다. 위의 그림은 두 개의
Argument를 갖는 결과이다.

Queue로부터 Item 가져오기와 Status 변화

앞에서 Queue를 만들었고, 데이터 저장까지 되었으므로 이제 그 내용을 가져와서 활용하는 방법에
대해 알아보자.

01 액티비티 패널에서 Get Transaction Item 액티비티를 디자이너 패널로 드래그한다.

• 속성 QueueName 필드에 데이터를 가져올 Queue의 이름을 입력한다.
• QueueItem 타입의 변수를 만든다. 그리고 속성 TransactionItem 필드에 입력한다. (Ctrl + K 를 누르고
  변수명을 입력하면 자동으로 QueueItem 타입의 변수를 만든다) 이 변수는 Queue로부터 읽어온 데이터를
  저장하는 변수이다. 반복문 안에 적용하면 Queue에 있는 다수의 Queue Item을 가져올 수 있다.

02 액티비티 패널에서 IF 액티비티를 가져와서 Get Transaction Item 아래 놓는다. 그리고 Condition에
QueueItem을 담은 변수가 비어 있는지 확인한다(예: DataBox IsNot Nothing). 즉, 변수에 데이터가 없다면
남아있는 Queue Item이 없다는 의미이다.

03 If 액티비티의 Condition 결과가 True이면 Set Transaction Status 액티비티를 추가한다.

- 데이터가 있는 경우 (Not Nothing) 속성 정보

  Set Transaction Status 액티비티의 속성 Status 필드에 Successful을 선택하고 TransactionItem에 1)번 과
  정에서 만든 QueueItem 변수를 입력한다.

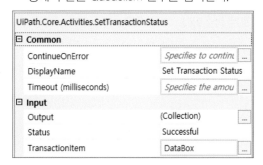

- 데이터가 없는 경우 (Nothing) 속성 정보

  속성 Status 필드에 Failed를 선택하고 TransactionItem에 1)번 과정에서 만든 QueueItem 변수를 입력한다.
  그리고 ErrorType을 Business 또는 Application을 선택하고 Reason 필드에 오류의 원인이나 내용을 적는
  다. 프로젝트가 실행되면 이 정보(Reason)가 Orchestrator의 Item Details 창에 표시된다.

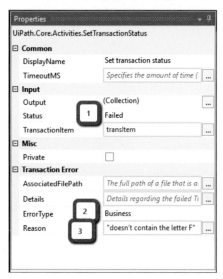

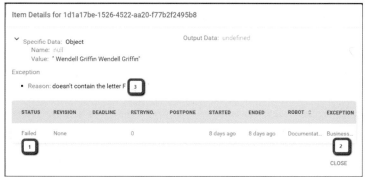

오류는 여러가지 이유로 발생할 수 있기 때문에 IF 액티비티의 조건을 목적에 맞게 작성한다.

04 이제 읽어온 Queue Item Type의 변수에 들어있는 값을 사용하여 원하는 Transaction을 해야 한다. 이를 위해 SpecificContent()라는 함수를 사용하는데 예문을 보면 알 수 있을 것이다.

DataBox.SpecificContent("FirstColumn").ToString

❶ DataBox : Transaction Item을 저장한 Queue Item 타입의 변수이다.

❷ SpecificContent : Transaction Item으로부터 정보를 추출하는 함수이다.

❸ FirstColumn : Queue에 저장할 때(Add Queue Item) 사용했던 ItemInformation 의 Argument NameToString : 정수였던 Queue Item을 String로 변환한다.

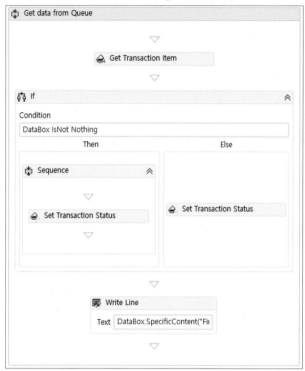

> **❝ 참고**
>
> Orchestrator가 Queue Item의 트랜잭션을 다시 시도할지 여부를 결정하기 위해 실패한 트랜잭션에 올바른 예외 유형 (Exception)을 선택하는 것이 중요하다.
> - Application Exception : 기술적인 문제로 인한 오류로 응답하지 않는 응용프로그램의 경우로 트랜잭션을 다시 시도하여 해결될 수 있는 경우이다.
> - Business Exception : 자동화 프로젝트가 의존하는 특정 데이터가 불완전 하거나 누락되었다는 사실에 기인하는 오류이다. 이 경우 트랜잭션을 재시도해도 문제가 해결되지 않으므로 사용자에게 이 오류를 알리는 조치가 좋은 방법이다.

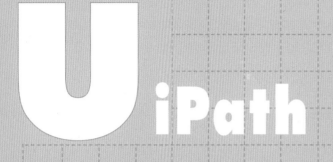

프레임워크는 일반적으로 고급수준의 개발 방법이라 할 수 있다. 프로세스에서 일관되고 체계적인 방식으로 작업을 진행할 수 있게 한다. 이곳에서는 여러 템플릿 중에서 가장 범용적으로 사용되는 RE-Framework(Robotic Enterprise Framework)의 사용방법에 대하여 구체적으로 알아보자. 단. UiPath의 사용법이 익숙한 수준을 전제로 한다.

PART 05

Framework 사용하기

Chapter 15

Robotic Enterprise Framework 이해하기

단원 목표

REFramework 사용법에 대해 학습한다.

▶ REFramework의 개요 익히기

▶ REFramework 사용법 익히기

1 _ REFramework

Robotic Enterprise Framework은 State Machine 구조를 기반으로 만들어진 템플릿으로 데이터 처리하기에 적합한 방법으로 높은 수준의 프로세스를 만들 수 있도록 도와준다.

2018.1.1 버전부터 Studio의 Start 〉 New 메뉴에서 직접 활용할 수 있도록 템플릿을 제공한다.

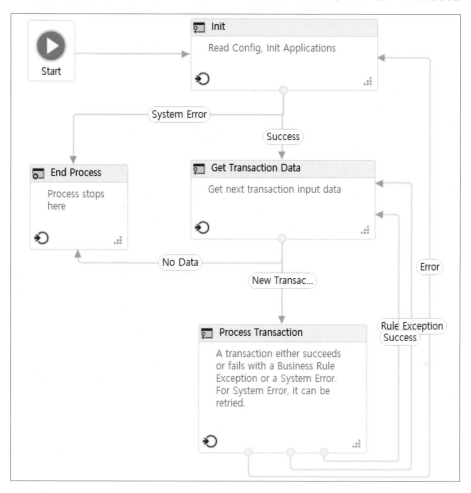

REFramework의 사용 목적

이 프레임워크는 사용자가 프로젝트 설계하는데 있어 도움이 되는 템플릿으로서 다음과 같은 기능을 제공한다.

❶ 트랜잭션 정보를 읽고 저장하며 쉽게 수정할 수 있는 방법을 제공한다.

❷ 강력한 예외 처리 스키마를 가짐으로 프로세스의 안정성과 견고함을 유지하게 한다.

❸ 관련 트랜잭션에 대한 이벤트 로깅을 제공한다.

각 프로세스에서 생성된 로그는 보고서 생성의 중요한 구성요소이기 때문에 프레임워크는 비즈니스 트랜잭션을 해결하는 각 단계에서 메시지를 기록하고 이러한 로그를 Orchestrator 서버로 보낸다. 이정보는 ELK(Elasticsearch, Logstash, Kibana 플랫폼) 스택에 연결될 수 있는데 데이터 저장과 다양한 데이터 표현의 방법을 가능하게 한다.

이 프레임워크의 가장 중요한 목적은 다양한 비즈니스 트랜잭션을 처리하는 것이다. 간단한 비즈니스 프로세스를 제외한 모든 비즈니스 프로세스는 일반적으로 범위가 넓고 목적에 따라 여러가지 비즈니스 트랜잭션 집합체로 구성되기 때문에 포괄적으로 적용할 수 있는 프로세스의 구성요소를 만들어 시스템에 쉽게 적용할 수 있게 했다.

REFramework의 구성

REFramework은 4개의 State Machine으로 구성되어 있다.

❶ Init
❷ Get Transaction Data
❸ Process Transaction
❹ End Process

이 각각의 프로세스들은 서로간 유기적으로 결합되어 있어서 프로젝트를 수행하게 되는데 기본적으로 Init State에서 프로세스가 정상적으로 수행하기 위한 준비작업을 한다. 이후 실질적인 작업을 진행하는데 Get Transaction Data에서는 정렬된 데이터 중 한 건을 Orchestrator의 Queue나 다른 Data 집합으로부터 가져와서 Process Transaction에 전달해 준다. 그리고 데이터를 받은 Process Transaction은 그 데이터로 해야 하는 본래의 작업(Transaction)을 진행하는 것이다.

작업이 끝나면 다시 Get Transaction Data로 돌아가서 다음 데이터를 가져오고, 처리하고 이렇게 반복하다 데이터가 모두 처리되면 End Process를 실행해서 작업정리를 하고 종료를 하게 된다. 다만 이 과정 중 오류가 발생되면 오류의 종류와 상황에 따라 다르게 대응하게 되는데 Init에서는 바로 End Process로 연결되어 프로세스가 종료되고 Process Transaction의 경우 Rule Exception 오류인 경우 다시 Get Transaction Data로 가서 다음 데이터를 처리하게 되며 치명적인 Error인 경우 Init 단계로 가서 다시 시작할 수 있게 되어있다. 하지만 프로세스의 흐름은 고정된 것이 아니고 목적하는 프로젝트의 상황에 맞게 변환하여 사용할 수 있어서 편리하다.

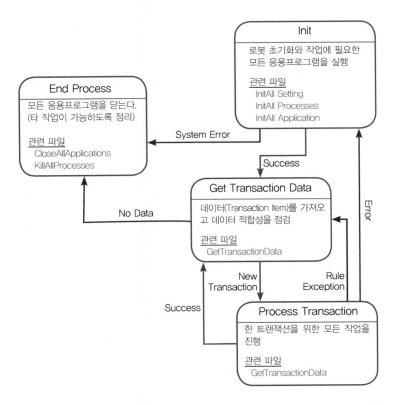

지금부터 설명하는 내용은 REFramework 템플릿에서 기본적으로 제공되는 파일이지만 사용되는 파일들의 의미와 용도를 알고 또한 적용되는 매개변수에 대해 정확히 사용하면 쉬운 이해와 활용을 할 수 있을 것이다.

Framework에서 제공하는 파일 기능

• 구성요소 호출 트리구조

구성요소 파일과 위치	호출 State
Main.xaml	
Framework₩InitAllSettings.xaml	Init
Framework₩KillAllProcess.xaml	Init
Framework₩InitAllApplications.xaml	Init
Framework₩GetTransactionData.xaml	Get Transaction Data
Process.xaml	Process
Framework₩SetTransactionStatus.xaml	Process
Framework₩TakeScreen.xaml	Process
Framework₩CloseAllApplication.xaml	Process
Framework₩KillAllProcesses.xaml	Process
Framework₩CloseAllApplication.xaml	End Process
Framework₩KillAllProcesses.xaml	End Process

이외에도 추가 워크플로가 포함되어 있지만 기본적으로 호출되지는 않는다.

파일소개 및 매개변수

1) InitAllSettings.xaml

이 워크플로우는 로컬시스템 Data 폴더 아래의 Config.xlsx를 읽어서 프로젝트에서 사용할 Dictionary 타입의 키/값 쌍을 출력한다. 이 파일에서 사용하는 매개변수는 표와 같다.

데이터 이름과 타입	매개변수 타입	값
String in_ConfigFi	Input	"Data₩Config.xlsx"
String in_ConfigSheets	Input	{"Settings", "Contants"}
Dictionary(String, Object) : Out_Config	Output	Config

2) InitAllApplications.xaml

프로젝트를 수행하는데 필요한 응용프로그램을 초기화하고 열어서 트랜잭션이 바로 가능하도록 준비한다.

데이터 이름과 타입	매개변수 타입	값
String in_Config	Input	Config

3) Get Transaction Data.xaml

스프레드 시트, 데이터베이스, 이메일, 웹API 또는 Orchestrator의 Queue로부터 데이터를 가져온다.

• 새 데이터가 없으면 out_TransactionItem을 Nothing으로 설정한다. (프로세스를 종료하기 위한 조건에 해당 되기 때문)

데이터 이름과 타입	매개변수 타입	값
Int32 in_TransactionNumber	Input	TransactionNumber
Dictionary(String, Object) in_Config	Input	Config
QueueItem out_TransactionItem	Output	TransactionItem
Datatable io_TransactionData	Output	TransactionData
String out_TransactionID	Output	TransactionID
String out_TransactionField1	Output	TransactionField1
String out_TransactionField2	Output	TransactionField2

4) Process.xaml

이 파일은 실제 트랜잭션이 진행되는 곳이다. 이를 위해 여러 응용프로그램이 호출될 수 있으며 Business Exception이 발생하면 현재 트랜잭션을 다시 시도하거나 건너 뛸 수 있다.

데이터 이름과 타입	매개변수 타입	값
QueueItem in_TransactionItem	Input	TransactionItem
Dictionary(String, Object) in_config	Input	Config

5) SetTransactionStatus.xaml

이 워크플로는 TransactionStatus를 설정하고 해당 상태 및 세부 정보를 로깅 필드에 추가한다. TransactionStatus는 순서도(Flowchart) 형식으로 Success, Business Exception, Application Exception 중 하나로 분기되는데 TransactionItem의 콘텐츠 타입을 분석한다. 예를 들어 Queue Item 타입의 TransactionItem이라면 Orchestrator의 Queue를 사용한다는 의미이므로 Set Transaction Status 액티비티를 통해 Orchestrator에 트랜잭션 결과를 알린다. 그러나 TransactionItem의 타입이 QueueItem이 아니라면 프레임워크는 Set transaction Status 액티비티를 트리거하지 않고 건너뛴다. 이어서 사용자 정의 로그 필드에 트랜잭션 결과를 기록하여 결과 내에서 쉽게 검색할 수 있도록 한다.

이 워크플로우는 io_TransactionNumber 변수의 증가가 일어나는 곳이기도 하다. 만약 Application Exception이 있고 MaxRetryNumber에 도달하지 않은 경우라면 io_transactionNumber 변수가 아닌 io_RetryNumber 변수를 증가시킨다.

데이터 이름과 타입	매개변수 타입	값
Dictionary(String, Object) in_Config	Input	Config
Exception in_SystemError	Input	SystemError
BusinessRuleException in_BusinessRuleException	Input	BusinessRuleException
QueueItem in_TransactionItem	Input	TransactionItem
Int32 io_RetryNumber	Input/Output	RetryNumber
Int32 out_TransactionNumbe	Input/Output	TransactionNumber
String In_TransactionField1	Input	TransactionField1
String In_TransactionField2	Input	TransactionField2
String in_TransactionID	Input	TransactionFieldID

6) TakeScreenshot.xaml

이 워크플로우는 스크린 샷을 캡처하고 이름과 위치를 기록하고 저장한다. 두 개의 매개변수가 사용되는데 in_Folder는 스크린샷을 저장할 폴더 이름을 설정하는 곳이고, io_FilePath는 파일 경로와 이름을 지정한다. 확장자는 .png이다.

데이터 이름과 타입	매개변수 타입	값
String in_Folder	Input	In_Config("ExScreenshotsFolderPath").ToString
String io_FilePath	Input/Output	

7) CloseAllApplications.xaml

모든 작동중인 응용 프로그램을 닫는다.

8) KillProcesses.xaml

모든 작업 프로세스가 종료된다.

9) GetAppCredentials.xaml

Orchestrator의 Assets에 저장된 Credential 타입의 인증정보(User ID, Password)를 안전하게 가져온다.

데이터 이름과 타입	매개변수 타입	값
String in_Credential	Input	
String out_Username	Output	
SecureString out_Password	Output	

상태 변환정보

1) Init Transitions

Init 단계를 진행하는 도중 오류가 발생하거나 정상적으로 실행이 끝났을 때 상황에 따라 다음단계로 가는 경로를 선택하기 위해 조건을 확인하는 과정이다.

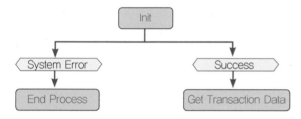

이름	조건	다음단계	설명
SystemError	SystemError IsNot Nothing	End Process	초기화 단계에서 application Exception이 발생하는 경우 프로세스를 시작하는데 필요한 중요한 정보가 부족하다고 판단하여 프로그램 종료로 간다.
Success	SystemError is Nothing	Get Transaction Data	초기화가 정상적으로 종료된다.

2) Get Transaction Data Transitions

Get Transaction Data 단계를 실행 후 데이터가 없거나 있는 경우를 구분하여 없으면 End Process로 있으면 트랜잭션을 위해 Process Transaction 단계로 보낸다.

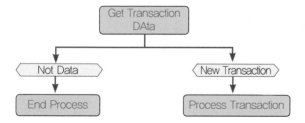

이름	조건	다음단계	설명
No Data	TransactionItem is Nothing	End Process	더 이상 처리할 데이터가 없으므로 프로세스를 종료한다.
Success	SystemError is Nothing	Process Transaction	정상적으로 데이터를 가져왔으므로 다음단계 Process로 이동한다.

3) Process Transaction Transitions

Process Transaction은 모든 트랜잭션에 대한 작업이 이루어지는 곳이다. 따라서 Process.xaml 워크플로가 실행된 후 예외사항(BusinessRule Exception, Application Exception)이 있는지 확인을 한다. 만약 없다면 성공이기 때문에 다시 Get Transaction Data 로 이동한다.

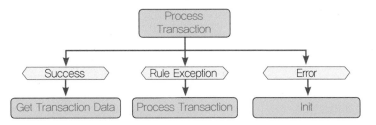

이름	조건	다음단계	설명
Success	BusinessRuleException is Nothing AND SystemError is Nothing	Get Transaction Data	트랜잭션이 정상적으로 수행되어 다음 트랜잭션으로 이동한다.
Rule Exceptio	BusinessRuleException isNot Nothing	Get Transaction Data	비즈니스 규칙 예외가 있는 경우 트랜잭션을 기록하고 Get Transaction Data 단계로 이동하여 다음 트랜잭션을 진행한다.
Error	SystemError isNot Nothing	Init	응용 프로그램 예외가 있는 경우 모든 프로그램을 닫고 종료하지 못하면 프로세스를 종료하고 예외발생 순간을 스크린샷 찍은 다음 Init으로 이동한다.

로깅

로그 메시지는 일어난 일에 대한 보고서를 제공하기 때문에 비즈니스 설계에 매우 중요하다. 로그필드는 여러 개의 필드로 구성되는데 중요한 이벤트가 발생할 경우 로봇이 자동으로 로봇을 생성하지만 개발자가 Log Message 액티비티를 사용하여 로그를 자동 생성하기도 한다. 또한 만들어진 로그는 Orchestrator에 자동 저장된다.

프레임워크에서 로그 메시지도 기본적으로 제공되는 것과 개발자가 스스로 제공하는 것이 있다. 프레임워크에서 제공되는 메시지의 경우 Data₩Config.xlsx 파일에 상수형식으로 제공되고 있는데 다음과 같다. 이것을 이용하고 필요하다면 추가하여 사용할 수 있다.

LogMessage_GetTransactionData   "Processing Transaction Number"

LogMessage_GetTransactionError   "Error getting transaction data for Transaction Number"

LogMessage_Success "Transaction Successful"

LogMessage_BusinessRuleException "Business rule exception"

LogMessage_ApplicationException   "System exception"

현재 제공되고 있는 로그 메시지의 패턴은 다음과 같다.

Message	Workflow	LogLevel
Stop process requested	Main.xaml	Info
Config("LogMessage_GetTransactionDataError").ToString+TransactionNumber.ToString+". "+exception.Message+" at Source: "+exception.Source	Main.xaml	Fatal
"SetTransactionStatus.xaml failed: "+exception.Message+" at Source: "+exception.Source	Main.xaml	Info
Config("LogMessage_GetTransactionData").ToString+TransactionNumber.ToString	Main.xaml	Info
"Applications failed to close normally. "+exception.Message+" at Source:"+exception.Source	Main.xaml	Warn
Process finished due to no more transaction data	Main.xaml	Info
"System error at initialization: " + SystemError.Message + " at Source: " + SystemError.Source	Main.xaml	Fatal
"Loading asset " + row("Asset").ToString + " failed: " + exception.Message	Framework\InitAllSettings.xaml	Warn
No assets defined for the process	Framework\InitAllSettings.xaml	Trace
Opening applications...	Framework\InitAllApplication.xaml	Info
in_Config("LogMessage_Success").ToString	Framework\SetTransactionStatus.xaml	Info
in_Config("LogMessage_BusinessRuleException").ToString + in_BusinessRuleException.Message	Framework\SetTransactionStatus.xaml	Error
in_Config("LogMessage_ApplicationException").ToString+" Max number of retries reached. "+in_SystemError.Message+" at Source: "+in_SystemFrror.Source	Framework\SetTransactionStatus.xaml	Error
in_Config("LogMessage_ApplicationException").ToString+" Retry: "+io_RetryNumber.ToString+". "+in_SystemError.Message+" at Source:"+in_SystemError.Source	Framework\SetTransactionStatus.xaml	Warn
in_Config("LogMessage_ApplicationException").ToString+in_SystemError.Message+" at Source: "+in_SystemError.Source	Framework\SetTransactionStatus.xaml	Error
"Take screenshot failed with error: "+exception.Message+" at Source: "+exception.Source	Framework\SetTransactionStatus.xaml	Warn

"CloseAllApplications failed. "+exception.Message+" at Source: "+exception.Source	Framework\SetTrans actionStatus.xaml	Warn
"KillAllProcesses failed. "+exception.Message+" at Source: "+exception.Source	Framework\SetTrans actionStatus.xaml	Warn
"Screenshot saved at: "+io_FilePath	Framework\TakeScre enshot.xaml	Info
Closing applications...	Framework\CloseAll Applications.xaml	Info
Killing processes...	Framework\KillAllPro cesses.xaml	Info

Framework 사용 전 고려하기

프레임워크는 템플릿이다. 개발하고자 하는 프로젝트에 맞게 잘 적용시키는 것이 무엇보다 중요하다. 이미 주어진 기능과 구조를 잘 이용하면 원하는 결과를 쉽게 얻을 수 있다. 이제부터 REFramework을 이용하여 원하는 프로젝트를 쉽게 만들기 위한 방법을 알아보자.

우선 개발하고자 하는 프로젝트가 REFramework에 적합한지 고려해 보아야 한다.

1) 프로젝트의 성격이 트랜잭션을 반복적으로 처리하는 형태인가?

REFramework은 Get Transaction Data에서 Data를 가져와서 Process에서 처리하는 작업을 반복적으로 하는 구조이다. 따라서 개발하는 프로젝트의 작업형태도 이와 유사해야 한다.

2) Orchestrator의 Queue를 사용하는가?

현재 Framework은 Queue를 사용하는 형태로 구성되어 있기 때문에 Queue를 사용하지 않는다면 Get Transaction Data에서 Data를 가져오는 방법을 별도로 구현해야 하고, Transaction Item의 데이터 타입도 QueueItem이 아닌 실제 타입(예 String, int32 등)으로 바꿔야 한다.

3) 프로젝트의 구조와 작업공정이 많이 복잡한가?

개발하고자 하는 프로젝트의 규모가 아주 크거나 공정이 많이 복잡한 경우라면 프레임워크 적용을 고집할 필요는 없다. 적합한 프로젝트에 적합한 스키마를 갖는 것이 더 좋은 방법일 수 있다.

주요 워크플로우 이해

REFreamework을 사용하려면 Studio의 Start 메뉴에서 Template중 Robotic Enterprise Framework을 선택하여 클릭하면 새로운 프로젝트가 생성된다. 이 프로젝트의 하위에 있는 Framework 폴더에 있는 워크플로우를 잘 이해하고 활용하면 훌륭한 프로젝트를 구성할 수 있다.

InitAllSettings.xaml의 Config 파일 수정

InitAllSettings.xaml은 Init State에서 프로젝트 수행을 위해 필요한 모든 정보를 미리 읽어 Dictionary 타입의 변수 Config에 저장하여 후속 프로세스들이 사용할 수 있도록 준비하는 역할을 하는 곳이다. 이 정보는 {프로젝트 이름}₩Data 폴더 안의 Config.xlsx 파일에 저장되어 있다.

이 파일은 Excel문서로 Settings, Constants, Assets 3개의 Tab으로 구성되어 있으며 탭 Settings 와 Constants는 Name, Value, Description 필드로 구성되어 있고 탭 Assets는 Name과 Asset필드로 구성되어 있다.

이 파일에 저장되는 정보는 프로젝트 수행에 필요한 상수, Asset 이름, Queue의 이름 그리고 실행되는 응용프로그램에 대한 내용 등인데 필요한 경우 다른 많은 정보를 저장하여 사용하여도 무방하며 프로젝트 실행 전 필요한 내용을 수정하고 추가해 두어야 한다.

InitAllApplication.xaml 파일의 수정

프로젝트 실행에 필요한 모든 응용 프로그램을 먼저 열고 필요한 경우 로그인하여 환경을 설정한다. 또한 Log Message 액티비티를 사용하여 작업중인 응용프로그램에 대한 정보를 로그에 남길 수 있도록 한다.

GetTransactionData.xaml 파일의 수정

GetTransactionData 파일은 Framework에서 트랜잭션을 위한 데이터를 가져오는 중요한 프로세스 중 하나이다. 데이터를 가져오는 방법은 크게 두 가지가 있는데 한 가지는 Orchestrator 의 Queue로부터 데이터를 가져온 것이고 다른 한 가지는 다른 데이터 구조 예를 들면 DataTable (Excel 파일을 읽은 경우)와 같은 범용적인 데이터를 가져오는 경우이다. 각각의 사용법이 조금 다르기 때문에 개발하고자 하는 프로젝트에 맞게 GetTransactionData.xaml을 수정해 줘야 한다.

[Queue로 부터 데이터 가져오기]

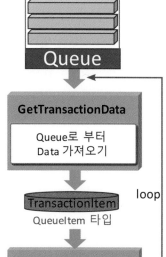

[범용 데이터 가져오기]

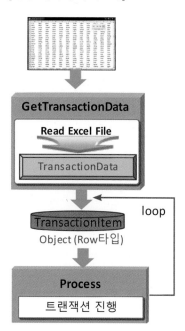

1) Queue로부터 데이터 가져오기

현재의 템플릿은 이 경우를 기준으로 구성되어 있다. Get Transaction Item 액티비티를 이용하여 Queue에서 데이터를 가져온다. 이 데이터는 Queue Item 타입의 TransactionItem에 저장된 후 Process Transaction State로 전달된다.

2) 범용 데이터 가져오기

예를 들어 엑셀 파일의 한 행씩 읽어서 트랜잭션을 실행한다고 할 때 Get Transaction Data 워크플로우의 내용이 수정되어야 한다. 기본 개념은 엑셀 파일을 읽어서 DataTable 타입의 TransactionData에 저장해두고 Get Transaction Data 프로세스가 불릴때마다 한 행(row)씩 IEnumerable〈Object〉타입의 TransactionItem 변수에 담아서 Process Transaction State로 보낸다.

워크플로우 예

```
If in_TransactionNumber =1      /* 첫 번째 트랜잭션인 경우, 모든 데이터를 읽는다
    TransactionData = Read range (Input file)
Else If in_TransactionNumber <= io_TransactionData.Rows.Count   /* Next Transaction
    Out_TransactionItem = io_TransactionData.Rows(in_TransactionNumber -1)
Else out_TransactionItem = Nothing
    ※ TransactionNumber의 초기값은 1로 설정되어 있다
```

즉, 두 방법에서의 차이는 Queue를 사용하는 경우 TransactionItem의 타입이 QueueItem이고 사용하지 않을 경우는 데이터가 갖는 원래의 타입으로 지정(수정)해 주어야 한다. 그리고 엑셀 파일로부터 데이터를 읽는 경우 한번에 읽은 엑셀 파일의 값을 DataTable 타입의 TransactionData에 넣어두고서 한 행씩 TransactionItem 변수에 담아 Process 프로세스로 보낸다. 그렇기 때문에 이렇게 처리하기 위해 워크플로우가 적절히 수정되어야 한다.

Process.xaml에서 TransactionItem 사용하기

이 워크플로우는 실제적인 데이터 트랜잭션을 진행하는 곳이기 때문에 매개변수를 통해 전달된 TransactionItem에 저장된 단일 트랜잭션에 대한 데이터를 취하는 단계가 필요하다.

1) Queue로부터 데이터를 가져온 경우

TransactionItem의 타입은 QueueItem이기 때문에 바로 이용하지 못한다. 이 값을 가져올때 A라는 필드의 값을 가져오려면

strVariable = in_TransactionItem.SpecificContent("A")와 같은 형태로 사용한다.

2) Queue로부터 얻은 데이터가 아닌 경우

TransactionItem의 현재 타입을 그대로 이용해서 사용하면 된다.

CloseAllApplications.xaml 파일의 수정

작업과 관련된 모든 응용프로그램을 로그 아웃하고 닫는다. 그리고 Log Message 액티비티를 이용하여 작업에 대한 Log 정보를 남긴다.

프로세스 구성요소의 범위 정의 및 프레임워크 준비

REFramework을 적용하기 위해 가장 먼저 할 일은 전역변수 TransactionItem 및 TransactionData에 대한 데이터 형식을 선택하는 것이다. TransactionItem은 단일 트랜잭션을 실행하는데 필요한 데이터를 저장한다. 그리고 TransactionData는 TransactionItem의 집합을 포함하는 Collection, List, DataTable 등이어야 한다. 또 프레임워크는 TransactionNumber를 트랜잭션 데이터에서 새 TransactionItem을 가져오는 인덱스로 사용한다. 다음단계는 이러한 변수가 전달되는 워크플로를 확인하는 것이다.

Main.xaml 워크플로와 매개변수로 전달되는 다른 모든 흐름에서 데이터 유형을 아래와 같은 순서로 수정해야 한다.

- 1단계 : 메인 프로그램에서 TransactionItem 및 TransactionData의 데이터 형식을 변경한다.
- 2단계 : 아래의 글로벌 변수 테이블을 보면 두 변수가 모두 GetTransactionData.xaml, Process.xaml 및 SetTransactionStatus.xaml 워크플로우로 전달됨을 알 수 있다.

Global Variables table			
Name	Data type	Is written in sorkflows	Is read in workflows
TransactionItem	QueueItem	GetTransactionData.xaml	Process.xaml SetTransactionStatus.xaml
TransactionData		GetTransactionData.xaml	GetTransactionData.xaml
SystemError	Exception	Main.xaml	Main.xaml SetTransactionStatus.xaml
BusinessRuleException	BusinessRuleException	Main.xaml	Main.xaml SetTransactionStatus.xaml
TransactionNumber	Int32	SetransactionStatus.xaml	GetTransactionData.xaml
Config	Dictionary(x:String, x:Object)	InitAllSettings.xaml	InitAllApplications.xaml GetTransactionData.xaml Process.xaml SetTransactionStatus.xaml
RetryNumber	Int32	SetTransactionStatus.xaml	SetTransactionStatus.xaml
TransactionID	String	GetTransactionData.xaml	SetTransactionStatus.xaml
TransactionField1	String	GetTransactionData.xaml	SetTransactionStatus.xaml
TransactionField2	String	GetTransactionData.xaml	SetTransactionStatus.xaml

- 3단계 : GetTransactionData.xaml과 Process.xaml을 열고 매개변수 타입을 우리가 원하는 것으로 변경한다. 그리고 워크플로를 저장하고 종료한다.
- 4단계 : 구성요소의 호출 트리구조를 사용하여 Main.xaml에서 GetTransactionData.xaml 및 Process.xaml을 호출하는 위치를 찾고 호출지점으로 이동하여 각 워크플로의 Import Argument를 클릭한다. 3단계에서 저장한 새로운 매개변수가 표시된다. Value 영역에 1단계에서 변경된 데이터 타입의 변수를 전달한다.
- 5단계 : SetTransactionItem.xaml 워크플로에 대해 인수를 변경하지 않아도 되지만 TransactionItem에 대해 QueueItem 데이터 타입을 선택하지 않은 경우 이를 삭제한다. Value 영역에서 해당필드를 비워 두거나 Null을 가리키는 Nothing을 전달한다.

이제 사용자의 필요에 따라 설정된 프레임워크를 설정해야 한다. 이를 위한 간단한 규칙을 따라 개발하기 바란다.

- InitAllApplications.xaml 워크플로에서 항상 응용 프로그램을 연다.
- 항상 CloseAllApplications.xaml 워크플로에서 응용 프로그램을 닫는다.
- KillAllApplications.xaml 작업과정에서 항상 응용 프로그램을 종료한다.
- TransactionNumber는 TransactionData+를 반복하고 새 TransactionItem을 가져오는데 사용해야 하는 인덱스이다. Get Transaction Data와 Process 상태에서 반복되는데 그때마다 인덱스가 증가된다.
- TransactionItem의 값이 Nothing이 되면 프로세스가 끝난다. 따라서 프로세스의 끝을 위하여 TransactionItem에 Nothing을 할당하는 것은 개발자의 책임이다.

본 교재에서는 위 부분에 대해 직접 워크플로를 개발하는 과정까지는 포함하지 않았다. 직접 경험을 해보고 프로젝트에 적용하기 바란다.

Appendix
UiPath Studio의 단축키

파일관리

단축키	설명
Ctrl + Shift + N	새 프로세스 생성
Ctrl + O	기 생성된 .xaml 이나 project.json 파일을 열기
Ctrl + L	로그파일이 저장된 폴더를 열기
Ctrl + S	현재 열려 있는 워크플로우를 저장
Ctrl + Shift + S	현재 열려 있는 모든 워크플로우를 저장
Ctrl + Tab	디자이너 패널에 열린 워크플로우간 포커스를 이동

주석

단축키	설명
Ctrl + D	선택된 액티비티를 주석 처리하여 액티비티의 효력을 없앰
Ctrl + E	주석 처리된 액티비티를 원래로 복귀시키는 것

디버깅

단축키	설명
F7	현재 열려있는 워크플로우를 디버그 모드로 실행
F8	현재 열려있는 워크플로우에서 유효성 검사 오류 확인
[F9]	선택된 액티비티를 실행 중단점(breakpoint)으로
Shift + F9	현재의 워크플로우의 모둔 실행 중단점을 제거
F11	디버깅할 때, 첫 번째 액티비티 블록을 실행하게 함
Shift + F11	현재 선택된 워크플로우의 액티비티 블록을 스탭 단위로 실행하게 함

워크플로우 실행

단축키	설명
F5	현재 열려있는 워크플로우를 실행
Pause	일반 및 디버그 모드에서 현재 워크플로우의 실행을 일시 중지
F12	일반 및 디버그 모드에서 현재 워크플로우의 실행을 중지

레코딩

단축키	설명
Alt + Ctrl + W	웹 레코딩 툴바를 열기
Alt + Ctrl + B	기본 레코딩 툴바를 열기
Alt + Ctrl + C	Citrix 레코딩 툴바를 열기
Alt + Ctrl + D	데스크탑 레코딩 툴바를 열기
F2	레코딩 진행시간을 더 천천히(시간지연)
F3	레코딩 영역을 사용자가 지정
F4	레코딩할 UI 프레임워크를 선택, 기본값은 Default, AA 및 UIA

선택된 액티비티

단축키	설명
Ctrl + T	Try Catch 액티비티의 Try 섹션안에 액티비티를 배치
Ctrl + N	현재 프로젝트안에 새로운 Sequence 워크플로우를 만듦
Ctrl + C	선택한 액티비티를 클립보드로 복사
Ctrl + V	복사한 액티비티를 선택한 항목에 붙여넣기

기타

단축키	설명
F1	현재 선택된 요소와 관련된 도움말 항목에 접속
Alt + Ctrl + F	검색활동을 하기 위해 검색 상자에 마우스를 위치시킴
Ctrl + P	패키지 관리 창을 열기

액티비티 색인